Rainer Hermann

DIE ACHSE DES SCHEITERNS

Wie sich die arabischen Staaten zugrunde richten

Klett-Cotta

Zweite Auflage, 2021

Klett-Cotta
www.klett-cotta.de
© 2021 by J. G. Cotta'sche Buchhandlung
Nachfolger GmbH, gegr. 1659, Stuttgart
Alle Rechte vorbehalten
Cover: Rothfos & Gabler, Hamburg
unter Verwendung einer Abbildung von
© shutterstock / Hiba Al Kallas
Karte auf S. 273: Rudolf Hungreder, Leinfelden-Echterdingen
Gesetzt von Dörlemann Satz, Lemförde
Gedruckt und gebunden von CPI – Clausen & Bosse, Leck
ISBN 978-3-608-98450-7
E-Book ISBN 978-3-608-11678-6

Bibliografische Information der Deutschen Nationalbibliothek
Die Deutsche Nationalbibliothek verzeichnet diese Publikation in der
Deutschen Nationalbibliografie; detaillierte bibliografische Daten
sind im Internet über http://dnb.d-nb.de abrufbar.

INHALT

EINE ZUKUNFT NOCH SCHLECHTER ALS DIE GEGENWART

Arabische Diktatoren sterben keinen schönen Tod. Saddam Hussein fanden amerikanische Soldaten in einem dreckigen Erdloch, in dem er sich über Wochen versteckt hatte. In Bagdad wurde ihm der Prozess gemacht, er starb durch den Strang. Muammar al-Gaddafi fanden libysche Rebellen, als er in der Betonröhre eines Kanals Schutz suchte. Als sie erkannten, wen sie da vor sich hatten, misshandelten sie ihn und töteten ihn schließlich durch einen Kopfschuss. Der Jemenite Ali Abdullah Saleh floh nach seinem Sturz in die Berge und ging einen Pakt mit den Houthi-Rebellen ein, die er zuvor noch bekämpft hatte. Sie erschossen ihn und präsentierten der Welt seinen Leichnam auf einem Pritschenwagen.

Anderen erging es nur wenig besser. Husni Mubarak lag in einem Krankenbett, als ihn ein ägyptisches Gericht zu einer langen Haftstrafe verurteilte. Nach dem Putsch von 2013 wurde die Strafe aufgehoben, und er starb als freier Mann. Der Tunesier Zain al-Abidin Ben Ali floh nach seinem Sturz nach Saudi-Arabien, wo er geistig umnachtet starb. Ja, arabische Diktatoren sterben keinen schönen Tod. Doch ihren Völkern geht es schon zu Lebzeiten schlecht. Sie leben, was die Diktatoren erst im Tod erfahren.

Vor einem Jahrhundert noch war Basra das »Venedig des Orients«. Euphrat und Tigris fließen hier ineinander und bilden ein mächtiges Delta. Basra war eine weltoffene, wohlhabende Hafenstadt mit prächtigen Häusern, in denen einige der besten arabischen Literaten lebten, und Palmenhainen, die zu den schönsten gehört haben sollen, die die Natur je geschaffen hat. Der Garten Eden soll nicht weit von hier gelegen haben.

Geblieben ist von alldem nichts, nichts Schönes ist mehr zu sehen. Zahllose Kanäle durchziehen die Stadt. Doch wo einst Pracht war, verfallen die Häuser. Wo einst stolz die Ströme von Euphrat und Tigris dahinflossen, haben Abwasser und Müllberge stinkende Kloaken geschaffen. Wo einst Kinos, Theater und Restaurants Menschen von weit her angelockt haben, hängen schiitische Trauerfahnen. Freudlosigkeit hat sich über die Stadt gelegt.

Der Niedergang zieht sich seit Langem hin. Kriege haben Wunden hinterlassen. Der gegen Iran von 1980 bis 1988 und der nach der Besetzung von Kuwait 1991. Es folgten die Jahre der verheerenden Sanktionen und das Chaos nach dem Sturz von Saddam Hussein. Das Geld wäre da, um Basra zu alter Größe zu verhelfen. Am Horizont ist zu sehen, wie bei der Ölförderung Gas abgefackelt wird. Doch der Irak ist eines der korruptesten Länder überhaupt.

Die Alten haben sich damit abgefunden. Die Jugend jedoch begehrt auf. Seit Oktober 2019 rufen sie in Basra und anderen Städten des Iraks *Nurid watan* (»Wir wollen ein Vaterland«). Sie sagen damit: Wir sind heimatlos geworden, jetzt wollen wir unser Land zurück.

Szenenwechsel: Kairo. Das historische Viertel des Maspero-Dreiecks am Nil sieht aus wie nach einem Bombenangriff. Keines der im 19. Jahrhundert errichteten Häuser steht mehr. Doch nicht Raketen haben es zerstört, sondern Bagger. Jeder Widerstand gegen die Staatsgewalt war zwecklos, sagt am Rande des Trümmerfelds einer, der hier aufgewachsen ist und fortziehen musste.

An dem Viertel, in dessen engen Gassen und Häusern während der Proteste von 2011 Demonstranten vom nahe gelegenen Tahrir-Platz Schutz gesucht und gefunden haben, statuiert das Regime ein brutales Exempel. Sein Vorgehen ist eine Warnung an alle, sich ihm bloß nicht in den Weg zu stellen. Gleichzeitig schafft es ein Symbol dessen, was es unter Modernisierung versteht: Statt das architektonische Erbe zu pflegen, rollt es dem Kapital aus den Golfmonarchien den roten Teppich aus.

In Dubai ist die glitzernde Betonglasarchitektur aus dem kargen Wüstenboden in die Höhe geschossen, in Kairo verdrängt sie gewachsene Traditionen. Menschen spielen dabei keine Rolle. Das ist auch die Botschaft der zweistöckigen Schnellstraßen in der Stadt, deren obere Trassen bis auf eine Armlänge an die Häuser reichen.

Szenenwechsel: Nirgendwo sonst hat al-Qaida vor zwei Jahrzehnten mehr junge Männer und Frauen rekrutiert als in Buraida, einer weltabgeschiedenen Oase in der Mitte der Arabischen Halbinsel. Lange war Buraida eine wichtige Karawanenstation, und ihre Einwohner waren stolz, die eifrigsten Anhänger des wahhabitischen Islams zu sein, der im Königreich Saudi-Arabien die Grundlage des religiösen Lebens und des Staatsverständnisses bildet.

Auch heute noch verbergen schwarze Abayas, die nur einen Schlitz für die Augen freilassen, die Frauen. Eine moderne Frau erkennt man daran, dass ihre Hände zu sehen sind, sie trägt keine schwarzen Handschuhe mehr. Selbst wenn es kaum ins Auge fällt: In Buraida hat eine Kulturrevolution eingesetzt. Sie spaltet die Gesellschaft, was an den zwei Universitäten der Stadt sichtbar wird. Die theologische Hochschule ist der Hort der frommen Altvorderen, sie wurde 1976 gegründet. 2004 folgte eine allgemeine Hochschule, die der Jugend eine Alternative bietet. Sie hat heute weit mehr Studenten als die theologische Hochschule.

Das setzt sich in der Wüste fort. Dort draußen in der Einsamkeit tauschen sich die Frommen, deren blütenweiße Gewänder anders als bei den meisten Saudis nur bis zu den Knöcheln reichen und die lange, ungeschnittene Bärte tragen, darüber aus, wie weit sich das Königreich von ihrer islamischen Utopie entfernt hat. Denn selbst in Buraida will sich heute ein Großteil der Jugendlichen vergnügen. Sie frisieren ihre Autos zu dröhnenden Maschinen und veranstalten auf den Wüstenpisten Rennen, bei denen sie Baseballmützen und T-Shirts tragen.

Szenenwechsel: Tripolis. An der Küstenstraße von der libyschen Hauptstadt nach Zawiya liegt der kleine Hafen Sidi Bilal. Er erfüllt keinen anderen Zweck, als für Migranten aus Afrika das Tor nach Europa zu sein. Nachdem Gaddafi gedroht hatte, Europa mit Flüchtlingen zu überschwemmen, liefen die Schiffe von diesem kleinen ehemaligen Fischerhafen aus.

Über tausend Männer und Frauen aus mehr als zwölf Ländern Schwarzafrikas haben sich beim örtlichen Milizenführer, der über Jahre in Gaddafis berüchtigtstem Kerker Abu Salim geschmachtet hat, registriert und warten im Schatten der auf Dock liegenden Schiffe auf ihre Chance. Internationale Organisationen versorgen sie Tag für Tag mit Wasser und Lebensmitteln.

Keiner will bleiben. In Tripolis herrscht Krieg, und Schwarze werden angefeindet, da sich viele als Söldner Gaddafis verdingt haben. In Libyen sind sie nicht willkommen, nach Hause wollen sie nicht. Und so blicken sie sehnsüchtig aufs Meer, nach Norden, dorthin, wo Europa liegt.

»Bei euch in Europa«, sagt der gebildete Iraker aus Basra, »ist ja die Zukunft immer besser als die Gegenwart. Hier bei uns ist es umgekehrt. Denn bei uns ist das Heute immer besser als das Morgen. Und auch dieses Heute ist schon lange nicht mehr gut.«

VON DER MISSGLÜCKTEN REVOLTE ZUR REVOLUTION?

Das große Scheitern der Staaten

Es wird noch schlimmer kommen. Die Proteste des Jahres 2011, die zum Sturz von vier Machthabern geführt haben, waren erst der Anfang großer Erschütterungen, die der arabischen Welt bevorstehen. In einem einzigen Jahrzehnt haben Aufstände, Konflikte und Kriege elf Länder erfasst. Die Region hat ihren Tiefpunkt aber noch lange nicht erreicht. Die Missstände, die das Beben ausgelöst haben, sind nicht beseitigt worden, dafür sind neue hinzugekommen. Es ist noch schlechter geworden, was bereits schlecht war.[1] Auch im 20. Jahrhundert hat der Nahe und Mittlere Osten viel Gewalt und Rückschläge erlebt. Doch der Ausblick war nie so düster wie heute.

Dabei haben die Proteste des Jahres 2011, von vielen als »Arabischer Frühling« gefeiert, die Hoffnung genährt, dass endlich auch die arabische Welt von einer Welle der Demokratisierung erfasst werde. In einer Zeit, in der in vielen Ländern, beispielsweise in Osteuropa, Revolutionen und Umwälzungen erfolgreich waren, ist es in der arabischen Welt aber nirgends geglückt, ein Land grundlegend und zum Besseren zu verändern.

Die Regime waren zufrieden, und der Westen war es auch. Schließlich war der Fokus des Westens auf das gerichtet, was am drängendsten erschien: den Terror vor Ort zu bekämpfen, ein Übergreifen von Kriegen zu verhindern, die Expansionslust Irans einzudämmen, Flüchtlinge in ihren Heimatländern zu halten, Länder vor einer Implosion zu bewahren. Für Europa war das eine so naheliegende wie kurzsichtige Strategie. Denn nirgends wurden die Probleme gelöst. Im Gegenteil: Sie wurden und werden mit der Zeit immer größer.

Statistiken suggerieren, dass die Volkswirtschaften des Nahen Ostens wachsen, das durchschnittliche Einkommen je Einwohner steigt und die Arbeitslosigkeit nur wenig über den Werten Europas liegt. Durchschnittszahlen sagen aber nichts aus über die extrem ungleiche und ungerechte Verteilung von Einkommen und Vermögen. Sie verschleiern, dass die wenigen Reichen immer reicher werden, die vielen Armen immer ärmer und die Mittelschicht erodiert.

Laut den offiziellen Zahlen geben die Staaten des Nahen Ostens, gemessen als Anteil am Bruttoinlandsprodukt, das Dreifache des weltweiten Durchschnitts für Sicherheit und Rüstung aus. Ausgaben für ihre nichtstaatlichen Akteure in anderen Ländern sind darin nicht enthalten, auch nicht die Kosten, die die Zerstörungen verursachen, und auch nicht die vielen Toten, Verletzten und Flüchtlinge. Noch aussagekräftiger sind die Berichte der Vereinten Nationen über die menschliche Entwicklung, etwa zum Gesundheitswesen, dem Bildungssystem oder den Rechten und Chancen von Frauen. Sie zeigen eine kollektive Fehlentwicklung der gesamten Region.

Die Vereinten Nationen prognostizieren, dass in den 22 Ländern der Arabischen Liga die Bevölkerung von 1970 bis 2050 von 128 Millionen auf 598 Millionen um das Fünffache zunehmen wird.[2] Im selben Zeitraum wächst die Bevölkerung Europas nur wenig, von 657 Millionen auf 716 Millionen.[3] Zudem ist in keiner anderen Region der Anteil der Jugendlichen im Alter von 15 bis 24 Jahren so groß wie im Nahen Osten, nirgendwo sonst sind so viele ohne Arbeit, nirgendwo sonst sind so wenig Frauen ins Erwerbsleben integriert.

Selbst funktionierende Staaten mit verantwortungsvoll handelnden Eliten wären da überfordert. Im Nahen Osten aber halten die Eliten das Scheitern nicht auf, sondern beschleunigen es. Dieses Scheitern reicht sehr viel tiefer als das, was der schnelle Blick auf die tägliche Nachrichtenlage wahrnimmt – ein Protest hier, ein Ministerrücktritt da, ein Anschlag dort. Dieses Scheitern bedeutet chronisch schlechte Regierungsführung, endemische Korruption, das Fehlen guter öffentlicher Dienstleistungen für alle, ob im Bildungssystem oder im Gesundheitswesen. Es bedeutet, dass die meisten Menschen vom politischen Prozess ausgeschlossen sind und ihnen wirtschaftliche Chancen versperrt bleiben. Die Eliten schalten den Wettbewerb aus, der Voraussetzung ist für Wohlstand und die Modernisierung einer Volkswirtschaft. Sie stabilisieren ihr System dank eines *crony capitalism*, der eine kleine Schicht privilegiert und Einkommen und Vermögen immer ungleicher verteilt.

Das Scheitern eines Staats macht ihn noch nicht zum *failed state*. Seine Konstruktion wird jedoch brüchig, seine Stabilität ist gefährdet. Er ist kein gescheiterter, aber ein scheiternder Staat, ein *failing state*. Ein Stoß von innen oder von außen kann ausreichen, um ihn zum Einsturz zu bringen. Den Stoß können Massenproteste auslösen oder starke Akteure, die ihren Machtbereich erweitern wollen. Jeder versucht dann zu kontrollieren, was er kontrollieren kann. Grenzen verlieren ihre Bedeutung, der Stärkere beherrscht den Schwachen.

Ein Prozess des Zerfalls hat die arabische Welt erfasst. Stabil sind nur wenige Staaten, die meisten Regime erscheinen stabiler, als sie in Wirklichkeit sind. Noch hält eine präzedenzlose Repression, die mit jedem Grad des Scheiterns zunimmt, den Druck im Kessel. Ein Jahrzehnt nach den Protesten von 2011 und dem Sturz von vier Machthabern sind in allen Ländern, ausgenommen Tunesien, die politischen Rechte und bürgerlichen Freiheiten noch weiter eingeschränkt, und der wirtschaftliche Niedergang setzt sich fort.[4]

Die Regime versuchen erst gar nicht mehr, ihre Fassaden mit Ideologien zu verzieren. Sie sind ausgezehrt. Und je mehr ihre Macht gefährdet ist, desto mehr rufen sie nichtstaatliche Akteure aus Drittstaaten zu Hilfe. Die erschreckendsten Beispiele sind Syrien, Libyen und der Jemen. Der Ruf nach externen Rettern vertieft den Graben zwischen den Machthabern und jenen, die gegen sie aufbegehren, weil sie ausgegrenzt sind. So wurde der Nahe Osten binnen weniger Jahre zu einem großen Schlachtfeld, auf dem sich mächtige Stellvertreter bekriegen.

Über Jahrzehnte kamen immer neue Missstände und Fehlentwicklungen hinzu. Die Antwort darauf waren die Proteste und Aufstände, die 2011 begannen. Getragen wurden sie überwiegend von gebildeten jungen Menschen aus der städtischen Mittelschicht, sie forderten Arbeit und wirtschaftliche Chancen, Gerechtigkeit und politische Teilhabe. Die Eliten gingen nicht darauf ein, sondern zementierten ihre Macht und Pfründe. Gab es Versprechen für Reformen, wurden sie nicht eingehalten. Die Hoffnungen auf einen Wandel wurden nicht erfüllt, und so nahm der Druck im Kessel weiter zu. In dem Maße, wie die Regime die Daumenschrauben anzogen, wuchs die Wut auf sie. Ein Teufelskreis war in Gang gesetzt.

Dabei sollte das Jahrzehnt nach 2011 eine Warnung sein.[5] Seither sind die Bürgerkriegsländer Syrien, Libyen und Jemen zerfallen; Ägypten verhält sich gegenüber seiner Bevölkerung wie eine Besatzungsmacht; im Irak und im Libanon begehren die Menschen gegen korrupte Eliten auf, die ihre Macht aus der konfessionellen Aufteilung ihrer Länder beziehen; im Sudan, in Algerien und in Jordanien haben die Menschen ihre Ersparnisse aufgebraucht; und selbst Tunesien, die einzige

Erfolgsgeschichte und das Demokratielabor der arabischen Welt, kann jederzeit scheitern, weil zu viele externe Akteure kein Interesse daran haben, dass das Experiment einer Verständigung von Säkularen und Islamisten gelingt.

Im Jahr 2020 zeigen im Zuge der Covid-19-Pandemie selbst die reichen Golfmonarchien Krisensymptome. Die Öleinnahmen gehen zurück, die Ausgaben müssen an neue Realitäten angepasst werden. Und das ist nur ein Vorgeschmack auf das Zeitalter nach dem Erdöl. Bis zum Jahr 2050 könnte sich die Nachfrage nach dem Rohstoff halbieren.[6] Die meisten Erdölproduzenten haben allerdings den Zeitpunkt verpasst, ihre Volkswirtschaften rechtzeitig zu diversifizieren. Das hat Folgen, die weit über sie hinausreichen, denn dadurch gehen auch die Überweisungen der Fremdarbeiter zurück, in Länder, die längst in einer tiefen Krise stecken.

Im vergangenen Jahrzehnt hat die Einmischung von außen in den Ländern des Nahen Ostens dramatisch zugenommen. Russland intervenierte militärisch in Syrien und Libyen; die Türkei, die in die Rolle einer Schutzmacht für Muslime und Turkvölker hineinwächst, wollte dem nicht nachstehen; Iran heizte die Spannungen mit Interventionen in Syrien, dem Irak und im Jemen an; Israel goss mit der Ankündigung, die Westbank zu annektieren, Öl ins Feuer, das der amerikanische Präsident Donald Trump mit seiner Rhetorik weiter anfachte; Frankreich knüpft in Nordafrika an seine lange Kolonialzeit an; die Sahelzone entwickelt sich zum neuen Kernland des Dschihad, bereit, auf andere Länder überzugreifen.

Der Nahostexperte Guido Steinberg zeichnet daher kein optimistisches Bild: »Größere und kleinere Regionalmächte konkurrieren miteinander, ohne dass eine von ihnen stark genug wäre, um sich durchzusetzen. Das Ergebnis sind Kriege ohne Ende, die langfristig auch die Stabilität der gesamten Nachbarschaft bedrohen.«[7] Und damit auch das Mittelmeer und seine europäischen Anrainer. Der Nahe Osten rückt noch näher an Europa.

Im Nahen Osten ist also weder ein Wandel eingetreten, wie ihn sich die Demonstranten erhofft hatten, noch gelingt den ins Wanken geratenen Regimen die Wiederherstellung der alten Ordnung. »Die Straße« hatte zwar Langzeitherrscher gestürzt, doch die alten Eliten wollten sich mit den neuen Demokratien nicht abfinden. Nun stehen sich die Demonstranten und die Regime wie in einem Magnetfeld gegenüber, und die Gesellschaften verharren in einem instabilen diamagnetischen Zustand. Ein verhängnisvolles Nullsummenspiel, das nur eine Lösung kennt: Um zu gewinnen, muss die andere Seite verlieren.

Spätestens seit 2011 ist sichtbar, dass sich alle Regime im Kern gleichen, auch wenn ihre Fassaden verschieden sind. Ob Republik oder Monarchie, Emirat oder Scheichtum, Diktatur des Militärs oder die *Jamahiriya* Gaddafis: Überall standen oder stehen sich eine privilegierte Elite und von Teilhabe ausgeschlossene Bürger gegenüber. Der Nepotismus zieht sich wie ein roter Faden durch die Region. Überall profitierte der Clan des Herrschers. In Ägypten waren es die Söhne Alaa und Gamal Mubarak, in Algerien war es der Bruder Said Bouteflika, in Syrien der Cousin Rami Makhlouf. Jedes Regime hielt und hält sich milizähnliche Schlägerbanden, nur die Namen des Staatsterrors unterscheiden sich. In Ägypten heißt der Kerker Tora, in Libyen Abu Salim, in Syrien Saidnaya.

Doch nach mehr als einem halben Jahrhundert seit der Unabhängigkeit sind in den Konstrukten der Staaten Risse zu erkennen. Die Demonstranten des Jahres 2011 haben sie sichtbar gemacht. Die Frage ist, wie groß das nächste Beben sein muss, damit die Konstruktionen endgültig zusammenbrechen. Wie lange wird es dauern, bis die Kontrahenten ermattet aufgeben? Das ist ein Prozess, der sich über ein ganzes Jahrzehnt erstrecken kann. Sicher ist nur: Eine Neuordnung mit einer neuen Übereinkunft zwischen den Regierenden und den Regierten kann erst danach einsetzen.

Marwan Bishara, Kommentator des Nachrichtensenders al-Jazeera, jedenfalls blickt pessimistisch in die Zukunft. Vor einem Jahrzehnt habe eine Mischung aus politischer Korruption, geopolitischer Lähmung und wirtschaftlicher Schwäche eine präzedenzlose Gewalt entfesselt. Wenn aber im Jahr 2010 bereits eine relativ »milde« Ausgangslage eine derart zerstörerische Dekade angestoßen habe, »können die apokalyptischen Gefahren von heute noch viel schlimmere Folgen haben«.[8]

Erste Beben im Epochenjahr 2011

Bröckelnde Regime

Seit dem Ende der Kolonialzeit sind in der arabischen Welt die Weichen falsch gestellt worden. In den meisten Republiken übernahm damals das Militär die Macht. Ein erster Grund dafür war die irrige Annahme, dass eine straff geführte Institution wie die Armee den Abstand zum überlegenen Westen schneller verkürzen könne als eine freie Gesellschaft. Ein zweiter Grund war der Kriegszustand mit dem 1948 gegründeten Staat Israel und die Behauptung, dass das Kriegsrecht auch im Inneren gelten müsse. In den ersten Jahrzehnten konnten sich die Regime daher noch auf eine gewisse Legitimität stützen, auf materielle Erfolge waren sie weniger angewiesen. Im Gegenzug versprachen Ideologien wie der Nasserismus in Ägypten und weiten Teilen der arabischen Welt sowie die Baath-Ideologie in Syrien und dem Irak den Menschen Würde.

Über Jahrzehnte haben die Menschen der Armee mehr als jeder anderen Institution vertraut. Das hing auch damit zusammen, dass sie jungen Menschen aus unteren Schichten Aufstiegschancen bot, die sie in ihren Gesellschaften sonst nicht fanden. Die Armee verkörperte sowohl den Staat als auch die Einheit von Staat und Gesellschaft. Dieses Vertrauen haben die Armeen verloren.[9] Sie sind nicht länger Institutionen, die soziale Mobilität herstellen, sondern das Instrument einer Klasse mit einem starken Korpsgeist, die die Politik festlegt, die Gesellschaft entmündigt, andere von der Macht ausschließt und sich selbst die Pfründe sichert.

Das Militär ist eine bleierne Last geworden. Es ist auch kein Garant mehr für Stabilität, sondern erzeugt im Gegenteil Instabilität. Seit 1932, als der Irak unabhängig wurde, haben arabische Militärs 73 Mal in die Politik eingegriffen; 39 Putsche waren erfolgreich. Sie lieferten sich sieben Kriege zwischen Staaten, waren an acht Bürgerkriegen beteiligt und schlugen mindestens zehn Aufstände nieder. Mehr als 1,3 Millionen Menschen wurden getötet. Die Armeen kosteten ihre Länder mehr als 12 000 Milliarden Dollar.[10] In sie fließen durchschnittlich sechs Prozent des Bruttosozialprodukts. Zum Vergleich: In den Nato-Staaten liegt die Zahl weit unter dem selbst gesteckten Ziel von zwei Prozent.

Dennoch haben sich die Militärs und ihre Regime fest etabliert. Nirgendwo sonst wechselten die Herrscher so selten wie in der arabischen Welt. Und sie taten alles, um ihre Macht zu erhalten: Ihre Sicherheitsapparate erstickten Dissens im Keim; die Machthaber suchten Unterstützung im Ausland; Öl und Gas stabilisierten die Regime, ob direkt durch den Export oder indirekt durch Gastarbeiterüberweisungen.

Als Nachfolger der Kolonialmächte sind die Regime im 20. Jahrhundert in einem pseudomorphosen Zustand gefangen, sie sind in Strukturen hineingewachsen, die nicht organisch aus der Geschichte ihrer Länder heraus entstanden und in dieser Geschichte verankert sind. Vielmehr haben sie sich an fremden Ideologien wie dem Sozialismus und dem Nationalismus orientiert. Ihnen fehlte der Bezug zur eigenen Kultur, und so gleichen sie einem Mineral, das in einen fremden Hohlraum hineinwächst und eine andere Form als seine natürliche annimmt.

Die ersten Risse zeigten sich bereits 2005. Die Staatsoberhäupter in Ägypten, Libyen, im Jemen und in Tunesien machten sich daran, ihre Ämter an ihre Söhne oder Schwäger zu vererben. Doch bevor es dazu kam, wurden sie 2011 und 2012 aus ihren Ämtern gefegt: erst Zain al-Abidin Ben Ali in Tunesien, dann Husni Mubarak in Ägypten und Muammar al-Gaddafi in Libyen, schließlich Ali Abdullah Saleh im Jemen. Bereits ein Jahrzehnt vor ihnen hatte der irakische Diktator Saddam Hussein seinen Sohn Uday zum Nachfolger aufgebaut und war damit gescheitert. Dem syrischen Diktator Hafez al-Assad war es hingegen im Jahr 2000 gelungen, seinen Sohn Bashar al-Assad einzusetzen, so wie im Jahr davor auch im südlichen Nachbarland Jordanien der Übergang von König Hussein auf König Abdullah gelungen war.

In Ägypten, einer Republik, war der Präsident des Landes gealtert, und auch die anderen Säulen der Macht, die keine Dynastie wollten, hatten sich nicht erneuert. Die Balance war nun gestört, es kam zu Reibereien zwischen der Armee, den Sicherheitsapparaten und den Geheimdiensten. Mubarak sicherte seine Herrschaft mit einer Politik des *divide et impera*, er band die einzelnen Säulen zu einem Regime zusammen und spielte sie gegeneinander aus. Anstatt Kabinettssitzungen anzusetzen, bestellte er Minister einzeln zu sich. Noch war das Regime stabil, Mubarak unangefochten.

Außerhalb des Regimes hatte sich das Land allerdings verändert. In der Gesellschaft gärte es, die Wirtschaft erschlaffte, ohne Wettbewerb fehlte ihr Dynamik. Es blieb zu wenig übrig, was nach unten hätte verteilt werden können. Für die schnell wachsende Bevölkerung entstanden nicht genügend Arbeitsplätze, Perspektivlosigkeit und Unzufriedenheit machten sich breit, der Abstieg der Mittelschicht setzte ein.

Um diesen zunehmenden Druck abzulassen, fehlten dem Staat Instrumente. Die zivilen Institutionen waren bloße Fassade, deren einziger Zweck darin bestand, die Ausplünderung des Landes und die Gewalt des Sicherheitsapparats zu verschleiern. Die Ämter in der Justiz wurden von Generation zu Generation vererbt; die Moscheen verloren ihre Autorität, da der Staat sie kontrollierte und zu seinen Werkzeugen machte; der Souq büßte seine Rolle als Handelsplatz ein; für die kleinen und mittelständischen Betriebe, die Arbeitsplätze hätten schaffen können, blieben zu wenig Nischen. Zugelassen waren allein politische Parteien, die der Staat steuerte; die Berufsverbände, die die Rolle der Opposition übernommen hatten, wurden unter Druck gesetzt; die Nichtregierungsorganisationen wurden an die Kette genommen.

Trotz all diesen Zeichen der Schwäche sahen die Machthaber den Zünder nicht, der ihre Herrschaft gefährden sollte. In jedem Land war der letztendliche Auslöser ein anderer, in jedem Land nahm die Revolution einen anderen Verlauf. Doch überall hatten die Regime den Blick für die Wirklichkeit und die Fähigkeit zu handeln verloren. Und sie machten Fehler, die ihren Sturz beschleunigten, wie sich am Beispiel von Ägypten illustrieren lässt.

Ab 2005 war das Militär beunruhigt. Denn Mubarak bevorzugte offensichtlich den Geheimdienst und dessen Chef Omar Sulaiman. Und nun mussten Generalstabschef Muhammad Hussein Tantawi und Abd al-Fattah al-Sisi, seit 2008 Kommandeur des Kommandos Nord, auch noch damit rechnen, dass Mubarak seinen Sohn Gamal zum Vizepräsidenten ernennen würde. Nach dem Tod seines Vaters hätte er bis zur Neuwahl als Interimspräsident amtiert, und er hätte gute Chancen gehabt, dann auch gewählt zu werden. Tantawi und Sisi wollten es so weit nicht kommen lassen, sie waren zu einem Militärputsch bereit. Der Spitzendiplomat Mustafa Elfeki formulierte es so: »Es gab den Plan, wenn Mubarak stirbt und Gamal übernimmt, dass die Gefängnisse geöffnet werden, Schwerkriminelle wüten, die Schlägertrupps, also die *Baltagiya,* für Chaos sorgen, und die auf die Straße gehen.«[11] Damit meinte er das Militär.

Dann aber begannen am 25. Januar 2011 die Proteste gegen Mubarak, und die Armee überließ den Demonstranten das Handeln. Zwei Welten standen sich gegenüber. Auf der einen Seite ein Regime ohne Programm und Ideologie, getrieben und zusammengehalten vom Streben nach Macht und deren Erhalt. Auf der anderen Seite überwiegend junge Menschen, die *Kifaya!* (»Es reicht!«) skandierten. Sie wollten einen Wandel, ein Leben in Freiheit und Würde, gute Regierungsführung, Rechtsstaatlichkeit und die Rechenschaftspflicht der Regierenden. Ihr Protest war der Ausdruck von Emotionen, die Straße wurde der Austragungsort ihrer Gefühle. Ihre Euphorie kannte keine Grenzen. Am 11. Februar trat Mubarak zurück.

Der revolutionäre Moment lag in der Luft. Doch die Revolution blieb aus. Die dezentralisierte Bewegung bündelte sich nicht zu einem zentralisierten Vorgehen. Die Gesellschaft war entpolitisiert, und nur wenige hatten die Zeit nach dem Sturz Mubaraks im Blick. Jahrzehntelang hatten die Offiziere den Menschen das Denken abgenommen, das Bildungswesen und der öffentliche Diskurs waren verflacht. So konnten die Staatsmedien Angst schüren und einen Keil zwischen die Demonstranten treiben, um die Liberalen von den Islamisten zu trennen.

Gemeinsam hatten sie gegen eine Tyrannei aufbegehrt, die sich wie ein langsamer und geräuschloser Tod über das Land gelegt hatte. Doch die intakten Strukturen des Regimes arbeiteten auf ein Chaos hin. Dieses Chaos zu schaffen und scheinbar außer Kontrolle geraten zu lassen, war die Aufgabe der staatlichen Schlägertruppen. Güter wurden verknappt, die Versorgungsleistungen funktionierten nicht mehr, Gewalt wurde provoziert, Menschen verloren ihre Arbeit – und so sehnten sie sich schnell nach der alten Ruhe. Nun konnte das alte Regime mit dem Versprechen auftreten: »Ich oder Chaos«, und die Menschen zogen sich zurück.

Die Aktivisten wussten, wogegen sie waren, aber nicht, wie Politik gemacht wird. Sie hatten starke Parolen, aber keinen Plan. Dazu kam, dass sie als Verräter am Volkswohl und Irregeleitete an den Pranger gestellt wurden. Und so zerstäubte die revolutionäre Energie in kleine Teile, die langsam verflogen. Die Muslimbrüder dagegen waren organisiert und hatten eine politische Strategie, sodass sie nach Mubaraks Sturz den Gang der Dinge bestimmten. Das wiederum alarmierte die Golfmonarchien, die mit ihrem Geld das kopflos gewordene Regime retteten. Die Revolution scheiterte.[12]

Im ersten Anlauf gescheiterte Revolutionen

Revolutionen lassen sich nicht voraussagen. Sie lassen sich auch nicht nach einem Modell planen und vorbereiten. Revolutionen seien nicht das Ergebnis sehr bestimmter Ereignisse und Taten von Menschen, die man namhaft machen könne. Vielmehr entstünden sie spontan und seien das »Resultat einer unwiderstehlichen und letztlich geheimnisvollen Kraft«, wie die Philosophin Hannah Arendt schrieb.[13] Allein mit Propaganda und der Agitation von Aktivisten könnten sie nicht gelingen. Berufsrevolutionäre spielten beim Ausbruch von Revolutionen kaum eine Rolle, wohl aber bei deren Fortgang.[14]

In Ägypten lief es daher nach Mubaraks Sturz fast zwangsläufig auf die Muslimbruderschaft als der treibenden Kraft für einen Neubeginn hinaus. Der Vorwurf enttäuschter Aktivisten, die Bruderschaft habe sich lediglich an die Spitze eines Aufstands gestellt, den sie selbst nicht angestoßen hat, läuft ins Leere. Denn sie hatte eine größere Durchschlagskraft als die anderen. Dafür war nicht ihre islamische Färbung entscheidend, sondern die Tatsache, dass sie seit ihrer Gründung 1928 eine Organisation aufgebaut hat, geschlossen handelte sowie über ein Programm verfügte und auf Gewalt verzichtete. Außerhalb des Systems, gegen das Millionen Demonstranten aufbegehrten, war sie als einzige handlungsfähige und glaubwürdige Organisation übrig geblieben.

Die zum Status quo ante zurückkehren wollten, Republiken wie Monarchien, bildeten unterdessen eine panarabische Allianz der Konterrevolution. Ihre Zusammenarbeit hatte bereits viel früher eingesetzt, nun wurde sie zur Überlebensstrategie. Vorausschauend hatte der heutige Kronprinz der Vereinigten Arabischen Emirate, Muhammad Bin Zayed Al Nahyan, beispielsweise Investitionen von mehreren Milliarden Dollar in Algerien veranlasst, lange bevor Präsident Abd al-Aziz Bouteflika in Gefahr geraten war. Die *New York Times* nannte Muhammad Bin Zayed deshalb den »Metternich der arabischen Welt«. Kein anderer hat wie er strategisch den Erhalt der alten Ordnung im Blick.[15]

Lange hatten sich die Präsidenten und Könige, die sich zum Lager der westlichen Welt zählen, auf Hilfen aus Washington verlassen können. Das änderte sich mit Präsident Barack Obama. Der rührte keinen Finger, um Mubarak zu retten, vielmehr zeigte er Sympathien für die Demonstranten. Daher pumpten nach 2011 die Emirate und Saudi-Arabien Milliarden in die gefährdeten Länder, um sie gegen den Wandel zu immunisieren.

In ihrem Überlebenskampf wird sichtbar, wie ähnlich sich die Regime sind. Sie sind autoritär und enthalten den Menschen vor, was der erste Zusatz zur amerikanischen Verfassung aus dem Jahr 1791 festschreibt: Religionsfreiheit, Meinungsfreiheit, Pressefreiheit, Versammlungsfreiheit und das Recht auf Petitionen. Dieser Zusatz garantiert der Bevölkerung der Vereinigten Staaten auch das Recht, von der Regierung das Abstellen von Missständen zu fordern. Die arabischen Autokraten dagegen sind repressiv, sie unterdrücken diese Rechte, die in Demokratien selbstverständlich sind. Daher schaffen diese Volkswirtschaften auch nicht den Wohlstand, den sie schaffen könnten.

Die amerikanischen Wirtschaftswissenschaftler Daron Acemoglu und James A. Robertson untersuchen in ihrer Monografie *Why Nations Fail*, weshalb die einen Nationen reich werden, andere aber arm bleiben. Sie fragen, weshalb die Vereinigten Staaten und Großbritannien so ungleich wohlhabender sind als Ägypten und andere arabische Länder. Den Wohlstand in England führen sie auf die Revolution von 1688 zurück. Die Menschen hätten für mehr politische Rechte gekämpft, und mit diesen Rechten hätten sie erstmals ihre wirtschaftlichen Chancen nutzen können. Länder wie Großbritannien und die Vereinigten Staaten wurden reich, weil die Menschen die Eliten gestürzt haben und weil in ihren Gesellschaften die politischen Rechte sehr viel breiter gestreut sind.[16] Ein solcher Prozess ist in der arabischen Welt überfällig. Über die Anfänge ist er noch nicht hinausgekommen.

Das unterscheidet sie von Frankreich im Jahr 1789. König Louis XVI. soll, als ihm die Nachricht vom Sturm auf die Bastille überbracht worden ist, ausgerufen haben: »C'est une révolte!« Der liberale Adlige Duc de La Rochefoucauld-Liancourt korrigierte ihn: » Non, Sire, c'est une révolution.« Offenbar hatte der König fälschlicherweise geglaubt, den Aufruhr mit den etablierten Mitteln seiner Macht beenden zu können. In Ägypten, mehr als 200 Jahre später, gelang das der Armee: Es blieb bei einer Revolte.

»Revolutionen brechen aus und sind unwiderstehlich, wenn sich herausgestellt hat, dass die Macht auf der Straße liegt«, schrieb Hannah Arendt.[17] Dass es in der arabischen Welt so weit nicht kommt, dafür sorgen die mit großen Vollmachten ausgestatteten Sicherheitsapparate. Weder sind daher grundlegende Reformen in Sicht, noch steht ein Wandel bevor. Das wird sich erst ändern, wenn die Not größer ist als die Angst.

Zumindest der Geist des Wandels aber ist aus der Flasche. Und so hängen die arabischen Länder instabil zwischen dem *ancien régime* und einer möglichen Revolution. Der algerische Philosoph Malek Bennabi (1905 bis 1973) bietet in seinem 1956 erschienen Buch *L'Afro-Asiatisme* eine Erklärung für dieses Hängenbleiben: »Wenn sich die Geschichte an einem Scheideweg befindet, entscheidet der Mensch über alles. Ist es geschehen, ist es, als habe sein Finger den Knopf des Schicksals gedrückt und den Mechanismus der Unwägbarkeiten ausgelöst, zusammen mit dem unflexiblen Verlauf der Ereignisse.«[18]

Bei Bennabi erfolgt der Übergang von einer Etappe der Geschichte zur nächsten nicht spontan.[19] Entscheidend ist, dass der »Knopf des Schicksals«, der den Wandel auslöst, tatsächlich gedrückt wird. Das aber lässt die Möglichkeit offen, dass dieser Knopf nicht fest genug gedrückt wird – und hängen bleibt: In diesem Stadium befindet sich die arabische Welt seit 2011. Weder ist die Revolution geglückt, noch ist der Status quo ante gänzlich wiederhergestellt, trotz des Putsches und des Massakers vom Sommer 2013 in Ägypten, trotz der Serie politischer Morde in Tunesien, trotz der Militarisierung des Konflikts in Syrien.

Um die Hängepartie zu beenden, bedarf es eines neuen Stoßes. Der kann von unten kommen, von der Straße, oder von einem Träger der alten Ordnung, der sich dem Wandel nicht länger versperrt. Er müsste jedoch weiter gehen als Rochefoucauld-Liancourt, der die Notwendigkeit eines Wandels der absolutistischen Monarchie eingesehen, sich der Revolution aber dennoch nicht angeschlossen hat.

Im Falle Ägyptens ist der Status quo der Mubarak-Zeit abhandengekommen. Mubarak hatte drei Jahrzehnte lang die Säulen, auf denen seine Herrschaft ruhte, zusammengehalten. Seit 2011 ist die Balance zwischen diesen Säulen gestört. Die Streitkräfte haben die ganze Macht an sich gerissen, sodass die Polizei und der Sicherheitsapparat heute weniger zu sagen haben. Fast irrelevant wurde die zivile Fassade des Regimes mit der Gruppe der *fulul*, den Bürokraten, Politikern und Unternehmern. Diese Träger der alten Ordnung haben zwar die zum Terror verkommene Staatsgewalt auf ihrer Seite, und sie können auf alle Ressourcen und Institutionen des Staats zurückgreifen, eine Einheit bilden sie jedoch nicht mehr – und sie fürchten die Geister ihrer Verbrechen.

Zuversicht gibt den Regimen, dass sie bislang noch alle Herausforderungen überstanden haben. Nie hat ein Attentat oder ein Putsch ein gefährliches Vakuum hinterlassen. Den frei werdenden Platz haben stets rasch Leute aus dem eigenen Lager gefüllt. Als der ägyptische Präsident Sadat 1981 ermordet wurde und Turbulenzen drohten, folgte ihm Mubarak. Als in Tunesien 1987 Präsident Habib Bourguiba unter Hausarrest gestellt wurde, stand der Clan um Zain al-Abidin Ben Ali bereit. Wann immer in Algerien ein Präsident ausgefallen ist, hatte die Armee bereits einen neuen Amtsinhaber zur Hand.

Ihnen stehen heute die Kräfte des Wandels gegenüber, die sich aus der großen Zahl frustrierter Jugendlicher und den Angehörigen der dezimierten Mittelschicht zusammensetzen. Sie haben, wenn auch mit großen Opfern und vielen Toten, erreicht, was lange undenkbar war. Denn 2011 hatten sie die Regime überrascht und in die Defensive gedrängt. Seither reagieren die verunsicherten Eliten auf jede Kleinigkeit mit äußerster Brutalität und greifen, um ihre Vergangenheit zu verlängern, auch auf Hilfe aus dem Ausland zurück. Einen wirklichen Wandel werden die Demonstranten von 2011 daher nur anstoßen, wenn sie erneut auf die Straße gehen und sich von Rückschlägen nicht einschüchtern lassen.

Den Regimen ist die Gefahr zu verlieren bewusst. Vielleicht geschieht es beim nächsten Knall, vielleicht beim übernächsten. Um das zu verhindern, konzentrieren sie sich allein auf den Erhalt der Macht. Der Auflösungsprozess aber hat eingesetzt. Wenige Länder wie der Oman und Marokko sind aus sich selbst heraus gewachsen und stabil. Sie liegen nicht zufällig an den Rändern der arabischen Welt. Das arabische Kerngebiet aber braucht dringend einen Neubeginn, und der ist mit den alten Regimen nicht zu machen.

Vor den kommenden Erschütterungen

Die Demonstranten lernen dazu, die Regime nicht

2011 ist das Kalkül der Regime noch aufgegangen. Die Voraussetzungen für ein Überleben waren günstig. Die Regime hatten über Jahrzehnte ihre Macht konsolidiert und die Institutionen des Staates ausgehöhlt. Die Gesellschaft war als Folge der schlechten Bildungssysteme verflacht, das öffentliche Leben entpolitisiert. Die Macht ruhte auf einer kleinen

Zahl verlässlicher und stabiler Säulen. Als für die Machthaber wie aus dem Nichts Proteste einsetzten, opferten die Regime einen Kopf, wie Mubarak in Ägypten, um sich vorerst zu retten.

Anschließend wurde der tiefe Staat, also die Verflechtung von Sicherheitskräften, Politik, Justiz, Verwaltung und organisiertem Verbrechen, aktiv, und seine Hintermänner neutralisierten den revolutionären Schwung. Die Menschen sehnten sich nach Ruhe und riefen nach der Armee. Die Stunde der Restauration war gekommen. Dennoch entlud sich acht Jahre nach dem ersten Beben in vier weiteren Ländern die Unzufriedenheit in neuen Protesten. Die nächste Etappe des Transformationsprozesses begann.

Im Sudan gingen ab dem 19. Dezember 2018 Menschen landesweit im Protest gegen die steigenden Lebenshaltungskosten auf die Straße. Die Armee setzte am 11. April 2019 Präsident Omar al-Bashir ab, doch die Proteste gingen weiter. Am 16. Februar 2019 begannen auch in Algerien landesweit Proteste; Auslöser war die Ankündigung von Präsident Abd al-Aziz Bouteflika, für eine fünfte Amtszeit zu kandidieren. Bouteflika verzichtete schließlich und trat am 2. April 2019 von seinem Amt zurück. Doch auch hier endeten die Proteste nicht.

Im Irak begannen die Proteste am 1. Oktober 2019. Auslöser war, dass Ministerpräsident Adil Abdul Mahdi den populären General Abd al-Wahhab al-Saadi als Chef der Anti-Terror-Einheiten ablösen und auf einen Verwaltungsposten im Verteidigungsministerium abschieben wollte. Saadi hatte zunächst für seine Rolle bei der Befreiung Mossuls vom Terror des Islamischen Staats viel Anerkennung erworben, danach machte er sich bei der Bekämpfung der systemischen Korruption einen Namen.

Die Demonstranten begehrten dagegen auf, dass iranische

Milizen seine Ablösung betrieben hatten, um weiter ungestört agieren zu können. Sie forderten ein Ende des Systems, das seit 2005 alle Ämter nach Konfessionen verteilt, den Neubeginn als konfessionsunabhängiger irakischer Nationalstaat und ein Ende der iranischen Einmischung. Abdul Mahdi trat am 6. Mai 2020 zurück. Da hatten die Proteste bereits alle schiitischen Provinzen erfasst. Der Staat knüppelte sie blutig nieder. Allein in den ersten Monaten der Proteste wurden mehrere Hundert Demonstranten getötet.

Im Libanon protestierten Jugendliche erstmals am 17. Oktober 2019 gegen die Einführung neuer Steuern und vor allem gegen eine WhatsApp-Steuer. Auch sie forderten einen staatlichen Neubeginn, das Ende des konfessionalistischen Systems und die Bekämpfung der systemischen Korruption. Am 21. Januar 2020 trat die Regierung von Ministerpräsident Saad al-Hariri zurück. Die Proteste gingen aber unverändert weiter. Am Tag vor der verheerenden Explosion am 4. August 2020 im Hafen von Beirut, bei der mehr als 220 Menschen getötet und mehr als 6000 verletzt wurden, war Außenminister Nassif Hitti mit der Begründung zurückgetreten, dass die Regierung unfähig sei, wirkliche Reformen durchzusetzen, und der Libanon daher in einen gescheiterten Staat abgleite.[20]

»Die Straße« meldete sich also in vier Ländern zurück, die 2011 nicht in vorderster Reihe gestanden hatten. Nun forderten auch die Demonstranten in diesen Ländern einen politischen Wandel, wirtschaftliche Gerechtigkeit und eine Regierung, die für die Bedürfnisse der Menschen arbeitet und ihnen gegenüber Rechenschaft ablegt. Auch sie begehrten gegen Jahrzehnte von Repression, Korruption und Misswirtschaft auf.[21]

Im Irak und im Libanon gehen die Demonstranten über die Forderungen des Jahres 2011 hinaus. Sie wollen ihre Staaten auf eine völlig neue Grundlage stellen. Sie wollen nicht länger in Ländern leben, in denen alle Institutionen des Staates nach einem konfessionellen Schlüssel zugeteilt werden. Die alte politische Klasse hatte den Menschen eingeredet, nur eine solche Ordnung ermögliche ein friedliches Zusammenleben vieler Religionsgemeinschaften. In Wahrheit plünderte sie das Land mit dieser fadenscheinigen Begründung aus.

Die Demonstranten identifizieren sich aber nicht länger über ihre Religionsgemeinschaft. Ihr Ziel ist vielmehr eine Nation gleicher Staatsbürger, die sich nicht mehr entlang der Konfessionszugehörigkeit spalten und gegeneinander ausspielen lassen. So sehen sich die Demonstranten in Bagdad und Basra nicht mehr als irakische Schiiten und auch nicht als irakische Panarabisten, sondern als irakische Nationalisten. Ihr Ideal ist eine zivilgesellschaftliche Ordnung, ihr Vorbild der liberale, pluralistische Nationalstaat Europas.

Wer 2019 und 2020 auf die Straße ging, hatte drei Lektionen aus dem Scheitern des arabischen Bebens von 2011 gelernt.[22] Erstens sind die Demonstranten realistischer geworden, sie wissen, wie mühsam der Wandel ist. Sie wollen erst wieder von der Straße weichen, wenn ihre Forderungen erfüllt sind. Sie haben gelernt, dass es sie schwächt, wenn sie sich spalten lassen, und sie haben verstanden, dass ihr Protest nicht nur friedlich sein muss, sondern auch anhaltend und massiv.

Eine zweite Lektion war, dass die Demonstranten nicht auf die Lockrufe des Militärs hereingefallen sind. Im Sudan und in Algerien schlugen die Offiziere wie damals in Ägypten einen Militärrat und Neuwahlen vor, in der Hoffnung, dass sich die Demonstranten damit zufrieden geben und sich zurückziehen würden. Die aber ließen sich nicht mehr mit bloßen kosmetischen Änderungen abspeisen. Sie rufen nun keine ideologischen Parolen mehr, sondern haben konkrete Anliegen.

Drittens misstrauten die Demonstranten den ausländischen Akteuren. Bei der Restauration in Ägypten spielten die Vereinigten Arabischen Emirate und Saudi-Arabien eine entscheidende Rolle; in Bahrain schlugen saudische und emiratische Truppen die Proteste nieder; in Syrien, im Jemen und in Libyen hatten externe Akteure maßgeblichen Anteil daran, dass aus nationalen Konflikten verheerende Bürgerkriege wurden.

Nun aber setzten sich die Demonstranten im Irak und im Libanon gegen Iran zur Wehr, und in Algerien und im Sudan übermalten sie die Poster des emiratischen Kronprinzen Muhammad Bin Zayed und des ägyptischen Präsidenten Sisi mit einem breiten X. Sie haben begriffen, dass sie sich einer regionalen Konterrevolution gegenübersehen, die keine Skrupel kennt, und sie wollen nicht, dass sich in ihren Ländern wiederholt, was zuvor in Ägypten, Syrien, Libyen und im Jemen geschehen ist.[23]

Während jedoch die Demonstranten aus dem Scheitern des Jahres 2011 gelernt haben, blieben die Regime ihren alten Rezepten treu. Wieder schienen sie überrascht und ratlos zu sein, wieder setzten sie auf Gewalt und Repression, wieder spielten sie auf Zeit und boten die Einsetzung von Militärräten für eine angebliche Übergangszeit an.

Treibende Kraft ist die Jugend. Eine repräsentative Umfrage unter arabischen Jugendlichen aus dem Jahr 2019 verdeutlicht ihren Einstellungswandel.[24] Demnach kritisieren zwei von drei jungen Arabern, dass Religion in ihrem Leben eine zu große Rolle spielt; zwei Jahre zuvor hat das nur jeder Zweite gesagt. Zudem wünschen sich vier von fünf jungen Arabern eine Reform der religiösen Einrichtungen, jeder Zweite ist davon überzeugt, dass die religiösen Werte die arabische Welt in ihrer Entwicklung behindern.

Die jungen Menschen sagen sich von den alten Sozialmilieus und deren Moralvorstellungen los. Sie sind nun Teil der grenzenlosen Cyber-Welt. Ihre Lebenswirklichkeit säkularisiert sich, Tabus werden aufgebrochen, Frauen emanzipieren sich, eine neue Moral entsteht. Dieser tiefgreifende gesellschaftliche Wandel ist nicht aufzuhalten. Was 2011 begonnen hat, ist noch lange nicht an seinem Ende.

Beschleuniger: Covid-19, der Klimawandel und der Jahrhundertdeal

Im Nahen Osten trifft die Covid-19-Pandemie mit voller Wucht auf Länder mit einer schlechten Legitimation und erschreckend mangelhaften Gesundheitssystemen, wie der Global Health Security Index verdeutlicht. Unter allen Regionen der Welt belegen sie bei der Notfallvorsorge und dem epidemiologischen Personal den zweitschlechtesten Platz.[25] Das überrascht nicht. Denn lange haben die Regierungen, gemessen am Bruttoinlandsprodukt, in die Gesundheitssysteme weniger investiert als die meisten anderen Staaten.

Den politischen Führungen sollte es eine Warnung sein, welche Folgen die Spanische Grippe nach dem Ersten Weltkrieg in Ägypten hatte. Während des Krieges waren die Grundnahrungsmittel knapp geworden, ihre Preise hatten sich vervielfacht, auf dem Land hungerten die Menschen. Dann raffte unmittelbar nach Kriegsende die Spanische Grippe in wenigen Monaten 138 000 Menschen dahin, das entsprach einem Prozent der Bevölkerung. Inoffizielle Schätzungen lagen noch höher. Bereits damals wurde das Militär bei der Lebensmittelversorgung und der medizinischen Behandlung bevorzugt. Ägypten stand am Abgrund, als im März 1919 eine Revolution ausbrach, die sich rasch im ganzen Land ausbreitete. Nach drei Jahren hatte sie ihr Ziel erreicht, und Großbritannien entließ Ägypten in die Unabhängigkeit.[26]

Heute stellt die Pandemie sowohl Staaten, die funktionieren, als auch jene, die dabei sind zu scheitern, vor große politische, gesellschaftliche und wirtschaftliche Herausforderungen. Im Libanon rechnen 73 Prozent der jungen Menschen damit, dass Covid-19 zu noch mehr Protesten führen wird, in Ägypten sind es 41 Prozent.[27] Der Umgang mit der Pandemie hat die Glaubwürdigkeit vieler Regime weiter untergraben, denn die staatlichen Gesundheitssysteme waren darauf nicht vorbereitet, und der Verdacht bestätigte sich, dass die Regime die Zahl der Infizierten und Toten zu niedrig ausgewiesen haben, um den Eindruck zu erwecken, sie hätten die Pandemie im Griff.

Mediziner der Universität Toronto sind bei der Auswertung der ägyptischen Statistiken jedoch zu dem Ergebnis gekommen, dass die tatsächliche Zahl der Todesfälle mehr als dreimal so hoch liegen müsse, wie es die veröffentlichten Daten suggerierten.[28] Als Ruth Michaelson, die seit 2014 für den britischen *Guardian* aus Kairo berichtete, diese Studie am 15. März 2020 kommentierte, wurde sie aufgefordert, Ägypten zu verlassen. Ägyptische Journalisten, die die Zahlen der Regierung infrage stellen, werden angeklagt, »fake news« zu verbreiten und einer »terroristischen Vereinigung« anzugehören.[29] Die Generalstaatsanwaltschaft droht jedem, der »falsche Nachrichten« über das Virus verbreitet, mit Haftstrafen bis zu fünf Jahren.[30]

Die veröffentlichten Zahlen fielen in vielen Ländern aber auch deshalb relativ niedrig aus, weil Testkapazitäten fehlten oder Menschen an der Armutsgrenze, die auf Arbeit und Einkommen angewiesen sind, sich keinen Tests unterzogen. Eine Behandlung wäre für sie ohnehin unerschwinglich.[31]

»Die Pandemie zeigt wie unter einem Brennglas die tiefgreifende soziale Ungleichheit und wirtschaftlichen Fehlentwicklungen in der Region«, schrieb die Hilfsorganisation Oxfam über die Folgen im Nahen Osten und in Nordafrika. Bereits vor der Corona-Krise hätten zehn Prozent der Bevölkerung 76 Prozent des Einkommens eines Landes bezogen, die Verteilung der Einkommen sei damit ungleicher als in den meisten anderen Regionen der Welt. Und Covid-19 vertiefe die Kluft zwischen Arm und Reich noch weiter.[32]

Die International Crisis Group warnte bereits am 15. März 2020 davor, dass Covid-19 zu Unruhen führen könne: »Der weltweite Ausbruch kann in fragilen Staaten Chaos anrichten und weit verbreitete Unruhen auslösen.«[33] Vieles spricht dafür, dass die Region durch die Pandemie noch explosiver wird, als sie ohnehin schon ist.[34] Denn als Folge von Covid-19 schrumpft die Wirtschaftsleistung, teilweise erheblich. Besonders betroffen sind Länder, die wie Ägypten vom internationalen Tourismus leben oder wie die Golfstaaten Erdöl exportieren. Die Erlöse aus dem Ölexport sind in den meisten Golfmonarchien die mit großem Abstand wichtigste Einnahmequelle; im Jahr 2020 haben sie sich vorübergehend halbiert. Damit standen die Golfmonarchien nicht mehr bereit, um andere Länder zu retten. Jeder ist nun auf sich selbst angewiesen.

In Ägypten wurde der erste Covid-19-Fall am 14. Februar 2020 bekannt. Bereits am 27. Januar hatte die Regierung vorsorglich alle Flüge von und nach China eingestellt. Am 15. März wurden die Schulen und Universitäten geschlossen, eine Woche später die Moscheen, am 24. März begann ein zweiwöchiges Ausgangsverbot.[35] Der ägyptische Staat reagierte also zur selben Zeit wie die meisten anderen Regierungen. Die Risiken sind jedoch ungleich größer. Denn die Zahl der Tagelöhner, die in prekären Verhältnissen leben und nicht auf Arbeit verzichten können, wird auf bis zu zwölf

Millionen geschätzt und in Kairo drängen sich jeden Tag auf engstem Raum eine Million Menschen in der Metro, was das Infektionsrisiko erhöht.

Vorbereitet war Ägypten auf die Pandemie nicht. Von 2000 bis 2016 sank der Anteil des Gesundheitswesens am Staatshaushalt von 6,7 Prozent auf 4,2 Prozent. Zudem lebten von den 220 000 Ärzten, die in Ägypten registriert waren, 120 000 im Ausland,[36] und in den staatlichen Krankenhäusern fehlten 55 000 Krankenpfleger.[37]

Gleich zu Beginn nahmen daher die Streitkräfte den Kampf gegen die Pandemie in die Hand. Sie misstrauten den zivilen staatlichen Institutionen und beanspruchten für sich, mit größerer Effizienz zu handeln. Spätestens seit dem Treffen des Militärrats am 3. März 2020 musste sich die Armeeführung der Gefahr des Virus bewusst gewesen sein. Denn zwei der 19 anwesenden Generäle wurden danach positiv getestet – und starben. Präsident Sisi und Geheimdienstchef Abbas Kamel, sein engster Vertrauter, gingen daraufhin in Quarantäne.[38]

Anstelle des Gesundheitsministeriums bildete das Militär den Corona-Krisenstab. Am 7. April stellte es 22 der 45 Militärkrankenhäuser für die Behandlung von Corona-Patienten zur Verfügung und richtete vier mobile Corona-Lazarette ein. Zudem setzte es Militärärzte an die Spitze der zivilen Krankenhäuser. Dort entscheiden sie über die Abläufe, stellen die Totenscheine aus und geben die Zahlen zu Infektionen und Todesfällen an den Krisenstab weiter, der sie ans Gesundheitsministerium übermittelt, das die Zahlen dann offiziell bekanntgibt. Es sind Zahlen, denen nur wenige Ägypter trauen.

Die Pandemie trifft die Bevölkerung des Nahen Ostens heute. Noch kaum auszumalen sind indes die Folgen des Klimawandels für die Gesundheit und die Lebensbedingungen.

Keiner anderen Region weltweit wird der Klimawandel stärker zusetzen. Die Temperaturen könnten um das Doppelte des weltweiten Anstiegs zunehmen, also bis zum Jahr 2050 um vier Grad. Denn die Mechanismen, die den Klimawandel bremsen, sind im Nahen Osten wegen des Fehlens von Wolken schwächer ausgeprägt als andernorts. Und so erwartet das Max-Planck-Institut längere Hitzeperioden und bis zum Ende des Jahrhunderts bis zu 200 ungewöhnlich heiße Tage im Jahr.[39]

Es wird mehr und längere Dürren geben, der Kampf um die knapper werdenden Ressourcen wird sich verschärfen, Städte werden unbewohnbar, es wird schwieriger, Landwirtschaft zu betreiben. Dabei ist in ihr noch immer ein Drittel der Bevölkerung beschäftigt. Wenn aber die Bevölkerung wächst, und damit auch die Nachfrage nach Lebensmitteln, und wenn gleichzeitig die Fläche des landwirtschaftlich nutzbaren Bodens schrumpft und das Wasser noch knapper wird, werden die Preise für Lebensmittel steigen, und die Gefahr von Unruhen nimmt zu. Der Bürgerkrieg in Syrien ist eine frühe Warnung vor den Folgen des Klimawandels. Denn im Jahrzehnt vor dem Beginn der Proteste löste eine anhaltende Dürre eine massive Landflucht aus, sodass die Bevölkerung der großen Städte um 50 Prozent wuchs. Viele fanden dort jedoch keine neue Lebensgrundlage.

Die amerikanische Weltraumbehörde NASA hat ermittelt, dass die anhaltende Dürreperiode, die 1998 im Nahen Osten eingesetzt hat, in der Geschichte ohne Beispiel ist. Das ist deshalb gravierend, weil auf die Region, in der sechs Prozent aller Menschen leben, bereits heute lediglich ein Prozent der Frischwasserressourcen entfällt. Dieses Ungleichgewicht wird sich verschärfen. Denn wenn die Temperaturen um zwei Grad steigen, wird die Niederschlagsmenge um 20 bis 40 Prozent zurückgehen, bei vier Grad sogar um 40 Prozent oder mehr.[40] Schon heute geht das Ufer des Toten Meers im Jordantal jedes Jahr um 1,20 Meter zurück. Es ist nicht mehr ausgeschlossen, dass die Flüsse Euphrat und Tigris, an denen 23 Millionen Menschen leben, austrocknen.[41]

Im Gegensatz dazu droht der langsam steigende Wasserpegel des Mittelmeers die ägyptische Hafenstadt Alexandria, in der fünf Millionen Menschen wohnen, zu fluten. In küstennahen Vierteln weicht bereits salziges Grundwasser die Fundamente auf, sodass es zum Einsturz von Häusern kommt. Zudem schrumpft das Nildelta, in dem die Hälfte der ägyptischen Bevölkerung lebt, weil Wasser vom Mittelmeer eindringt und weil der Assuan-Staudamm den Schlamm des Flusses zurückhält, der zuvor über Jahrtausende das Niltal aufgefüllt hat.[42] Hält die Versalzung des Nildeltas an, könnten nach einer Projektion der Vereinten Nationen bis zum Jahr 2060 bis zu 47 Prozent der landwirtschaftlichen Nutzfläche Ägyptens verschwinden.[43] Und was innerhalb eines Landes zu Verteilungskämpfen führt, kann zwischen Staaten Kriege auslösen. Daher hat der ägyptische Präsident al-Sisi den Bau des großen Nilstaudamms in Äthiopien als eine »Angelegenheit von Leben und Tod« für Ägypten bezeichnet.

Um sich an die dramatischen Folgen des Klimawandels anzupassen, brauchen die Menschen die Hilfe ihrer Regierungen. Diese müssten etwa mit hoher Priorität den Wasserverbrauch in der Landwirtschaft rationalisieren, sie müssten neue Anbaumethoden einführen und in der Stadtplanung das sich verändernde Klima berücksichtigen. Jedoch sind die wenigsten Regierungen dazu in der Lage.

Covid-19 ist ein humanitärer Zünder, der die Stabilität der Regime bedroht, der Klimawandel ein ökologischer. Ein politischer Zünder könnte der »Jahrhundert-Plan« werden, den Donald Trump, US-Präsident von 2017 bis 2021, zur Beilegung des Konflikts zwischen Israel und den Palästinensern vorangetrieben hat. Trump stellte den Plan, den sein Schwiegersohn Jared Kushner ausgearbeitet hat, am 28. Januar 2020 im Weißen Haus in Anwesenheit des israelischen Ministerpräsidenten Benjamin Netanjahu vor. Der Plan erfüllt viele von dessen Wünschen. So sollen die völkerrechtswidrigen Siedlungen im Westjordanland dem Staat Israel zugeschlagen werden. Trump bekräftigte, das ungeteilte Jerusalem sei Hauptstadt Israels und die Vereinigten Staaten stünden einer Annexion des Jordantals nicht im Wege. Den Palästinensern bot er einen halben Staat an, dem Hoheitsrechte eines normalen Staates aberkannt wären. Geködert werden sollen sie mit dem Versprechen, dass die Golfstaaten 50 Milliarden Dollar in die Entwicklung des palästinensischen Rumpfstaats investieren würden.

Selbst wenn der Plan nicht als Paket Wirklichkeit werden sollte, werden sich künftige israelische Regierungen an ihm orientieren. Und in der Summe haben einzelne Entscheidungen die gleiche Wirkung. So verlegte Präsident Trump die amerikanische Botschaft mit Wirkung vom 14. Mai 2018 von Tel Aviv nach Jerusalem und erkannte damit Jerusalem als Hauptstadt Israels an, selbst wenn es im Widerspruch zum Konsens in den Vereinten Nationen steht, den Status der Stadt in Verhandlungen festlegen zu lassen. Der Anspruch der Palästinenser auf das arabische Ost-Jerusalem erlischt ferner in dem Maße, wie sich der Ring jüdischer Siedlungen um Jerusalem schließt. Die israelische Siedlungspolitik dezimiert unaufhaltsam die Gebiete, in denen die Palästinenser auf der Grundlage der Osloer Verhandlungen von 1993 einen eigenen Staat gründen sollten. Stattdessen werden Palästinenser in Ost-Jerusalem und im Westjordanland enteignet und von ihrem Grund und Boden vertrieben.

Auf dem Boden, auf dem jahrhundertelang ihre Vorfahren gelebt haben, bleibt für sie immer weniger Platz. So leben auf dem Gebiet, auf dem der Staat Palästina entstehen sollte, bereits 441 000 jüdische Siedler, die sich fremdes Land aneignen, was eine Zweistaatenlösung ausschließt. Das eine Land, in dem jüdische Israelis und Palästinenser möglicherweise gemeinsamem leben sollen, verändert sich aber auch. Am 19. Juli 2018 verabschiedete die Knesset mit 62 gegen 55 Stimmen das Nationalstaatsgesetz, das den jüdischen Charakter Israels bekräftigt und Hebräisch zur alleinigen Nationalsprache macht. Die Palästinenser leben damit in einem Land, das sich ausschließlich jüdisch definiert. Die Vereinigten Staaten sprachen am 31. August 2018 den Palästinensern den Flüchtlingsstatus ab. Sie sind demnach also weder gleichwertige Bürger noch Flüchtlinge.

Gegen dieses Unrecht erhebt die Staatengemeinschaft nicht die Stimme, auch die arabischen Regierungen tun es nicht. Im Gegenteil: Seit September 2020 haben vier arabische Staaten Israel anerkannt. Sie zeigten damit der israelischen Regierung, dass eine Normalisierung der Beziehungen auch ohne Zugeständnisse an die Palästinenser möglich ist. Die Staaten rücken vom Friedensplan der Arabischen Liga von 2002 ab, der Israel Frieden mit der arabischen Welt für den Fall versprochen hat, dass es 1967 erobertes Land an die Palästinenser zurückgibt und einem Staat Palästina zustimmt. Davor hatten lediglich Ägypten 1979 und Jordanien 1994 mit Israel Frieden geschlossen und ihre Beziehungen normalisiert. In beiden Fällen blieb es bei einem kalten Frieden.

Die Staaten, die ihre Beziehungen mit Israel normalisieren, definieren ihr Verhältnis zu Israel nicht mehr über ein Dreieck mit den Palästinensern, sondern allein über ihre eigenen Vorteile. In den Vereinigten Arabischen Emiraten ist das Interesse an israelischer Technologie und an den Investitionschancen in Israel der wichtigste Grund für den Politikwechsel. Die Emirate haben erkannt, dass Israel über die Technologien verfügt, die ihre Volkswirtschaft benötigt, um vom Erdöl unabhängig zu werden. Zudem verbessern die Emirate, die bereits über die schlagkräftigste arabische Armee verfügen, ihre Chancen, mit der Unterstützung Israels das amerikanische Tarnkappen-Mehrzweckkampfflugzeug F-35 zu kaufen. Künftig soll eine Eisenbahntrasse, die vom Persischen Golf an den Mittelmeerhafen Haifa verläuft, die beiden Staaten verbinden.

Beim Entschluss Bahrains spielte sicherlich auch eine Rolle, dass es der Heimathafen der Fünften Flotte der Vereinigten Staaten ist. Marokko entschied sich für die Normalisierung der Beziehungen, weil Präsident Trump als Gegenleistung die Souveränität Marokkos über das Gebiet der West-Sahara anerkannt hat. Sudan entschloss sich zu dem Schritt, weil es damit von der amerikanischen Liste der Staaten gestrichen wurde, die den Terror fördern. Nun kann das Land wieder internationale Hilfen erhalten, etwa vom Internationalen Währungsfonds.

Solche Deals ersetzen keinen Friedensschluss der Araber mit Israel. Sie sind jedoch ein Ausdruck dafür, dass insbesondere die Golfstaaten längst die Geduld mit der palästinensischen Führung verloren haben. Wann immer Israel mithilfe amerikanischen Drucks Zugeständnisse an die Palästinenser gemacht hat, haben die sie zunächst verworfen, nur um auf sie zurückzukommen, als es zu spät war.[44] Die Paläste haben sich von den Palästinensern entfremdet. Schließlich standen die Palästinenser verlässlich auf der »falschen« Seite, beispielsweise bei der irakischen Invasion 1990 in Kuwait, als sie Saddam Hussein zugejubelt haben. Auch lassen sie sich von der Islamischen Republik Iran, das zur »Befreiung« Jerusalems aufruft, instrumentalisieren.

Die Deals können auch nicht darüber hinwegtäuschen, dass eine Normalisierung der Beziehungen mit Israel in der breiten arabischen Öffentlichkeit nicht populär ist. Eine Studie des amerikanisch-arabischen Zogby Research Institute ergab, dass nur jeder fünfte Bürger Saudi-Arabiens eine Normalisierung der Beziehungen mit Israel befürwortet, bevor eine friedliche Lösung des Palästinakonflikts ausgehandelt ist. Noch immer ist Palästina für die saudischen wie für die emiratischen Bürger das nach Iran wichtigste außenpolitische Thema.[45] Als das saudische Zentrum für den Nationalen Dialog und das Washington Institute for Near East Policy in einer repräsentativen Umfrage saudische Bürger gefragt haben, was sie von Geschäfts- oder Sportkontakten mit Israel halten, sagten nur neun Prozent, dass dies auch erlaubt werden solle.[46]

Nicht nur Erwachsene, auch arabische Jugendliche sind Palästina unverändert emotional verbunden. Das in Dubai angesiedelte Meinungsforschungsinstitut Asdaa befragt sie jedes Jahr über ihre Ansichten. Die Umfragen zeigen, dass der Anteil derer, die über den Konflikt zwischen Israel und den Palästinensern beunruhigt oder sehr beunruhigt sind, von 75 Prozent im Jahr 2016 auf 79 Prozent im Jahr 2019 gestiegen ist.[47] Denn der Konflikt scheint ausweglos. Allein von 2008 bis 2021 führten die israelische Armee und die Hamas in Gaza vier Kriege gegeneinander, den letzten vom 10. bis 21. Mai 2021. Spannungen in Jerusalem können sich jederzeit in neuen Gewaltausbrüchen entladen, und sollte eine israelische Regierung mit der Annexion der Westbank ernst machen, wären ein neuer Aufstand der Palästinenser und Proteste in arabischen Ländern nicht ausgeschlossen.[48]

Ein Verlierer der Normalisierung mit Israel ist Ägypten.[49] Denn Kairo büßt nun seine Rolle als wichtigster Vermittler mit Israel ein, und sein politisches Gewicht schwindet dadurch weiter. Ein zweiter Verlierer ist Iran. Israel unterhält nun auf der Südseite des Persischen Golfs Botschaften und rückt der Islamischen Republik nahe wie nie zuvor.

Gestärkt werden hingegen die Golfmonarchien. Sie hoffen,

mit der Anerkennung Israels die Vereinigten Staaten wieder stärker an den Nahen Osten zu binden. Die Furcht vor einem Rückzug Amerikas war gestiegen, als sich Präsident Barack Obama hinter dem Rücken seiner arabischen Verbündeten – so deren Wahrnehmung – im Jahr 2015 auf ein Atomabkommen mit Iran verständigt hat. Die Furcht erhielt Auftrieb, als sein Nachfolger Donald Trump den iranischen Angriff auf saudische Ölanlagen im September 2019 unbeantwortet ließ. Dieser Moment, der die Verwundbarkeit der Golfmonarchien offengelegt hat, mag der Anstoß dafür gewesen sein, über die Kontakte hinaus, die im Stillen mit Israel bereits gepflegt worden sind, auch diplomatische Beziehungen aufzunehmen.

Die Dynamik gegenüber Israel zeigt, dass sich die Machtbalance in der arabischen Welt verschoben hat. Das »neue Arabien« mit den sechs Golfmonarchien hat heute ein größeres Gewicht als das »alte Arabien« mit den restlichen 16 Staaten der Arabischen Liga. Länder wie Ägypten, Syrien und der Irak haben ihre Führungsrolle an die Golfmonarchien abgetreten. Die sind äußerlich modern, wohlhabend und wissensorientiert, sie sichern ihre Stabilität aber nicht nur mit einer guten Regierungsführung, sondern auch mit polizeistaatlichen Mitteln. Mit ihrem autoritären Politikverständnis stemmen sie sich mit allen Mitteln gegen den überfälligen Wandel in den anderen arabischen Ländern.

Gefahren, die vom Nahen Osten ausgehen

Diese neue Machtbalance hat den Nahen Osten und Nordafrika nicht sicherer gemacht. Bei keinem wichtigen Konflikt ist Entspannung erkennbar, geschweige denn eine Lösung – nicht bei den Bürgerkriegen, nicht bei den Spannungen zwischen den arabischen Golfstaaten und Iran, nicht bei der Gefahr durch dschihadistische Terrorgruppen. Auch der Konflikt um Palästina hat noch immer das Potenzial, jederzeit ein Feuer zu entfachen. Selbst stabile Staaten müssen mit Verwerfungen rechnen. Die Region bleibe ein »Sicherheitsproblem« und »ein Produzent von Terror und Unsicherheit«, schreibt die angesehene Nahostexpertin Florence Gaub.[50] Doch wo genau liegen die größten Gefahren?

Erstens ist ein Abflauen der Bürgerkriege in Syrien, im Jemen und in Libyen so lange unrealistisch, wie keiner der externen Akteure bereit ist, seine Präsenz zugunsten eines anderen aufzugeben. Denn dann liefe er Gefahr, seinen Einfluss auf die Neuordnung der Region zu verlieren. Zudem ist es in keinem der drei Bürgerkriegsländer wahrscheinlich, dass sich die nationalen Akteure friedlich auf eine Neuordnung verpflichten, der alle zustimmen. Flüchtlinge werden nicht zurückkehren, möglicherweise drohen neue Flüchtlingswellen.

Zweitens ist eine Beilegung des Konflikts am Persischen Golf zwischen den von Saudi-Arabien angeführten Golfmonarchien und der Islamischen Republik Iran nicht absehbar. Iran fordert die sunnitisch-arabische Welt weiter heraus, indem es im Irak, in Syrien, im Libanon und im Jemen schiitische Milizen unterhält oder unterstützt und die Länder so in seinen Orbit zieht.

Zwar sind die arabischen Golfanrainer mit modernen amerikanischen, französischen und britischen Waffen ausgestattet, dem steht allerdings die asymmetrische und hybride Kriegsführung Irans entgegen. Iranische Revolutionswächter setzen Öltanker fest und beschießen arabische Ölanlagen und Pipelines mit ballistischen Raketen, ihren wichtigsten Waffen. Keine Seite sucht den offenen militärischen Schlagabtausch. Eine Fehlentscheidung wie der Abschuss eines ukrainischen Passagierflugzeugs am 8. Januar 2020 nahe Teheran durch die iranische Luftabwehr könnte aber jederzeit einen Krieg auslösen.

Drittens ist die Gefahr von Anschlägen dschihadistischer Terrorgruppen wie al-Qaida und dem Islamischen Staat nicht gebannt. Sie sind vorübergehend militärisch besiegt, reorganisieren sich aber im Irak, in der Sahelzone und in Afghanistan. Dabei profitieren sie von den scheiternden Staaten, die ihnen neue Rekruten zutreiben und Rückzugsgebiete verschaffen.

Eine vierte Bedrohung stellen jene Staaten dar, die nur stabil erscheinen, deren Stabilität aber gefährdet ist. Ägypten, das bevölkerungsreichste arabische Land, ist dabei eines von drei Schlüsselländern, da ein Kollaps der Militärdiktatur auf andere Länder überschwappen könnte. Ein zweites ist die Regionalmacht Saudi-Arabien, da sie mit dem nahenden Ende des Ölzeitalters zunehmend mit sich selbst beschäftigt ist. Und schließlich ist Algerien, der flächenmäßig größte arabische Staat, das Schlüsselland an der südlichen Mittelmeerküste. Sollte Algerien destabilisiert werden, bräche ein Bollwerk weg, das Migrationsströme aus Schwarzafrika zurückhält.

Diese drei Schlüsselländer haben großen Einfluss auf die Gefahren, denen Europa ausgesetzt sein wird. Ein Horrorszenario wäre, würden sie zur gleichen Zeit zusammenbrechen. Ihre Stabilität ist daher im Interesse Europas. Doch die Treffer häufen sich: Erst hatten die Massenproteste des Jahres 2011 den Wunsch nach politischen Freiheiten und sozialer Gerechtigkeit offengelegt; dann sank von 2014 bis 2016 und erneut ab 2020 der Ölpreis auf Niveaus, die für Länder, die von diesen Einnahmen leben, existenzbedrohend sind; dann setzten 2019 in vier weiteren Ländern Massenproteste ein; und schließlich stellt die Covid-19-Pandemie die alte arabische

Ordnung infrage, in der autoritäre Regierungen wenigstens für eine Friedhofsruhe gesorgt haben.

Um einen gesellschaftlichen Frieden zu ermöglichen, müsste sich vieles ändern, schreibt der frühere stellvertretende jordanische Ministerpräsident Marwan Muasher.[51] Erstens müssen alle Bürger in die Willens- und Entscheidungsbildung eines Staates eingebunden werden, um das Vertrauen in diesen wiederherzustellen, die Ungleichheiten abzubauen und die Korruption auszumerzen. Zweitens müsse das Bildungswesen darauf ausgerichtet werden, dass es Menschen zu analytischem Denken befähigt und nicht länger passive Bürger hervorbringt. Drittens fordert Muasher produktive Volkswirtschaften. Das System der Patronage und des Klientelismus müsse beendet werden, der Staat müsse sich aus der Wirtschaft zurückziehen. Viertens müssen die vielen Minderheiten in der Levante mit denselben Rechten wie die Mehrheiten ausgestattet und als Humankapital begriffen werden; denn Marginalisierung und Unterdrückung hätten nur dazu geführt, dass es weltweit nirgendwo so viele Vertriebene und Flüchtlinge gebe wie im Nahen Osten. Fünftens sollten die Regierungen für eine regionale Integration zusammenarbeiten, die der Steigerung des Wohlstands dient.

Die alten Eliten werden versuchen, eine solche grundlegende Veränderung mit allen ihnen zur Verfügung stehenden Mitteln zu verhindern. Sie werden ganz genau beobachten, was um sie herum geschieht. Zwei Fragen stehen dabei im Mittelpunkt. Zum einen: Wird künftig China eine illiberale Weltordnung führen oder werden die Vereinigten Staaten unter Präsident Joe Biden wieder die Führungsmacht einer liberalen Ordnung sein? Zum anderen: Wie lange dauert die Covid-19-Pandemie? Je länger sie anhält, desto größer die möglichen Verwerfungen, nicht nur im Nahen Osten, sondern weltweit.

Covid-19 stellt für die arabischen Regime eine Gefahr dar, weil das Virus ihre Schwachstellen bloßlegt. Den autoritären arabischen Regimen, deren Fortbestand gefährdet ist, käme zugute, sollte die Volksrepublik China eine Schwächeperiode der Vereinigten Staaten nutzen und in einer illiberalen Weltordnung die Führung übernehmen. In die Souveränität eines Staates greift die Volksrepublik so lange nicht ein, wie der eine chinafreundliche Politik betreibt. Sollten jedoch die Vereinigten Staaten ihre Führungsrolle wieder ernst nehmen und sich auf ihre Werte besinnen, könnten sie mit Anreizen und Druck auf die Eliten einen Wandel in Gang setzen und diesen Prozess auch begleiten.

Auf die Machtbalance in der Welt hat der Nahe Osten keinen Einfluss. Selbst gestalten können seine Eliten und die gesellschaftlichen Akteure aber, was innerhalb der Grenzen ihrer Länder geschieht. Darum soll es im Folgenden gehen.

EIN GANGSTERQUARTETT
DER ALTEN REGIME

Ägypten: Sabri Nachnouch führt die Schlägerbande des Innenministers

Sabri Hilmi Nachnouch fühlte sich missverstanden. Nein, ein Gangster sei er nicht, sagte er den Reportern. Er habe doch lediglich dazu beigetragen, dass Ägypten stabil bleibe. Das hatten die Richter, die wenige Wochen vor dem Putsch vom Juli 2013 ein Urteil über Nachnouch zu fällen hatten, allerdings anders gesehen. Sie hatten ihn zu 25 Jahren Gefängnis verurteilt – wegen illegalen Waffenbesitzes, Waffen- und Drogenhandels, eines weit verzweigten Netzes gewerblicher Prostitution, Urkundenfälschung, Brandstiftung, Banküberfällen, des Haltens von Raubtieren in seiner Villa und weiterer Vergehen.

Im Gefängnis hatte er im August 2012 den Reportern zweier ägyptischer Zeitungen, *al-Akhbar* und *al-Misriyun*, seine Geschichte erzählt.[1] Da kam zutage, was viele Ägypter geahnt hatten, im Prozess aber eher am Rande eine Rolle spielte. Freimütig berichtete der 1963 geborene Nachnouch, wie er seit dem Jahr 2000 im Auftrag des Innenministers zugunsten der Staatspartei NDP Wahlen gefälscht hat. Reue zeigte er nicht. Er habe schließlich nur »patriotisch« gehandelt, sagte er.

»Ich habe die Wahlen gemacht«, prahlte Nachnouch, »und dazu einige Tausend meiner Leute eingesetzt.« Seine Leute, das waren Männer und Frauen, die dafür bezahlt wurden, dass sie sich vor den Wahllokalen aufstellten. Gewaltsam hinderten sie jene daran, ein Wahllokal zu betreten, bei denen sie annahmen, sie würden einer Oppositionspartei ihre Stimme geben oder gar den Muslimbrüdern – was auf jeden Fall verhindert werden musste. Polizisten, die herumstanden, blickten weg, wenn sie Handgreiflichkeiten provozierten. Doch meist reichte die bloße Anwesenheit von Nachnouchs Leuten, um die Menschen einzuschüchtern und davon abzuhalten, von ihrem Stimmrecht Gebrauch zu machen.

Eine andere Gruppe seiner Leute fuhr in der Zwischenzeit mit Kleinbussen von einem Wahllokal zum nächsten, um Wahlzettel zu fälschen. Schließlich machten selten mehr als zehn Prozent der Wähler von ihrem Wahlrecht Gebrauch. Die Stimmzettel mussten also nur ausgefüllt und in die Wahlurnen geworfen werden. Oder aber sie machten Stimmen für die Opposition ungültig. Der Sinn des Ganzen war, dafür zu sorgen, dass die Vorherrschaft der NDP nicht in Gefahr geriet. »Ich half ja nur, dass das Land auf Kurs blieb«, rechtfertigte sich Nachnouch gegenüber den Reportern.

»Die Mubarak-Zeit waren die besten Jahre«, schwärmte er. Mubarak und andere hätten das Land regiert, und er habe ihnen das Regieren ermöglicht, im Auftrag des in der Bevölkerung verhassten Habib al-Adli, Mubaraks Innenminister seit 1997. »Alles geschah korrekt, nach Vorschrift«, sagte Nachnouch, der sich selbst als einen Mann mit »tausend Gehirnen« lobte. Die Vorschrift, die er meinte, war ganz offenbar jene, die der Innenminister vorgab. Er habe bloß Befehle ausgeführt. Ein Dienst, der ihm über die Bezahlung hinaus Maschinengewehre, ein diplomatisches Autokennzeichen und andere staatliche Vergünstigungen einbrachte.

Die Zeitung *al-Ahram* berichtete, während des Prozesses habe er geprahlt, er sei ja eigentlich ein Staatsoberhaupt. *Al-Ahram* kommentierte das mit dem Satz, so wie an der Spitze jeder staatlichen Einrichtung ein Direktor stehe, so sei Nachnouch die Spitze eines Gangster-Netzwerks. Dabei ist Sabri Hilmi Nachnouch die Geschichte eines Mannes, der in Kairo als Sohn eines Schrotthändlers geboren wurde und von weit unten nach sehr weit oben aufgestiegen ist. Zum Chef der wichtigsten Schlägerbande Ägyptens.

Der arabische Begriff für Schlägerbande lautet *baltagiya*, abgeleitet von dem Wort *balta* für Axt. Ein *baltagi* ist einer, der aggressiv wie mit der Axt in der Hand herumläuft. In Ägypten wurde aus dem Axtmann ein Gangster, der für das Regime arbeitet und beauftragt ist, gegen Dissidenten vorzugehen, sollten die sich auf den Straßen versammeln. Unter Mubarak wurde der *baltagi* ein Beruf, und Innenminister Adli machte das zu einem System, der *baltagiya*. Nachnouch war ein zentraler Teil dieses Systems.

Der *baltagi* handelt im Auftrag eines Staates, der ihm erlaubt, die Gesetze zu übertreten. Ein solches System gibt es in vielen Ländern der arabischen Welt. In Syrien heißen die staatlichen Schlägerbanden *shabiha*, das leitet sich von *shabah* her, also einem Gespenst oder Phantom. Die *shabiha* ziehen aber ganz real mordend und plündernd durch Gebiete von Regimegegnern. Sie bildeten bei der Niederschlagung der zunächst friedlichen Proteste in Syrien die vorderste Front. Das System ist gleich, die Namen sind verschieden: Im Jemen heißen sie *balatija*, in Algerien *voyous*, im Sudan *rubata*.

Nachnouch bestritt jedoch, dass seine Leute etwas mit der »Kamelschlacht« auf dem Tahrir-Platz am 2. Februar 2011 zu tun gehabt hätten. Eine Woche nach dem Beginn der Massenproteste hatten Dutzende Angreifer auf Kamelen den Platz gestürmt. Sie hieben mit Macheten und Messern auf die Demonstranten ein und prügelten sie mit Knüppeln. Hunderte wurden getötet und verletzt. Zu jener Zeit sei er in einem Krankenhaus behandelt worden, und als er entlassen wor-

den sei, habe er sich darum kümmern müssen, Regierungsgebäude vor den Demonstranten zu schützen, sagte er den
Reportern. Nicht alle glauben das.

Nachnouchs Leute tragen keine Uniformen, wenn sie ihrem täglichen Broterwerb nachgehen, wenn sie Schutzgelder von Ladenbesitzern eintreiben, wenn sie ihnen befehlen,
Wahlwerbung für die Staatspartei aufzuhängen, wenn sie an
der Pyramidenstraße Nachtclubs und Bordelle beschützen.
Mit den Einnahmen baute Nachnouch ein Wirtschaftsimperium auf. Eine große Autovertretung, der Handel mit Agrar-
maschinen und die Vertretung von Firmen des Militärs gehören dazu. Er besitzt Nachtclubs und Restaurants, Immobilien
und große Ländereien. Nachnouch trat als Mäzen von Künst-
lern auf, er unterhielt enge Kontakte zu Prominenten aus der
Politik, der Kultur und dem Sport, und er übernahm deren
Personenschutz.

Dann wurde nach der Revolution von 2011 gegen ihn ermittelt. Denn im Januar 2011 soll er Gebäude der Regierung
und Gefängnisse nicht beschützt, sondern in Brand gesetzt
haben. Panik sollte verbreitet werden. Das hatte er wohl auch
im Sinn, als er in Alexandria Esel schlachten und deren Knochen und Schädel auf die Straßen werfen ließ. Bewohner sollten glauben, die Metzger würden das Fleisch der Esel, deren
Knochen sie sahen, als Rindfleisch verkaufen. Dabei warf es
Nachnouch mutmaßlich seinen Löwen vor.

Dass er solche in seiner prächtigen Villa in Alexandria be-
saß, wurde erst bekannt, als 420 Polizisten am 24. August
2012 die wie eine Festung gesicherte Anlage stürmten. Sie ver-
hafteten ihn und, wegen illegalen Waffenbesitzes und Zuhäl-
terei, sechzehn seiner Mitarbeiter. Die Polizisten entdeckten
auf dem Gelände der Villa fünf Löwen, sechs Kampfhunde,
vier Pferde und einen Strauß, vor allem aber stießen sie auf ein
Waffenlager, Drogen, Prostituierte und Bündel von Bargeld.[2]

Im Mai 2013, wenige Wochen vor dem Putsch, verurteilte ein Gericht Nachnouch zu einer Haftstrafe von 25 Jahren. Im November 2014 bestätigte ein Berufungsgericht das Urteil. Der regimetreue Nachnouch musste aber keine 25 Jahre in einem Gefängnis darben. Erst erklärte das Verfassungsgericht im Februar 2016 das Gesetz Nr. 6 aus dem Jahr 2012, auf dessen Grundlage Nachnouch verurteilt worden war, für verfassungswidrig. Dann legte im April 2018 der Generalstaatsanwalt den Fall abermals dem Strafgericht von Alexandria vor. Die Richter mussten jedoch nicht mehr tätig werden. Denn Präsident Sisi amnestierte 332 Personen. Keiner von ihnen war politischer Gefangener. Nachnouch stand aber auf der Liste.

Wieder in Freiheit zeichnete ihn die staatliche ägyptische Menschenrechtsorganisation für seine »Kühnheit, Männlichkeit, Beherztheit und seinen Mut« aus. Die Welt war wieder in Ordnung. Nachnouch, der König der Unterwelt und der Mann des Regimes, konnte wieder da anknüpfen, wo er im Januar 2011 aufhören musste.

Saudi-Arabien: Saud al-Qahtani leitet die Abteilung Attacke des Kronprinzen

Was für den Ägypter Sabri Nachnouch die Herrschaft über die raue Straße ist, ist für Saud al-Qahtani die Herrschaft über die virtuelle Welt. In Ägypten dient der Patriot Nachnouch den Generälen, in Saudi-Arabien der saudische Nationalist Qahtani dem Kronprinzen, dessen Aufstieg er mit den Mitteln der digitalen Kriegsführung abzusichern hat. Qahtani ist der Schöpfer von Bots und Meister der Hacker. Reicht das nicht aus, bedient auch er sich aus Nachnouchs Werkzeugkasten. Im Mordfall von Jamal Khashoggi deuteten frühzeitig alle

Spuren, die die internationalen Ermittler ausfindig machen konnten, auf Saud al-Qahtani und eine Eliteeinheit im Büro des Kronprinzen hin – die sogenannte »Tigertruppe«. Sie hat die wenig vornehme Aufgabe, unbeugsame Dissidenten aus dem Weg zu räumen.

Qahtani verkörpert die junge Generation Saudi-Arabiens, für die der Nationalismus wichtiger ist als der Islam und die IT-Manuale intensiver liest als den Koran. 1978 wurde er in Riad geboren, wo er später ein Jurastudium abschloss. Nachdem er in der saudischen Luftwaffe zum Piloten ausgebildet worden war, studierte er an der Universität für Sicherheitswissenschaften in Riad. Sein Aufstieg am königlichen Hof, dem Diwan, verlief schnell und steil. 2003 wurde er Rechtsberater im Stab des damaligen Kronprinzen und späteren Königs Abdallah Bin Abd al-Aziz Al Saud. Dort fiel er Khaled al-Tuweidschri auf, Abdallahs engstem Vertrauten, der ihn beauftragte, eine elektronische Armee aufzubauen, um das Ansehen Saudi-Arabiens in der Welt zu verbessern.

Von 2008 an beobachtete und überwachte Qahtani im Auftrag des Diwans die Medien und entdeckte dabei die Möglichkeiten des Hackens. Als Anfang 2015 Salman Bin Abd al-Aziz Al Saud König wurde, machte er Qahtani zum Minister und Vorsitzenden der Saudischen Organisation für Cyber-Sicherheit, Programmieren und Drohnen.[3] Von da an arbeitete Qahtani eng mit Muhammad Bin Salman, dem Lieblingssohn des neuen Königs, zusammen. Der wurde im Januar 2015 Verteidigungsminister und Chef des königlichen Diwans, im April stellvertretender Kronprinz, am 20. Juni 2017 schließlich Kronprinz.

Dass Qahtani keine Skrupel kennt, zeigte er im Fall des wichtigsten Kritikers des Kronprinzen, Jamal Khashoggi. Der prangerte aus seinem US-amerikanischen Exil die Politik und Methoden des Kronprinzen an. Als Kolumnist der *Washing-*

ton Post hatte er Reichweite, als geschätzter Gesprächspartner in der amerikanischen Hauptstadt Einfluss. Versuche, ihn umzustimmen oder nach Saudi-Arabien zu locken, schlugen fehl. Eine andere Lösung musste her.

Am Morgen des 2. Oktober 2018 flogen 15 saudische Auftragsmörder nach Istanbul. Am frühen Nachmittag betrat Khashoggi das dortige saudische Generalkonsulat, um Dokumente für seine anstehende Heirat in der Türkei beglaubigen zu lassen. Die 15 töteten Khashoggi, zerstückelten seine Leiche und brachten die sterblichen Überreste an einen nach wie vor unbekannten Ort. Die amerikanischen Behörden kamen zu der Überzeugung, dass der Kronprinz die Ermordung Khashoggis genehmigt und Qahtani das Killerkommando zusammengestellt habe. Daher verhängten die Vereinigten Staaten gegen Qahtani Sanktionen und ein Einreiseverbot. Die UN-Sonderberichterstatterin Agnès Callamard schrieb im Juni 2019 in ihrem Bericht zum Fall Khashoggi, die Operation sei eine vorsätzliche außergerichtliche Hinrichtung gewesen, ein staatlich ausgeführter Mord. Es gebe »glaubwürdige Beweise« für eine Beteiligung von Muhammad Bin Salman und Qahtani, die weitere Ermittlungen rechtfertigen würden.[4] Ein saudisches Gericht hingegen sprach Qahtani im Dezember 2019 von jeder Verantwortung frei, schließlich durfte der königliche Hof nicht direkt kompromittiert werden. Fünf rangniedere Mitglieder des Kommandos wurden zum Tode verurteilt, was später in Haftstrafen umgewandelt wurde.

Der Verteidigung des Königreichs dient wohl auch die »Tigertruppe«, die vermutlich 2017 vom Büro des Kronprinzen mit der Absicht gebildet worden ist, Dissidenten ins Fadenkreuz zu nehmen, sie zur Rückkehr nach Saudi-Arabien zu zwingen oder zu liquidieren. Die Spekulationen über eine solche Einheit, der 50 Elitesoldaten des Geheimdienstes angehören sollen, verdichteten sich nach der Ermordung von Khashoggi.[5]

Im Istanbuler Generalkonsulat war Qahtani nicht dabei. Mutmaßlich hat er die Operation von Riad aus gesteuert. Ein Jahr zuvor, im November 2017, war er jedoch persönlich an den Verhören der mehr als 200 Prinzen, Beamten und Unternehmer beteiligt, die Muhammad Bin Salman unter dem Vorwand der Korruptionsbekämpfung im Luxushotel Ritz Carlton hat einsperren lassen. Qahtani habe von ihnen verlangt, Vermögenswerte an den Staat abzutreten.[6] Die Frauenaktivistin Loudschain al-Hathloul, die im März 2018 von saudischen Sicherheitsdiensten in Dubai entführt, nach Saudi-Arabien verschleppt und im Februar 2021 unter Auflagen aus der Haft entlassen wurde, hat Qahtani beschuldigt, er habe sich an ihrer Folter beteiligt und ihr mit Vergewaltigung gedroht.[7]

Zurück in seinem Büro setzte er als Produzent von Bots, als Hacker und Cyber-Krieger wieder seine elektronische Fingerfertigkeit ein.[8] Die Produktion von Bots ist wichtig, um einen Hashtag in einen Trend zu verwandeln und die Kontrolle über Twitter aufrechtzuerhalten. Dazu untersteht ihm eine Trollfabrik, die »die Fliegen« genannt wird. Auf Hackerforen war Qahtani erstmals 2012 aktiv. Damals erkundigte er sich, wie man E-Mail-Konten hacken kann. Er kontaktierte die inzwischen aufgelöste italienische Firma Hacking Team, die Überwachungssoftware herstellte.[9] Später soll Saudi-Arabien die britische Zeitung *The Guardian* und das Mobilfunkgerät von Jeff Bezos, des Besitzers der *Washington Post*, gehackt haben.

Als saudischer Nationalist trägt Qahtani die neue, robuste Außenpolitik des Kronprinzen mit, so auch das im Juni 2017 gegen Qatar verhängte Embargo. Qahtani flankierte das Embargo, indem er Journalisten und Meinungsmacher in den sozialen Medien überwachen ließ und die Bürger des Landes aufforderte, alle zu melden und als »Söldner« an den Pranger zu stellen, die das Embargo kritisierten.

Schon lange vor dem Ausbau der informellen Beziehungen mit Israel hatte der saudische Hof die Spyware Pegasus des israelischen Technologieunternehmens NSO erworben. Das Spionageprogramm kann angeblich auf einem Mobilfunkgerät installiert werden, ohne dass der Besitzer es bemerkt. Es ermöglicht, alles mitzuhören und mitzulesen, was auf einem infizierten Gerät gesprochen und geschrieben wird. Auch die Bewegungen des Besitzers können verfolgt werden. Mit diesem Programm soll das Telefon von Khashoggi infiziert gewesen sein. Und auch bei anderen Dissidenten wurde die Spyware entdeckt.[10]

Seit der Ermordung Khashoggis ist Saud al-Qahtani abgetaucht. Um ihn aus der Schusslinie zu nehmen, wurde er offiziell seines Amtes enthoben und unter Hausarrest gestellt. Dort schrieb er, seine Schuld sei allein, sein Land zu verteidigen.[11] Der Kronprinz ließ den loyalen Diener, der lange einer der gefürchtetsten Männer des Königreichs war, aber nicht fallen. Noch immer ist Qahtani Vorsitzender der Saudischen Organisation für Cyber-Sicherheit, Programmieren und Drohnen. Er muss nur warten, bis noch mehr Gras über die Ermordung von Khashoggi gewachsen ist. Dann kann der saudische »König der Fliegen« auf dasselbe Comeback hoffen wie Sabri Hilmi Nachnouch, der ägyptische »König der Gangster«.

Algerien: Said Bouteflika regiert für seinen gelähmten Bruder

Der Ägypter Sabri Hilmi Nachnouch war nur kurz im Gefängnis, den Saudi al-Qahtani hat die Justiz vor einer Haftstrafe bewahrt. Zu 15 Jahren Gefängnis wurde im September 2019 aber Said Bouteflika verurteilt, der jüngere Bruder des algerischen Langzeitpräsidenten Abd al-Aziz Bouteflika, der am 2. April 2019 von seinem Amt hatte zurücktreten müssen. Die Anklage lautete: Verschwörung gegen die algerischen Streitkräfte. Doch das ist nur ein kleiner Ausschnitt seines Sündenregisters.

Freitag für Freitag gingen in Algerien junge Demonstranten auf die Straße, um gegen eine fünfte Amtszeit des gelähmten Abd al-Aziz Bouteflika zu protestieren. Fünf Wochen waren vergangen, und der Druck auf das Regime war gestiegen, als am 27. März 2019 Said Bouteflika mit den beiden früheren Chefs des Militärischen Geheimdienstes DRS, den Generälen Muhammad Mediène und Athmane Tartag, sowie der Vorsitzenden der trotzkistischen Arbeiterpartei Louisa Hanoune zusammentraf, mit der Said Bouteflika, der sich ebenfalls als trotzkistischer Sozialist versteht, eng befreundet ist.

Said Bouteflika war alarmiert. Schließlich hatte sich der greise Armeechef Ahmad Gaid Salah die Forderung der Demonstranten zu eigen gemacht, Abd al-Aziz Bouteflika solle auf eine weitere Amtszeit verzichten. Die konspirativen vier waren sich einig, dass sie Chaos auslösen und den Ausnahmezustand provozieren mussten, um den Armeechef loszuwerden. Als manipulierbare Figur des Übergangs wollten sie den früheren Präsidenten Liamine Zeroual gewinnen. Der lehnte jedoch ab, und die Viererbande wurde verhaftet.

Said Bouteflika hatte kein offizielles Amt inne, außer dem, seinen 20 Jahre älteren Bruder zu beraten. In Algerien galt er als die dunkle Macht hinter den Kulissen, als nicht gewählter und doch allmächtiger »Vizepräsident«. Er war der Patron der Oligarchen, die er in der 20 Jahre während Präsidentschaft seines Bruders um sich aufgebaut hatte. Er entschied, wer wann Zugang zu ihm bekam. Er entschied, wer als Minister berufen und wer entlassen wurde, er suchte die Abgeordneten für das Parlament und die hohen Beamten aus, er mischte sich in die Justiz ein.

Die beiden Brüder waren von Kind an eng miteinander verbunden. Der Vater starb, als Said ein Jahr alt war, und der 1937 geborene Abd al-Aziz, der in der revolutionären Nationalen Befreiungsfront am Beginn einer großen Karriere stand, übernahm die Verantwortung für den kleinen Bruder. Als Said fünf war, wurde der Ältere zum ersten Mal Minister, danach war er bis 1979 16 Jahre lang Außenminister. Als sein Bruder 1981 wegen Korruptionsvorwürfen ins Exil gehen musste, folgte ihm Said zwei Jahre später. Er zog nach Paris, wo er im Fach Informationstechnologie promoviert wurde. 1987 durften die Bouteflikas schließlich wieder zurück nach Algerien, wo Said eine Dozentenstelle an der Universität Algier fand und Gewerkschaftsfunktionär wurde.

Der große Sprung erfolgte 1999. Abd al-Aziz Bouteflika wurde zum Präsidenten Algeriens gewählt und holte den Bruder als wichtigsten Berater an seine Seite. 2005 fiel der Präsident wegen eines Magengeschwürs für längere Zeit aus, und während seines Krankenhausaufenthalts in Paris übernahm Said Bouteflika in Algier die Amtsgeschäfte. Zum ersten Mal kursierten Gedankenspiele, wonach er seinem Bruder nachfolgen könnte. Nach einem Schlaganfall des Präsidenten im April 2013 verdichteten sich die Gerüchte. Abd al-Aziz Bouteflika wurde vier Monate in Paris behandelt. Währenddessen unterzeichnete der Bruder in Vertretung des Präsidenten Dekrete. Seitdem saß Abd al-Aziz wie eine Mumie im

Rollstuhl, in der Öffentlichkeit sprach er nicht mehr. Das Jahr verlief dennoch nicht gut für Said Bouteflika. Denn im Herbst 2013 deckte der investigative Journalist Hichem Aboud auf, in welchem Ausmaß er in die Korruption des Landes und den Drogenhandel verstrickt war.

Bis dahin hatte Said Bouteflika vieles richtig gemacht. Die Brüder hatten die Macht, die lange allein bei den Generälen gelegen hatte, auf drei Säulen verteilt: die Armee, den Präsidenten und die Wirtschaft. Das Land sollte sich wirtschaftlich unabhängig vom Militär entwickeln. Daraus ergaben sich drei rote Linien, die Said Bouteflika respektierte. Er arrangierte sich mit dem Generalstabschef, er überließ seinem Bruder das Rampenlicht und er beteiligte sich nicht direkt an Unternehmen. Stattdessen baute er um sich herum einen Kreis von Oligarchen auf, die alle wichtigen Ausschreibungen gewannen und so von ihm abhängig wurden. Die staatliche Öl- und Gasgesellschaft Sonatrach schöpfte er aus wie seine Privatbank, bei Wirtschaftsthemen hatte er das letzte Wort.

Und doch ging etwas schief. Wie in Ägypten, wo Präsident Mubarak seinen Sohn Gamal zum Nachfolger machen wollte, war auch in Algerien eine Generation herangewachsen, die nur einen Herrscher kannte, die sich aber nicht länger damit abfinden wollte, dass sie ohne Teilhabe und Perspektiven war. Die Macht und der Reichtum konzentrierten sich in den Händen von immer weniger Personen. Was lange ertragen wurde, erzeugte nun Neid, Hass und Wut. Die Stabilität des Systems mit den drei Säulen war gefährdet. Das haben die Bouteflikas nicht rechtzeitig erkannt.

Erkannt hatte es dagegen der 1940 geborene Generalstabschef Salah. Er reagierte auf die Proteste, entzog dem Präsidenten sein Vertrauen und stieß eine Anti-Korruptions-Kampagne an. Er beschimpfte Said Bouteflika und die Oligarchen als »Bande« und fragte am 2. April 2019, dem Tag des Rücktritts von Abd al-Aziz Bouteflika, wie es »dieser Handvoll Leute« ermöglicht worden sei, »mit illegalen Mitteln und in kurzer Zeit ungestraft Wohlstand« anzuhäufen.[12] Noch am selben Tag wurde gegen prominente Unternehmer ein Ausreiseverbot verhängt, kurz danach wurden sie verhaftet. Die größte Gefahr für die Oligarchen war nunmehr die Armee, und so unterstützten sie über ihre Medien die Demonstranten. Ihre Hoffnung war, durch die Proteste die Macht der Armee zu brechen und ungeschoren davonzukommen.

Said Bouteflika entschied sich für einen anderen Weg. Der »Vize« Algeriens tat sich mit dem vom sowjetischen KGB ausgebildeten General Mediène zusammen, der sich in den 25 Jahren an der Spitze des Militärischen Geheimdienstes den Namen »Gott Algeriens« gegeben hatte. Doch die Algerier hatten ihre Angst vor ihm abgelegt. So wurden Said Bouteflika, die ehemaligen Geheimdienstler Mediène und Tartag sowie Louisa Hanoune am 4. Mai verhaftet. Am 25. September verlas ein Gericht nach nur zwei Tagen Verhandlung die Urteile. Gegen Said Bouteflika und die beiden Generäle sprach es eine Haftstrafe von jeweils 15 Jahren aus, die Vorsitzende der Arbeiterpartei Hanoune musste für drei Jahre ins Gefängnis.[13]

Im Dezember 2019 begann ein weiterer historischer Prozess. Sechs ehemals hohe Politiker und vier Unternehmer aus der »Bande« von Said Bouteflika waren wegen Amtsmissbrauchs, der Verschaffung ungerechtfertigter Vorteile, Verschleierung illegal erworbener Gelder und Geldwäsche angeklagt. Sie wurden zu langen Haftstrafen verurteilt. Der Vorsitzende der algerischen Anti-Korruptionsbehörde, Djilali Hadjadj, sagte, dies sei erst die Spitze des Eisbergs.[14]

Syrien: Rami Makhlouf greift nach dem ganzen Land

In Algerien war es der Bruder des Präsidenten, der sich um die »Privatwirtschaft« kümmerte. In Syrien übernahm diese Aufgabe ebenfalls einer aus der Familie des Präsidenten, der Cousin Rami Makhlouf. Er finanzierte das Regime und half ihm bei der Umgehung der Sanktionen, er bezahlte die Niederschlagung der Proteste und stellte dazu eine Miliz mit 20 000 Mann bereit. Doch auch ihm hat das letztlich nicht viel genutzt. So wie in Algerien Said Bouteflika in einem Konflikt zwischen den drei Säulen des Staats den Kürzeren zog, unterlag in Syrien Rami Makhlouf bei einer Fehde im innersten Kreis der Macht.

Im Kampf um die in dem zerrütteten Land knapper werdenden Ressourcen musste er sich Asma al-Assad beugen, der Frau von Präsident Baschar al-Assad. Rami Makhlouf hatte in seinen besten Zeiten 60 Prozent der syrischen Wirtschaft kontrolliert. Dann wurde er von seinem hohen Ross gestoßen. Weniger als ein Jahrzehnt nach dem Beginn des Aufstands im Jahr 2011 beschlagnahmte das, was sich syrischer Staat nennt, seine Vermögenswerte.

Dabei galt auch er lange als unantastbar. Als Hafez al-Assad, Präsident von 1970 bis 2000, im Jahr 1994 daran ging, seinen Sohn Baschar zum Nachfolger aufzubauen, suchte er in seinem Umfeld nach Personen, auf die sich Baschar bedingungslos verlassen konnte. Die Wahl fiel auf die Familie seiner Frau Anisa Makhlouf.

Damit eröffnete Hafez al-Assad dem 1969 geborenen Rami Makhlouf und dessen vier Jahre jüngerem Bruder Ihab die Gelegenheit, sich in kürzester Zeit ein Netzwerk von »privaten« Firmen aufzubauen. Das geschah durch exklusive Lizenzen, etwa für Duty-Free-Geschäfte und den Tabakimport, sowie durch Mafiamethoden. Makhlouf stellte Unternehmer vor die Wahl: Entweder sie beteiligten ihn oder sie wurden in den Ruin getrieben. Nur ein Mal scheiterte er. Im Jahr 2004 wollte er der Familie Sankar die lukrative Vertretung für Mercedes abnehmen. Die Sankars wehrten sich, Mercedes stellte sich auf ihre Seite, und sie bekamen die Vertretung zurück.

Davon abgesehen wuchs das Imperium von Rami Makhlouf unaufhaltsam. Die Syrer nannten ihn *Rami harami*, »Rami, den Dieb«. Überall hatte er seine Finger im Spiel, in der Erdöl- und Erdgasindustrie, in Banken und Versicherungsfirmen, in der Hotelkette Cham, in der Bau-, Immobilien- und Werbewirtschaft. Ihm gehörten eine Fluggesellschaft, Privatschulen, der Fernsehsender Dunya TV und die Zeitung *al-Watan*. Das Unternehmen, das ihm die meisten goldenen Dukaten bescherte, war jedoch das Mobilfunkunternehmen Syriatel.

Im Februar 2008 zog das US-amerikanische Treasury Department die Konsequenzen aus Rami Makhloufs Machenschaften, setzte ihn auf die Sanktionsliste und fror seine Aktiva in den Vereinigten Staaten ein. Er sei ein »Nutznießer und Vermittler der öffentlichen Korruption in Syrien«, habe das syrische Justizsystem manipuliert und syrische Geheimdienstbeamte eingesetzt, um seine Konkurrenten einzuschüchtern, hieß es in der Begründung. Im Mai 2011 verhängte auch die Europäische Union Sanktionen gegen Makhlouf, da er das Regime finanziere und Gewalt gegen Demonstranten ermögliche.

Über Briefkastenfirmen auf den Seychellen und den britischen Virgin Islands konnte er die gegen Syrien verhängten Sanktionen unterlaufen. Er organisierte und finanzierte Kundgebungen für das Regime und trug als Hardliner den Kurs seines Cousins Bashar al-Assad mit, die Proteste gewaltsam niederzuschlagen. In einem Interview mit der *New York Times* vom 9. Mai 2011 drohte er für den Fall, dass das Assad-Regime in Bedrängnis gebracht werde, mit der Destabilisierung der ganzen Region. »Dann gibt es keine Möglichkeit, dass es Stabilität in Israel gibt.«

Die ersten Risse im innersten Zirkel der Macht waren da allerdings schon sichtbar. Rami Makhlouf war verhasster als Baschar al-Assad, mit dem ja anfangs Hoffnungen auf eine Öffnung Syriens verbunden waren. Als das Regime im Jahr 2005 propagandistisch eine Anti-Korruptionskampagne startete, fürchtete Rami Makhlouf zu Recht, er könnte zum Sündenbock gestempelt werden. Vorübergehend setzte er sich nach Dubai ab und nahm einen Teil seiner Aktiva mit.

Die Unzufriedenheit in Syrien wuchs. Einen nicht geringen Anteil daran hatte der Zorn der Menschen auf Makhloufs Gier. Makhlouf blockierte immer offensichtlicher alles, woran er keinen Anteil hatte. Als Assads Planungs- und Wirtschaftsminister Abdallah al-Dardari, der vergeblich für Reformen kämpfte, Makhlouf einmal darauf hinwies, es sei doch klüger, den Kuchen wachsen zu lassen, um anschließend ein noch größeres Stück abzubekommen, habe der ihm geantwortet: »Ich will den ganzen Kuchen.«[15]

Nach 2011 wurde der Kuchen als Folge des Krieges aber immer kleiner. Im innersten Zirkel der Macht setzten heftige Verteilungskämpfe ein, aus denen Makhlouf als Verlierer hervorging. Im Regime galt er als das hässliche Gesicht der Korruption. Asma al-Assad, die eloquente Frau des Präsidenten, verkörperte hingegen die elegante Seite des Regimes.

Rami Makhlouf und Asma al-Assad standen im Wettbewerb um Einnahmen für ihre Stiftungen. Solche Stiftungen stellten die letzte Chance dar, an UN-Hilfsgelder zu kommen. Asmas Syria Trust for Development sollte mit seinen gesellschaftlichen und kulturellen Projekten das Image des Regimes verbessern. Das Gleiche beanspruchte Rami Makhlouf mit seiner Stiftung, die jenseits der Wohltätigkeit aber auch eine 20 000 Mann starke Miliz aufgestellt hatte.

Im Sommer 2019 ordnete das Regime die Schließung von Makhloufs Stiftung an. Am 24. Dezember 2019 beschlagnahmten syrische Behörden wegen angeblicher Zollvergehen 21 Millionen Dollar,[16] und am 30. April 2020 beklagte sich Rami Makhlouf in einem Video auf Facebook, dass er weitere 100 Millionen Dollar an den Staat abführen solle.[17] Makhlouf appellierte an seinen Cousin Baschar al-Assad und bat ihn einzuschreiten. Er sei ja bereit, etwaige Außenstände an ihn zu zahlen, nicht aber an die Behörden, denen er nicht vertraue, sagte er. Der innerste Zirkel trug seine Fehde mittlerweile in aller Öffentlichkeit aus.

Zwei Tage später veröffentlichte Makhlouf ein weiteres Video. Er beschwerte sich, dass 60 seiner führenden Angestellten verhaftet worden seien. Nun erfuhr er am eigenen Leib, was unzähligen Syrern über viele Jahre durch seine Gier zugefügt worden war. Ein letztes Mal meldete er sich am 17. Mai zu Wort. Er sei aufgefordert worden, sich aus Syriatel zurückzuziehen, sagte der erschöpft wirkende Makhlouf. Zwei Tage danach ordneten die Behörden die Beschlagnahmung all seiner Vermögenswerte an. Noch einmal zwei Tage später wurde eine Ausreisesperre gegen ihn verhängt. Den vorläufigen Schlusspunkt des Niedergangs von Rami Makhlouf markiert der 25. Juni 2020, als die Regierung des Regimes Verträge mit ihm aufkündigte.[18]

Auch künftige Generationen von Syrern werden mit dem Namen Rami Makhlouf die Erinnerung an eine Herrschaft verbinden, die sich auf Kosten der Bevölkerung scham- und gewissenlos bereichert hat. Die meisten arabischen Staaten haben abstoßende Typen wie Rami Makhlouf hervorgebracht. Ihre Namen stehen für kaputte Regime, gegen die sich diejenigen zu Recht erheben, die von Teilhabe ausgeschlossen sind und um ihre Chancen gebracht werden.

ÄGYPTEN: WIE LANGE HÄLT
DER KESSEL?

Was in Mesopotamien, im antiken Rom und europäischen Mittelalter gängige Praxis war, ist im heutigen Ägypten zurückgekehrt: der Käfig für Angeklagte im Gerichtssaal. Einem Außenstehenden suggeriert er, dass von dem Eingesperrten wie von einem Raubtier Gefahr ausgeht. Für den Angeklagten aber wird der Käfig zum Pranger, er isoliert und demütigt ihn und hebt die Unschuldsvermutung von Anfang an auf.

Am 3. August 2011 trauten die Ägypter ihren Augen nicht, als sie auf den Bildschirmen sahen, wie ihr Langzeitherrscher Husni Mubarak in einem Krankenbett in den Gerichtssaal gebracht wurde – und dort in einen Käfig. Dabei wäre er auch ohne die Gitterstäbe nicht in der Lage gewesen, den Richter anzugreifen und Zeugen einzuschüchtern. Im Januar 2012 wurde er wegen der Beteiligung an der Ermordung von Demonstranten zu lebenslanger Haft verurteilt. Weitere Verfahren und Urteile folgten. Am 24. März 2017, im vierten Jahr nach dem Putsch, wurde er in allen Anklagepunkten freigesprochen. Er starb am 25. Februar 2020 im Alter von 91 Jahren als freier Mann.

Dieses Glück hatte Muhammad Mursi nicht. Er war Präsident vom 30. Juni 2012 bis zum 3. Juli 2013. Vier Monate nach dem Putsch begann das erste von mehreren Verfahren gegen ihn. Ihm wurde ein Gefängnisausbruch im Januar 2011 zur Last gelegt; als Präsident soll er für Qatar spioniert haben und für die Tötung von Demonstranten verantwortlich gewesen sein. Amnesty International bezeichnete den Prozess als

»Farce«. Anders als Mubarak musste Mursi den Prozess gegen ihn sogar in einem schallisolierten Käfig verfolgen. Dort brach er am 17. Juni 2019 zusammen und starb. Über Jahre sei ihm eine medizinische Behandlung vorenthalten worden, kritisiert Human Rights Watch.[1] Britische Abgeordnete und Anwälte hatten zuvor gewarnt, dass Mursis Haftbedingungen, die an Folter grenzten, zu seinem Tod führen könnten.[2]

Essam al-Eryan war Mursis Stellvertreter im Vorsitz der Partei für Freiheit und Gerechtigkeit. Wenige Tage nach dem Putsch wurde er verhaftet. Im Käfig trug er die rote Kleidung der zum Tode Verurteilten. Er starb im Tora-Gefängnis nahe Kairo am 13. August 2020 im Alter von 66 Jahren, offiziellen Angaben zufolge an einem Herzinfarkt. Das Tora-Gefängnis ist politischen Gefangenen vorbehalten, deren Zahl in Ägypten auf mehr als 60 000 geschätzt wird.[3] Entlassen wird niemand, der zurück in Freiheit Widerstand und Proteste organisieren könnte.

Andere wiederum schaffen es nicht einmal bis in den Käfig eines Gerichtssaals. So etwa der italienische Student Giulio Regeni. Der Doktorand an der britischen Cambridge University forschte über die unabhängigen Gewerkschaften. Am 25. Januar 2016 verschwand er, am 3. Februar wurde sein schwer von Folter gezeichneter Leichnam an der Autobahn von Kairo nach Alexandria entdeckt. Die ägyptische Regierung behauptete zunächst, Regeni sei von einer Bande verschleppt worden, die sich auf die Entführung von Ausländern spezialisiert habe, später beschuldigte sie die Muslimbruderschaft. Jedoch ist die italienische Staatsanwaltschaft überzeugt, dass namentlich bekannte Mitglieder der ägyptischen Staatssicherheit Regeni beschattet und ermordet haben.[4]

Generäle als Pharaonen

Im Würgegriff des Militärs

Der Putsch kam mit Ankündigung. Am 30. Juni 2013 hatten die Demonstrationen in den großen Städten Ägyptens ihren Höhepunkt erreicht. Mehr als eine Million Ägypter forderten Mursis Rücktritt. Am Tag darauf erklärte Generalstabschef Abd al-Fattah al-Sisi, die Armee werde eine *Road Map* vorlegen, sollten Präsident Mursi und seine Gegner nicht binnen 48 Stunden den »Willen des Volkes« beachten. Am 3. Juli patrouillierten gepanzerte Fahrzeuge in Kairo und umstellten die wichtigsten Regierungsgebäude. Das Militär ordnete die Festnahme Mursis und die Auflösung des Parlaments an, Sisi setzte Neuwahlen fest. Zum Interimspräsidenten wurde Adli Mansour ernannt, der Vorsitzende des Verfassungsgerichts.

Mursi war in freien und fairen Wahlen im Mai und Juni 2012 mit etwas mehr als der Hälfte der abgegebenen Stimmen gewählt worden. Trotz einer wachsenden Unzufriedenheit mit seiner Politik hatte es keine Anzeichen dafür gegeben, dass er sich nach Ablauf seiner Amtszeit einer Abwahl entgegenstellen würde. Dennoch nannten die ägyptischen Streitkräfte ihr Vorgehen einen »demokratischen Putsch«, was der deutsche Politikwissenschaftler Thomas Demmelhuber als »normativen Etikettenschwindel« zurückweist.[5] Westliche Regierungen indes blieben stumm und verurteilten die Machtübernahme des Militärs nicht.

Mit dem Machtwechsel waren zunächst durchaus Hoffnungen verknüpft. Schließlich sprach Sisi, als er am 27. Mai 2014 zum neuen Präsidenten gewählt wurde, von Demokratie und gelobte, nach einer zweiten Amtszeit im Jahr 2022 aus dem Amt zu scheiden. Doch es kam anders. Unter Sisi entwickelte sich Ägypten zu einem Polizeistaat, und dank einer Verfassungsänderung kann er mindestens bis zum Jahr 2030 im Amt bleiben. Der Änderung von 19 Verfassungsartikeln stimmten bei einem Referendum im April 2019 nach offiziellen Angaben 89 Prozent der Bevölkerung zu.[6] Wobei eine Online-Petition den Nein-Stimmen nur kurz eine Plattform bieten konnte, wenige Stunden, nachdem sie freigeschaltet worden war, wurde sie blockiert. Da hatten sich bereits 60 000 Personen eingetragen.

Die neuen Artikel der Verfassung verlängern nicht nur Sisis Amtszeit, sondern weiten auch die Vollmachten des Präsidenten aus. Der hat nun bei der Ernennung der obersten Richter und des Generalstaatsanwalts das letzte Wort; damit untersteht ihm die Justiz. Die wichtigste Änderung enthält jedoch der Artikel 200. Dort heißt es: »Die neue Mission der Streitkräfte ist es, die Verfassung und die Demokratie zu beschützen und die grundlegenden Institutionen des Staates zu bewahren.« Das Militär wird das Land also auch in Zukunft regieren und den Präsidenten stellen. Begraben sind alle Errungenschaften der Revolution von 2011.

Sisi umgibt sich mit Offizieren, denen er vertraut. Um sich ihrer Loyalität zu versichern, ließ er das Parlament im Juli 2018 ein Gesetz verabschieden, das hohen Offizieren für Verbrechen, die nach dem Militärputsch begangen worden sind, Immunität zusichert.[7] Die Zuständigkeit der nichtöffentlich tagenden Militärgerichte wurde auf Kosten der zivilen Gerichte ausgeweitet; sie sind nun auch für alle politischen Fälle und die Wirtschaftsunternehmen der Streitkräfte zuständig. Im Mai 2020 ermächtigte Sisi die Armee zudem, Aufgaben der Gerichtspolizei wahrzunehmen; sie kann nun Zivilisten an jedem Ort festnehmen, ohne den Rechtsweg einschlagen zu müssen.[8] Freie Hand haben auch der Sicherheitsapparat und die Geheimdienste. Yezid Sayigh vom Carnegie Middle

East Center in Beirut, einer der besten Kenner Ägyptens, sagt, in Damaskus fühle er sich sicherer, über Politik zu reden, als in Kairo.[9]

Sisi präsentiert sich als Erzieher der Nation. Seine Richtlinien schreiben den Medien vor, wie sie die Armee verherrlichen, die Muslimbruderschaft attackieren und konservative Familienwerte propagieren sollen.[10] Dabei hilft ihm einer seiner Söhne, der im Geheimdienst die Abteilung für die Manipulation der Medien leitet. Auf Kritik reagiert Sisi dünnhäutig, was auch der populäre Satiriker Bassem Youssef zu spüren bekam. Seit März 2011 hatte er in seiner Show *al-Barnamag* (»Das Programm«) das aktuelle Zeitgeschehen parodiert. Schon unter Mursi wurde er wegen Präsidentenbeleidigung angeklagt. Doch als er nach dem Putsch den Kult um Sisi nur vorsichtig kritisierte, wurde die Sendung sofort abgesetzt. Im Juni 2014 erklärte er schließlich, wegen des bedrohlichen politischen Klimas sei es zu gefährlich weiterzumachen. Er verließ Ägypten.[11]

Während der langen Präsidentschaft Husni Mubaraks von 1981 bis 2011 war die Herrschaft stets auf drei Gruppen verteilt. Das Militär gab der Politik den Rahmen vor und kontrollierte etwa 40 Prozent der Wirtschaft; die Staatspartei, die Nationaldemokratische Partei (NDP), vergab den Rest an die regierungsnahen Unternehmer, die zu den sogenannten *Fulul* der zivilen Profiteure des Regimes gehörten; die hatten dann jene Institutionen zu alimentieren, die dafür sorgten, dass es auf der Straße und auf dem Land ruhig blieb – also die Justiz, die Staatssicherheit, den Polizeiapparat und die Schlägertruppen des Innenministers.

Diese Balance hat sich seit 2013 verändert. Die NDP wurde 2011 aufgelöst, und das Militär baute seine politische und wirtschaftliche Macht aus. Seine Einnahmen bezieht es aus drei Quellen: dem Staatshaushalt, seinem Wirtschaftsimperium und der jährlichen amerikanischen Rüstungshilfe von 1,3 Milliarden Dollar. Über welche gewaltigen Rücklagen die Streitkräfte verfügen, zeigte sich 2011, als sie der in Not geratenen Zentralbank rasch einen Kredit von einer Milliarde Dollar überweisen konnten.

Sisi will die Streitkräfte zum »nationalen Entwicklungsmotor« machen[12]. Dazu nutzen sie die Konglomerate, die den Ministerien für Verteidigung und Militärproduktion unterstehen. Eines davon ist die 1975 gegründete Arabische Organisation für Industrialisierung, die in militärischen und zivilen Branchen tätig ist; sie hat ihren Umsatz von 2012 bis 2018 vervierfacht. Ein zweites ist die 1979 gegründete Nationale Organisation für Produktdienste, die ausschließlich zivile Waren herstellt und zivile Dienstleistungen anbietet. Ihr unterstehen etwa 30 Unternehmen sowie Läden für preiswerte Lebensmittel, was die Sympathien der einfachen Ägypter sicherstellen soll. 2013 wurde sie zum »bevorzugten Unternehmer« der Regierung ernannt. Auch wurden ihr die Mautlizenzen für die Autobahnen zugeteilt, entlang derer sie die meisten Tankstellen betreibt.

Nach dem Putsch von 2013 hat das Militär sein wirtschaftliches Engagement massiv ausgebaut. Seither wurde jedes dritte Unternehmen der Streitkräfte gegründet. Zuvor hatte sich die Armee über Jahrzehnte mit der Produktion von Brot, Nudeln oder Mineralwasser begnügt. Heute reicht die Produktpalette der Unternehmen, die der Armee unterstehen oder von einem pensionierten General geführt werden, weit über Rüstungsgüter hinaus: Dazu gehören neben Nahrungsmitteln, Elektrowaren, Zement und Krankenhausbedarf nun auch Unternehmen in den Branchen Energie, EDV und Messewesen. Das Ingenieurskorps der Streitkräfte baut Straßen und Brücken, Sozialwohnungen und Krankenhäuser, es hat den Suezkanal erweitert und baut die neue administrative

Hauptstadt. Der militärisch-industrielle Komplex ist gewaltig.[13]

Die Behörde für den Zentraleinkauf medizinischen Materials ist ein Beispiel dafür, wie die Streitkräfte den Wettbewerb außer Kraft setzen. Alle staatlichen Krankenhäuser sind verpflichtet, ihre Bestellungen über sie abzuwickeln, und die privaten sind gut beraten, es ebenfalls zu tun. Dabei belohnt oder bestraft die Behörde ägyptische Hersteller und Importeure für ihr Verhalten gegenüber der Regierung. Aufgrund ihrer Monopolstellung schöpft sie hohe Margen ab und fordert Preise, die erheblich über dem liegen können, was international üblich ist.

Bei ihrem wirtschaftlichen Engagement lassen sich die Streitkräfte von vier Motiven leiten. Erstens sind sie davon überzeugt, dass sie Wohlstand auf dem Reißbrett schaffen können und dazu besser in der Lage sind als die Privatwirtschaft. Zweitens fallen alle Aktivitäten der Streitkräfte, militärische wie wirtschaftliche, unter die Militärgerichtsbarkeit; nichts entgleitet ihr. Drittens verschafft ihnen die Kontrolle über die Wirtschaft auch eine Kontrolle über die Menschen; so verteilt das Ministerium für Militärproduktion die Lebensmittelmarken und entscheidet, wer Subventionen empfängt und wer nicht. Viertens ermöglicht die Kontrolle über die Wirtschaft den Generälen massive und intransparente Einnahmen, die sie nicht an den Staatshaushalt abführen müssen, sondern unter sich aufteilen können. Diese Pfründe sind für Sisi eine existenzielle Rückversicherung. Denn als Gegenleistung stützt das prosperierende und wachsende Offizierskorps das Regime.

Eine extreme Wettbewerbsverzerrung ist die Folge.[14] Wenn private Unternehmen bei Ausschreibungen gegen die Streitkräfte antreten, haben sie keine Chance. Ferner sind die Rekruten mit einem Monatssold von 15 Euro billige Arbeitskräfte. Da die meisten Ägypter eine dreijährige Wehrpflicht ableisten, kann die zehntgrößte Armee der Welt, die fast eine halbe Million Soldaten unter Waffen hat, auf ein großes Reservoir von Arbeitskräften zurückgreifen. Zudem zahlen die Unternehmen der Streitkräfte keine Einkommens- und keine Umsatzsteuer, keine Importzölle und keine Immobiliensteuern, und die Preise, die sie für Elektrizität und Wasser zahlen, liegen weit unter denen für private Unternehmen.[15] Dadurch entgehen dem Staat allerdings Einnahmen, die ihm dann für sozialpolitische Aufgaben fehlen.

Wer sich als privater Unternehmer behaupten will, bleibt klein und fällt nicht auf, oder er stellt sich mit dem Regime gut und macht sich unverzichtbar. Das taten die Unternehmer, die im Frühjahr 2013 die Proteste gegen Präsident Mursi gefördert und finanziert haben. Maßgeblich hat dazu der koptische Großunternehmer Naguib Sawiris beigetragen. Er hat der Protestbewegung *Tamarrod* die landesweiten Filialen seines Mobilfunkunternehmens zur Verfügung gestellt, damit sie, mit finanzieller Hilfe der Golfmonarchien, in allen Provinzen Millionen Ägypter auf die Straße bringen konnte.[16] Sein Engagement rechtfertigte er mit der Behauptung, die Muslimbruderschaft betrachte Christen als Bürger zweiter Klasse.[17]

Die Wirtschaftsaktivitäten der Streitkräfte verdrängen private Firmen, und sie leisten der Korruption Vorschub. Denn ihre Unternehmen entziehen sich einer zivilen Kontrolle. Auch ist es nicht möglich zu bewerten, ob die Streitkräfte wirklich im öffentlichen Interesse handeln. Darauf wies der Vorsitzende des ägyptischen Rechnungshofs, Hisham Genina, Anfang 2016 hin. Er rechnete vor, dass von 2012 bis 2015 die Korruption in allen Bereichen des Staates, einschließlich der Streitkräfte, Ägypten 76 Milliarden Dollar gekostet habe. Darauf entließ ihn Sisi, und Genina wurde wegen »Verbreitung falscher Nachrichten« zu einem Jahr Gefängnis verurteilt.[18] Der Journalist Motaz Wadna, der Genina für die arabischsprachige Ausgabe der *Huffington Post* interviewt hatte, wurde am 18. Februar 2018 festgenommen und sitzt seither in Untersuchungshaft.[19]

Die Geschäftsführende Direktorin des Internationalen Währungsfonds (IWF), Kristalina Georgieva, wies am 16. Juni 2020 in einem Interview mit Transparency International darauf hin, dass eine »tief verwurzelte Korruption ein nachhaltiges und inklusives Wachstum« untergrabe. Dennoch hatte der IWF im Oktober 2019 die letzte Tranche eines Kredits von zwölf Milliarden Dollar an Kairo ausgezahlt.[20] Im Jahr 2020 folgten neue Hilfen von 20 Milliarden Dollar. Die daran geknüpften Auflagen des Währungsfonds verlangen von den einfachen Ägyptern schmerzhafte Einschnitte. Für die Unternehmen des Militärs ändert sich jedoch nichts.[21]

Eine Wirtschaft wird ruiniert

Man muss sich Sorgen um Ägypten machen. Es ist ungewiss, welche Entwicklung das Land nehmen wird. Dabei ist das Wirtschaftswachstum von 2014 bis 2019 nahezu stetig von 2,9 Prozent auf 5,6 Prozent gestiegen.[22] Den Lebensstandard der meisten Ägypter hat das jedoch nicht oder nur wenig verbessert.

Ein Grund dafür ist, dass die Bevölkerung jedes Jahr um zwei Millionen Menschen anwächst. Der Zuwachs ging zwar von 2013 bis 2019 leicht von 2,3 Prozent auf 2,0 Prozent zurück[23], die Bevölkerungszahl aber stieg in diesem Zeitraum von 88,4 Millionen auf 100,4 Millionen.[24] Dadurch und wegen der Abwertung des Ägyptischen Pfunds schrumpfte das Pro-Kopf-Einkommen von 3264 Dollar auf 3020 Dollar.[25] Selbst wenn Familienplanung eine Priorität der Regierung Sisi wäre, was sie nicht ist, würde sie die Folgen des Bevölkerungszuwachses mittelfristig nicht in den Griff bekommen. Denn die Menschen, die in den nächsten 20 Jahren auf den Arbeitsmarkt drängen, sind bereits geboren. Der IWF schätzt, dass die Erwerbsbevölkerung von 2018 bis 2028 von 66 Millionen auf 80 Millionen zunehmen wird.[26]

Die Bugwelle von arbeitslosen jungen Menschen, die Ägypten vor sich her schiebt, wird von Jahr zu Jahr größer. 40 Prozent seien ohne Arbeit, schätzen westliche Beobachter, und die Arbeitslosigkeit steigt mit dem Grad der Qualifikation. Dieser immens hohe Anteil junger Menschen ohne Arbeit erhöht die Gefahr politischer Instabilität, wie der norwegische Friedensforscher Henrik Urdal gezeigt hat. Er wies nach, dass in einem Land, in dem wie in Ägypten junge Menschen von 15 bis 29 Jahren mindestens ein Drittel der erwachsenen Bevölkerung stellen, der Arbeitsmarkt aber nur begrenzt aufnahmefähig ist, das Risiko eines bewaffneten Konflikts sehr viel höher liegt als in einem entwickelten Land mit einer gleichmäßigen Alterspyramide.[27]

Ein zweiter Grund dafür, dass sich das Wachstum nicht in einem steigenden Lebensstandard niederschlägt, ist das Wirtschaftsmodell der Streitkräfte. Es schafft nur wenige neue Jobs, und selbst imageträchtige Großprojekte wie die Erweiterung des Suezkanals sorgen nicht für dauerhafte Arbeitsplätze. Vor allem aber fehlen dynamische kleine und mittelständische Betriebe, die nachhaltig Arbeitsplätze bereitstellen könnten. Und indem die Streitkräfte Rekruten als billige Arbeitskräfte einsetzen, entsteht auch keine Kaufkraft. Im formellen Sektor werden zu wenige neue Stellen geschaffen, gleichzeitig hat sich die Zahl der Beschäftigten im informellen Sektor ohne Sozialversicherung seit 2006 aber verdoppelt.[28] Zudem schrumpft die Mittelschicht.[29] Ihre Pro-

teste waren es, die 2011 den Sturz von Präsident Mubarak aus-
lösten, sie war es, die 2013 den Putsch gegen Präsident Mursi
einleitete. Sollten die, die zur Mittelschicht gehören oder gehört haben, erneut auf die Straße gehen, würden sie durch die
wirtschaftlichen Härten dazu getrieben werden, warnt Timo-
thy Kaldas vom Tahrir Institute for Middle East Policy.[30]

Denn die Austeritätsmaßnahmen, zu denen sich Ägypten
2016 und 2020 im Gegenzug zu Krediten des IWF verpflichtet hat, treffen vor allem sie. Im November 2016 gab die Regierung das Ägyptische Pfund frei, worauf die Währung die
Hälfte ihres Wertes verlor. Die Importe verteuerten sich entsprechend, die Inflation schnellte auf 30 Prozent hoch, Löhne
und Gehälter jedoch stiegen lediglich um 15 bis 20 Prozent.
Die Mittelschicht traf ferner, dass die Regierung die Subventionen für Grundnahrungsmittel, Energieprodukte und
Elektrizität stark kürzte. Die Folgen für die ärmeren Bevölke-
rungsschichten wurden hingegen durch Direkthilfen gemil-
dert.

In den vergangenen Jahren ist die Zahl der Armen und Be-
dürftigen kontinuierlich gestiegen. Zu diesen zählt, wer mit
zwei Dollar am Tag oder weniger auskommen muss. Das sind
heute bereits 60 Prozent aller Ägypter, schätzte die Weltbank
im Mai 2019. Sie drängt die ägyptische Regierung, mehr für
die Bekämpfung der Armut und die Schaffung von Arbeitsplätzen zu tun.[31] Schließlich fangen die Überweisungen der
ägyptischen Gastarbeiter aus den Golfstaaten die wirtschaftliche Not zu Hause immer weniger auf. Im Rekordjahr 1992
hatten sie 14,6 Prozent zum Bruttoinlandsprodukt beigetragen, 2019 waren es nur noch 8,8 Prozent, und im Coronajahr
2020 setzte sich dieser Negativtrend weiter fort.[32]

Die sich verschlechternden Lebensbedingungen schlagen
sich in Arbeitsniederlegungen und Streiks nieder, gegen die
der Sicherheitsapparat mit harter Hand vorgeht. Doch dar-

über wird in den ägyptischen Medien nicht berichtet, denn das Regime will verhindern, dass sie sich ausweiten. Schließlich waren die Streiks von 2006 die Initialzündung für die Massenproteste des Jahres 2011. Bestreikt werden meist Staatsbetriebe, auch solche der Streitkräfte. Dagegen geht die Regierung auch juristisch vor. So urteilte das Oberste Verwaltungsgericht am 28. April 2015, dass Streikende in den sofortigen Zwangsruhestand versetzt werden können. Ein Gesetz, das Ende 2017 verabschiedet wurde, verhindert die Bildung neuer Gewerkschaften. Bestehende Gewerkschaften werden in einen staatlichen Dachverband gezwungen. So soll der Deckel auf dem Kessel gehalten werden.

Doch ohne umfassende und tiefgreifende Strukturreformen kann es in Ägypten keine dauerhafte Stabilität geben. Die Vorschläge der internationalen Institutionen sind aber nicht nach dem Geschmack der Streitkräfte. So fordert etwa der IWF die ägyptische Regierung eindringlich dazu auf, die in den vergangenen Jahren gewonnene makroökonomische Stabilität für solche Reformen zu nutzen. Nur ein nachhaltiges Wachstum könne Arbeitsplätze schaffen und den Lebensstandard erhöhen.

Der IWF rät daher zu einem Geschäftsklima, »in dem die Spielregeln einfach und transparent sind und respektiert werden« und in dem »kleine Betriebe zu größeren oder sogar zu größten Unternehmen wachsen können«. Mehr regulatorische Sicherheit solle Investitionen anziehen und den Wettbewerb fördern. Der Staat solle weniger stark auf der Wirtschaft lasten, die Privatwirtschaft solle Raum für Wachstum haben und nicht länger im »Wettbewerb« mit Unternehmen des Staats und des Militärs chancenlos bleiben. Schließlich solle die Wirtschaftsordnung auf Fairness gründen und frei von Korruption sein.[33] Würde das Wirklichkeit, wäre das Wirtschaftsmodell der Streitkräfte am Ende.

An der Oberfläche scheint Ägypten stabil, sagt Muhammad Zaree, der Direktor des Cairo Institute for Human Rights Studies. »Darunter brodelt es aber.«[34] Demonstrationen sind seit dem Putsch vom Juli 2013 verboten, verhindern lassen sie sich nicht. Vom 20. September 2019 an kam es zu den ersten größeren Kundgebungen gegen die Herrschaft Sisis und der Armee. Die Sicherheitskräfte schlugen sie mit Gewalt nieder, sogar die Tweets von Passanten wurden kontrolliert. In einer der größten Verhaftungswellen seit Jahrzehnten wurden jeden Tag mehrere Hundert Demonstranten dem Sonderstaatsanwalt vorgeführt und inhaftiert. Die meisten gaben an, die wirtschaftliche Not habe sie auf die Straße getrieben.

Der Funke, der die Proteste entzündet hat, waren die You-Tube-Videos, mit denen sich der Bauunternehmer Muhammad Ali aus seinem spanischen Exil an die Ägypter gewandt hatte. In ihnen brach er ein Tabu, denn er prangerte das Geschäftsgebaren der Armee und den Korruptionsalltag an. Bei den einfachen Ägyptern kamen die Videos gut an. Denn Muhammad Ali war als Kind armer Eltern in einem vernachlässigten Viertel Kairos aufgewachsen. Er gründete eine kleine Baufirma, arbeitete für die Armee, wickelte für sie immer größere Projekte ab und schaffte so den gesellschaftlichen Aufstieg. Den Armen aber blieb er durch großzügige Spenden immer verbunden.

Doch dann stellte die Armee im Jahr 2015 die Bezahlung der Rechnungen ein. Weshalb er zunächst sein Vermögen unauffällig außer Landes brachte und schließlich auch sich und seine Familie. Ab September 2019 postete er jeden zweiten Tag ein Video. Darin zeigte er Originaldokumente, schriftliche Korrespondenz und Kontoauszüge, die er über die Jahre gesammelt hatte. Er nannte Namen, unter ihnen den der Frau des Präsidenten, Intisar al-Sisi, las Zahlen vor und rief andere Bauunternehmer dazu auf, es ihm gleichzutun. Einige taten es.

Wie so etwas beim Regime ankommt, machte die ägyptische Einwanderungsministerin Nabila Makram bei einem Besuch in Toronto am 23. Juli 2019 deutlich. Rhetorisch fragte sie, was mit denen geschehe, die Schlechtes über Ägypten sagten, und deutete dann mit dem Zeigefinger einen Schnitt durch die Kehle an.[35]

Kritiker werden auch im Ausland überwacht, sie sollen zum Schweigen gebracht werden. Die wirksamste Methode ist, ihre Familienangehörigen in Ägypten als Geiseln zu nehmen. Diesen Preis sollte auch Abdullah al-Sharif zahlen. Er lebte im US-Exil, von wo aus er mit seinen YouTube-Videos Millionen Ägypter erreichte. Eines davon zeigte, wie ein Uniformierter in einem Gefängnis auf dem Sinai einem Gefangenen die Finger abtrennt und ihn dann anzündet. Auch nachdem in Ägypten seine Brüder festgenommen wurden, stellte al-Sharif, der heute in Qatar lebt, seine Tätigkeit nicht ein.[36]

Wer in die Fänge der ägyptischen Justiz gerät, wird zermürbt. Der Weg, der mit dem demütigenden Käfig im Gerichtssaal endet, beginnt meist im »Kühlschrank«. Der gehörte schon immer zur Standardausrüstung lokaler Polizeistationen. Seit 2013 wurden aber zahlreiche neue Polizeistationen und damit »Kühlschränke« gebaut. Der »Kühlschrank« ist ein fensterloser Raum, der meist im Keller liegt. Wer hinabgeführt wird, dem sollen die nur scheinbar zufällig auf dem Boden liegenden Folterwerkzeuge auffallen. Sie besagen: Widerstand ist zwecklos, sage uns besser gleich, was wir hören wollen.

Es liegt in der Macht der Peiniger, wie viele Tage jemand ohne Kommunikation mit der Außenwelt dort unten festgehalten wird. Von ihrer Willkür hängt auch ab, wann jemand dem Haftrichter vorgeführt wird oder Kontakt zu einem Rechtsbeistand aufnehmen kann. Am 4. Januar 2020 starb der amerikanisch-ägyptische Journalist Mustafa Kassem nach sechseinhalb Jahren Haft im berüchtigten Tora-Gefängnis für politische Gefangene. Davon hatte er fünf Jahre ohne Anklage in »Kühlschränken« zugebracht.

Im »Kühlschrank« führen keine Polizisten das Wort, sondern Angehörige der *al-amn al-watani* (der Nationalen Sicherheit), die wie die Polizei dem Innenministerium untersteht. Als angebliche Anti-Terroreinheit, die als staatsgefährdend eingestufte Handlungen verfolgen soll, ist sie unantastbar. Wer in ihre Fänge gerät, wird nicht der normalen Justiz überstellt, sondern an die Oberste Behörde der Staatssicherheit mit eigenen Sonderstaatsanwälten weitergereicht.

Um ein Verfahren in die Länge zu ziehen und einen Festgenommenen möglichst lange in Gewahrsam zu halten, werden viele Fälle zu Sammelverfahren zusammengefasst.[37] Zu bestehenden Fällen werden also immer neue hinzugefügt. Nach Angaben von Amnesty International hat die Sonderstaatsanwaltschaft 2018 und 2019 jeweils 1739 bzw. 1470 Sammelverfahren angestrengt, teilweise mit Tausenden Angeklagten. Nach den Protesten, die die Videos von Muhammad Ali ausgelöst hatten, verschwanden 4400 Personen in »Kühlschränken«. Von ihnen landeten 3715 auf der Liste eines Sammelverfahrens.

Nach dem »Kühlschrank« und dem Sammelverfahren ist das »Recycling« die dritte Stufe der Zermürbung. Dabei werden die Verfahren, in denen jemand bereits verurteilt worden ist, noch vor dem Ablauf der abgesessenen Strafe neu aufgerollt, und die Untersuchungshaft beginnt von vorne. Die Behörden legen große Kreativität an den Tag, um die Untersuchungshaft immer wieder zu verlängern und Anhörungen auszusetzen. In letzter Zeit ist ein weiterer Vorwand hinzugekommen: Covid-19.[38]

60 000 Menschen sollen aus politischen Gründen inhaftiert sein, Zehntausende sitzen in Untersuchungshaft. Die Gefängnisse sind schmutzig und überlastet, die Zellen klein. Die Inhaftierten schlafen dicht nebeneinander oder in Schichten auf dem nackten Betonboden. Sie werden zu Tode gefoltert oder sterben infolge der Haftbedingungen. Wie der Filmemacher Schadi Habasch im Zellenblock 4 des Tora-Gefängnisses. Er war 24 Jahre alt. Sein Vergehen: Er hatte einen Videoclip zu dem Lied *Balaha* des im Exil lebenden ägyptischen Rockmusikers Rami Essam gedreht, in dem Sisi kritisiert wird. Er wurde angeklagt, Mitglied einer Terrororganisation zu sein und falsche Nachrichten zu verbreiten. Nach seinem Tod erklärte die Staatsanwaltschaft, Habasch habe versehentlich ein Desinfektionsmittel getrunken.[39]

Opfer sind vor allem junge säkulare Blogger und Aktivisten, etwa aus der *Bewegung 6. April*, und Zehntausende Mitglieder der Muslimbruderschaft. Ein neues Gesetz zu Nichtregierungsorganisationen verbietet unter Androhung drakonischer Strafen alles, was die »nationale Sicherheit«, die weit ausgelegt wird, angeblich gefährdet. Was zur Folge hat, dass die Menschen quasi bei allem, was sie tun, ein Risiko eingehen. So macht eine ganze Generation Bekanntschaft mit dem Gefängnis.[40]

Aber auch Stützen des Regimes sind nicht sicher. So wurde etwa Hisham Barakat, der am 10. Juli 2013, eine Woche nach dem Putsch, zum neuen Generalstaatsanwalt ernannt wurde, am 29. Juni 2015 bei einem Anschlag getötet. Erwartungsgemäß beschuldigten die Behörden umgehend die Muslimbruderschaft, das Attentat verübt zu haben. Bereits zwei Tage später wurden in Gizeh 13 angeblich verdächtige Personen getötet, die Mitglieder der Muslimbruderschaft gewesen sein sollen. Im Februar und März 2016 wurden weitere Personen, die an der Tat beteiligt gewesen sein sollen, festgenommen. Oder gleich erschossen.

Als der regimetreue Jurist sein Amt antrat, lagen auf seinem Schreibtisch wichtige Akten, darunter die Ermittlungen zu den Ausschreitungen am 1. Februar 2012. An jenem Abend waren im Fußballstadion von Port Said nach einem Ligaspiel der Heimmannschaft gegen al-Ahli aus Kairo bei Zusammenstößen 74 Menschen getötet und tausend verletzt worden. Viele Ägypter sind bis heute überzeugt, dass der Sicherheitsapparat das Massaker an den Anhängern von al-Ahli als Racheakt geplant und unterstützt hatte, weil deren Ultras Anfang 2011 eine wesentliche Stütze der Demonstranten gewesen waren. Anschließend kam es vor dem Innenministerium tagelang zu Straßenschlachten. Das war der Beginn einer neuen Repressionswelle.[41]

Nach dem Attentat befeuerte Barakats Tochter Marwa Spekulationen, dass die Täter aus einer ganz anderen Gruppe stammen könnten.[42] Schließlich hatte ihr Vater am Tag vor seinem Tod eine Akte an sich gezogen, die ein politisches Beben hätte auslösen können: das »Verfahren der 250« aus dem Jahr 2011.[43] Das war eine Anzeige, die Omar Sulaiman, der langjährige Geheimdienstchef und engste Vertraute Mubaraks, gegen 250 Personen aus der Politik, dem Militär und dem öffentlichen Leben erstattet hatte. In dem Verfahren tauchte auch der Name des damaligen Chefs des militärischen Geheimdienstes auf: Abd al-Fattah al-Sisi. Sulaiman beschuldigte die 250, mit Geldern aus dem Ausland bereits vor den Protesten auf dem Tahrir-Platz an Mubaraks Sturz gearbeitet zu haben. Anstatt jedoch die Liste zu veröffentlichen, verhängte Barakat eine Nachrichtensperre.[44]

Denkbar ist eine Täterschaft aus dem Umfeld von Sisi, da die Bearbeitung des Falles ihn hätte kompromittieren können. Denkbar ist aber auch eine Täterschaft aus dem Umfeld von Omar Sulaiman, der 2012 starb und dessen Leute nach und nach aus den Führungspositionen entfernt wurden. Möglicherweise fürchteten sie, Barakat könne das »Verfahren der 250« fallen lassen und sie damit weiter schwächen.

Barakat hatte allerdings noch an einem weiteren sensiblen Fall gearbeitet: der möglichen Beteiligung des Malteser Ordens an Gewalttaten auf dem Tahrir-Platz Anfang 2011. Die ägyptische Journalistin Shereen Arafa machte öffentlich, dass gegen die Botschaft des Malteser Ordens eine Anzeige mit der Nummer 6212/2014 vorliege. Demnach sind Angehörige des Ordens mit zwei gepanzerten Fahrzeugen, die sie sich unter ungeklärten Umständen aus dem Bestand der US-Botschaft beschafft hätten, in die Demonstranten auf dem Tahrir-Platz gefahren und hätten viele verletzt. Das habe der frühere Chef der Republikanischen Garde im Prozess gegen Mubarak ausgesagt.[45] Auffällig war, dass Sisi in einer seiner ersten Amtshandlungen als Präsident einen Botschafter Ägyptens an den Souveränen Malteser Orden in Rom ernannt hat.[46]

Das Rabaa-Massaker am 14. August 2013

Bei der Beerdigung von Barakat sagte Sisi, gehe es um die Sicherheit des Landes, könne man nicht auf die Justiz warten. Vom folgenden Tag an nahmen die Tötungen auf offener Straße zu. Die Repression verschärfte sich. Doch das größte Verbrechen war das Massaker am 14. August 2013 auf dem Rabaa al-adawiya-Platz. Bereits während der Revolution, die am 25. Januar 2011 begann und am 11. Februar 2011 mit dem Rücktritt von Präsident Mubarak ihren Höhepunkt erreicht hatte, waren mehr als tausend Menschen gewaltsam zu Tode gekommen, meist Demonstranten, die von Sicherheitskräften getötet wurden. Doch nach dem Putsch vom 3. Juli 2013 sollte noch sehr viel mehr Blut fließen.

Nach dem Putsch organisierten die Muslimbruderschaft und ihre Anhänger Massenproteste, in Kairo als Sit-ins auf den Plätzen Rabaa al-adawiya und al-Nahda. Sie waren bereit zu sterben, um die »Legitimität der Herrschaft« wiederherzustellen. Ihnen gegenüber standen die Streitkräfte und der Sicherheitsapparat. Die Putschisten hatten die Muslimbruderschaft zur Terrororganisation erklärt, und nun führten sie das, was sie den »Krieg gegen den Terror« nannten, mit überlegener Feuerkraft fort. Ihre Gegner waren ihnen schutzlos ausgeliefert. »Was sich auf dem Platz ereignete, war keine Schlacht, sondern ein Massaker.«[47]

Das ägyptische Gesundheitsministerium beziffert die Zahl der am 14. August Getöteten mit 632, davon seien 624 Zivilisten gewesen. Die Menschenrechtsorganisation Human Rights Watch legte ein Jahr nach dem Massaker einen umfangreichen Bericht vor und kam zu dem Ergebnis, dass an jenem Tag mehr als 1150 Menschen getötet wurden. Das Massaker sei ein »mutmaßliches Verbrechen gegen die Menschlichkeit«. Dafür sprächen die »umfassende und systematische« Tötung sowie die »Hinweise darauf, dass die Morde Teil einer Politik waren, unbewaffnete Personen aus politischen Gründen anzugreifen«.[48]

Niemand, der an dem Massaker beteiligt war, wurde zur Rechenschaft gezogen.[49] Angeklagt wurden stattdessen 739 Menschen, weil sie sich an den Sit-ins beteiligt hatten. Von ihnen wurden 75 zum Tode und 374 zu Haftstrafen von jeweils 15 Jahren verurteilt.

Im Folgenden schildern zwei Augenzeugen, wie sie am 14. August auf dem Rabaa-Platz, der nach der Ermordung von Hisham Barakat nach diesem benannt wurde, die entgrenzte Gewalt erlebt haben.[50] Aus Rücksicht auf ihre Familienangehörigen in Ägypten werden ihre wahren Namen nicht genannt:

Der erste Augenzeuge. »Ich heiße Muhammad und gehöre einer Generation an, die das Leben und die Politik verändern und der Freiheit in Ägypten zum Durchbruch verhelfen wollte. Wir haben Willkür und Diktatur hinter uns gelassen, bewegten uns Richtung Freiheit. Dann drehte der Putsch alles zurück, zerstörte, was wir erreicht hatten, Freiheit und freie Wahlen. Die Demonstration auf dem Rabaa-Platz war das letzte Lebenszeichen der Revolution von 2011. Das ägyptische Fernsehen bezeichnete uns als Terroristen, die zur Waffe greifen. Wir sagten den Menschen aber, wir sind doch ein Volk, und wir sind gegen Gewalt. Wir sagten ihnen auch: Der Putsch richtet sich zunächst gegen uns, dann gegen euch alle.

Die erste Phase der Erstürmung des Platzes begann morgens um sechs Uhr. Ich befand mich im Zeltlager der großen Tayyaran-Straße, die von Süden auf den Rabaa-Platz führt. Zunächst räumten die uniformierten Angreifer die Zugänge zum Zeltlager, damit die Demonstranten auf den Straßen um den Platz zusammenrückten. Es ging so schnell, war so brutal und gewaltsam, wie ich es mir nicht habe vorstellen können. Der Widerstand brach sofort zusammen.«

Der zweite Augenzeuge. »Ich heiße Ahmad. Mein Zelt stand in der Yusuf-Abbas-Straße, die parallel zur Tayyaran-Straße verläuft. Wir sprachen das Morgengebet, als Räumungsbagger der Armee anrückten und unsere Barrieren wegdrückten. Hinter ihnen standen in zwei Reihen Soldaten und Polizisten. Erst setzten sie Tränengas ein, dann schossen sie. Wer fliehen wollte, wurde zurückgedrängt. Sie rückten in gepanzerten Fahrzeugen vor und warfen Brandsätze auf unsere Zelte. Alle Ausgänge des Platzes wurden verschlossen, damit niemand fliehen und niemand von außen hinzukommen konnte. Wir waren unbewaffnet und verteidigten uns mit Steinen. Dann schossen von den umliegenden Dächern erstmals Scharfschützen. Viele von uns flüchteten in die Zelte, auch auf die schossen sie.

In der Gegend gibt es viele Gebäude der Armee und des Geheimdienstes, vor allem entlang der Nasr-Straße, die von Osten und Westen auf den Rabaa-Platz zuläuft. Auf ihnen hatten die Scharfschützen Stellung bezogen. Wir hatten Barrieren aus Sandsäcken gebaut, mit den Scharfschützen aber hatten wir nicht gerechnet. Ein Freund seit Kindheitstagen warf hinter einer Barriere mit Steinen. Ein Scharfschütze tötete ihn von hinten. Um zwölf Uhr beruhigte sich diese Gegend. Die Angreifer zogen sich vorübergehend an die nächste Kreuzung zurück.

Wir hatten ja erwartet, dass unser Lager geräumt wird. Daher hatten wir dafür gesorgt, dass alles gefilmt wird. Auch das ägyptische Fernsehen hat gefilmt. Einige von uns kaperten den Übertragungswagen, sodass wir von dort aus das Geschehen auf dem Platz aufzeichnen konnten. Überall auf dem Platz waren Kameras angebracht, sodass man alles sehen konnte. Dann beschoss ein Flugzeug den Übertragungswagen.«

Der erste Augenzeuge. »Die zweite Phase der Erstürmung begann nach zwölf Uhr. Die Angreifer rückten auf der Tayyaran-Straße von Süden her auf das zehn Stockwerke hohe Munufiya-Gebäude vor, das noch im Rohbau war. Denn von dort warfen junge Demonstranten Steine, sodass die Polizei nicht vorrücken konnte. Ab 13 Uhr schossen die Angreifer mit halbautomatischen Waffen und richteten ein Blutbad an. Sie setzten ein extrem starkes und aggressives Tränengas ein. Scharfschützen schossen aus Flugzeugen und Hubschraubern. Auf der Straße walzten Bagger Barrieren nieder, Panzer rückten bis zum Munufiya-Gebäude vor.

Ich war mit Hunderten Menschen im Gebäude. Von 13:30 Uhr bis 16 Uhr dauerte der Dauerbeschuss. Hubschrauber setzten auf dem Dach des Munufiya-Hochhauses bewaffnete Uniformierte ab, die das Gebäude stürmten. Auch drangen sie durch den Eingang unten ein. Die meisten, die sich im Gebäude befanden, wurden erschossen. Ich überlebte, weil ich scheinbar leblos auf einer Leiche lag, später wurde ich festgenommen. Viele lagen tot in Blutlachen auf dem Boden. Einige retteten sich in Nebenstraßen, auf sie wurde scharf geschossen, andere wurden auf die große Straße getrieben, wo sie gefasst wurden. Wieder platzierten Hubschrauber Soldaten auf den hohen Gebäuden. Die Soldaten und Polizisten waren maskiert und sehr gut ausgerüstet. In dieser Zeit wurden unglaublich viele Leute getötet, es ging immer schneller. Das geschah zwischen 16 und 17 Uhr. Wer auf dem Platz war, konnte den nur noch tot oder verletzt verlassen.«

Der zweite Augenzeuge. »Um 17 Uhr hörte ich eine große Explosion, sie kam von der Bühne, von der aus wir unsere Kundgebungen gemacht hatten. Dort wurden nun Leute hingerichtet. Sie wurden gefragt, ob sie ins Paradies wollten. Als sie bejahten, wurden sie erschossen. Einer kam aus demselben Ort wie ich. Er war in ein Krankenhaus gebracht worden, das Verletzte behandelte und dann in Brand gesetzt wurde. Menschen verbrannten bei lebendigem Leib. Später wurde die Leiche meines Freundes über seine DNA identifiziert.

Ich hätte nie gedacht, dass die Uniformierten so brutal gegen ihre Brüder vorgehen würden. Schließlich hatte die Armee keinen schlechten Ruf im Volk. Angst hatten wir immer nur vor der Gewalt der Polizei. Auch 2011 hatten die Soldaten geschossen. So etwas wie jetzt hatten wir aber noch nie gesehen. Die Einheiten waren Elitetruppen aus einer Kaserne zwischen Kairo und Ismailiya. Man hat sie einer Gehirnwäsche unterzogen und mit Hass indoktriniert. Die Soldaten machten nicht nur ihre Arbeit. Auch Hass trieb sie. Das Fernsehen berichtete, die Soldaten täten das für das Land und das

Wohl des Volks. Sie haben getötet, ohne ein schlechtes Gewissen zu haben.«

Der erste Augenzeuge. »Die Räumung war auch ein Signal an die Gesellschaft: Wer sich uns in den Weg stellt, wird so behandelt. Man hätte das Sit-in auch anders auflösen können, etwa durch den Einsatz von Tränengas. Es wurde aber durchgehend von 6 Uhr morgens bis 19 Uhr abends geschossen, um ein Zeichen zu setzen.«

Nach dem Massaker vom 14. August 2013 setzte eine massive und dauerhafte Verhaftungswelle ein. Zwei Betroffene berichten:

»Mein Name ist Dawud. Ich wurde im Januar 2015 als politischer Gefangener festgenommen, da war ich 15 Jahre alt. Die Sicherheitskräfte schlugen mir ins Gesicht. Vor dem Gefängnis gab es einen Spießrutenlauf, jeder Polizist, an dem ich vorbeiging, schlug mich heftig und beleidigte meine Familie. Die Zelle maß zwei mal drei Meter – für 32 Personen. Jeder musste stehen. Es gab Leute, die älter waren als 60 Jahre und Diabetes hatten. Man konnte nicht atmen. Jeder wurde mit Namen aufgerufen. Dann geht man hoch und wird gefragt, weshalb man an den Demonstrationen teilgenommen hat, und wird geschlagen. Wer hat dir Geld gegeben, wer hat dir gesagt, du sollst dahin gehen. Man muss sich nackt ausziehen, wird mit einem Stromkabel für Elektroschocks an einen Stuhl gefesselt. Die Augen sind verbunden, die Hände werden hinter dem Rücken gefesselt. Sie schlagen dich und fragen wieder: Wer hat dich geschickt?

Ich wurde in eine andere Zelle verlegt, musste dorthin nackt über den Boden kriechen, wurde dabei hart geschlagen und beleidigt. In der Zelle bekommt man kaum Essen, kaum Kleider. Die Familie schickt Essen, es kommt aber nicht an. Drei Tage bekamen wir kein Essen und kein Wasser. Wir mussten aus der Toilette trinken. Alle in der Zelle wurden entlassen, nur ich als politischer Gefangener nicht. Ich musste alle Zellen und Toiletten reinigen und wurde misshandelt. Nach 32 Tagen Haft wurde ich freigelassen. Denn mein Vater, den sie gesucht hatten, stellte sich. Er wurde vor meinen Augen zusammengeschlagen, und sie forderten mich auf zu sagen, dass ich meinen Vater nicht kenne.«

»Mein Name ist Ismail. Als sie im November 2013 meinen Vater suchten und nicht fanden, haben sie mich mitgenommen. Ich war 16 Jahre alt. Sie sagten, sie würden nach und nach die ganze Familie holen. Als ich in den Polizeiwagen geschoben wurde, sagten sie mir, jetzt lässt du deine Würde zurück. Drinnen gibt es keine Würde mehr und kein Recht. Einer sagte: ›In meiner Macht liegt es, dass du nicht mehr existierst. Deine Zukunft ist in meinen Händen.‹ Als wir ankamen, wurde ich mit Stöcken und Waffen geschlagen, von links und rechts, auf einer Strecke von mehr als hundert Metern. Fünf Stunden wurde ich in Handschellen an eine Türe gehängt. Dann sagten sie mir: ›Du bleibst hier, bis dein Vater kommt.‹ Jeder, der vorbeikam, schlug oder beleidigte mich. Sie wollten, dass ich sage, wo mein Vater ist.

Ich wurde in eine Zelle für Kriminelle gebracht. Es gab keine sanitären Anlagen, wir mussten in Tüten urinieren, und die Tüten wurden auf die Gefangenen entleert. Ich war zehn Stunden in dieser Zelle. Dann wurde ich in eine sehr kleine Zelle gebracht, anderthalb auf zweieinhalb Meter. In der Zelle standen zwölf Personen. Man konnte nur stehen, bewegen konnte man sich nicht. Abends holten sie mich und sagten: ›Wir zwingen dich zu sagen, wo dein Vater ist.‹ Sie suchten im Haus meines Großvaters, fanden ihn aber nicht, auch nicht bei anderen Verwandten. Sie brachten mich zurück in die Zelle, und ich weinte. Dann sagten sie: ›Wir lassen dich nach Hause gehen, aber du bist in unserer Hand.‹«

Dissidenten und politisch Verfolgte haben zwei Möglichkeiten: Entweder sie bleiben in Ägypten und leben mit dem ständigen Risiko, verhaftet zu werden, oder sie nehmen das Risiko einer Flucht auf sich. Zwei Betroffene berichten:

»Mein Name ist Ibrahim. Ich habe mehrfach versucht, aus Ägypten zu fliehen. Ich wurde zu 15 Jahren Haft verurteilt, einen Reisepass konnte ich daher nicht beantragen. Ich habe versucht, einen Pass zu kaufen, es ging aber nicht. So entschied ich mich, von Alexandria über das Meer nach Italien zu fliehen. Ich bestieg ein Schiff, die Hafenwärter sahen uns, schauten aber weg. Es waren mehr als 200 Menschen an Bord, viel mehr als für das Schiff zugelassen waren. Es waren nicht nur politische Flüchtlinge. Als wir eine Stunde auf dem Wasser waren, kamen zwei weitere kleine Boote mit jeweils 250 Leuten hinzu. Wir waren nun auf unserem Schiff 700 Personen. Nach einer halben Stunde sank es. Die Küstenwache unternahm nichts, Fischer haben uns gerettet. 300 sind ertrunken. Ich war länger als sechs Stunden im Wasser, als ich gerettet wurde. Das war Ende 2015. Darauf verlangte Europa von Ägypten, die illegale Migration zu stoppen. Sisi hatte sie zugelassen, um gegenüber Europa ein Druckmittel zu haben. Ich kaufte nun einen Pass für 2000 Dollar und floh über den Sudan.«

»Mein Name ist Hassan. Ich habe in Ägypten als Ingenieur gearbeitet. Ein Militärgericht hat mich zu 25 Jahren Haft verurteilt. Ein Militärgericht händigt keine Dokumente aus, und so kann ich es nicht belegen. Da ich dadurch auf einer schwarzen Liste stand, konnte ich nicht mehr über den Flughafen ausreisen. Der Landweg über den Sudan war noch offen. Ich fuhr am 16. September 2014 mit dem Zug von Alexandria nach Assuan, das kostete 50 Ägyptische Pfund, knapp sechs Euro. Ein Kleintransporter brachte mich dann zur Grenze. Dort bestieg ich einen Geländewagen, denn das Grenzgebiet ist gebirgig. Wir waren zu viert, der Schmuggler wollte von uns allen 100 000 Ägyptische Pfund, etwa 11 000 Euro. Ziel war die Hafenstadt Port Sudan. Wir mussten auf der Ladefläche liegen, wo er auch Waren transportierte, und wurden mit einer Plane überdeckt, damit man uns nicht sah.

Die Reisezeit von Assuan nach Port Sudan betrug drei Tage. Ein Grenzsoldat war getötet worden, die Lage war unsicher. Daher legten wir im Gebirge eine Pause ein, wir schliefen zwischen Schlangen und Skorpionen. Das Essen wurde knapp. Nirgends konnte man etwas kaufen. Sicher ist die Flucht nicht. Wiederholt hat uns die Grenzpolizei verfolgt. Der Fahrer hängte sie mit 180 Stundenkilometern ab, obwohl das Auto in keinem guten Zustand war. Er sagte uns: ›Fahren wir zu langsam, werdet ihr sterben, fahren wir zu schnell, werdet ihr auch sterben. Die Lösung ist, dass wir so schnell fahren, dass der Soldat Angst um sein Leben bekommt.‹ Man kann von Soldaten erschossen werden, und nachher heißt es, es habe einen Schusswechsel gegeben, was aber nicht stimmt. In Port Sudan erhielten wir einen Einreisestempel. Ich konnte legal im Sudan bleiben und beantragte ein Visum für Qatar. Dort bekam ich eine Arbeitsgenehmigung und erhielt ein Visum für Deutschland.«

Gefährliche Nachbarschaft

Äthiopien und Sudan: Gefahr aus dem Süden

Der griechische Geschichtsschreiber Herodot schrieb, Ägypten sei ein Geschenk des Nils. Der mit 6650 Kilometer längste Fluss der Welt ist die Lebensader des Landes. Ägypten bezieht 97 Prozent seines Wasserbedarfs aus dem Nil, an dessen Ufern die 100 Millionen Ägypter leben. Um die Überschwemmungen des Nils zu regulieren und Elektrizität zu erzeugen, hat Ägypten von 1960 bis 1971 den Assuan-Staudamm gebaut. Der Damm speichert 170 Milliarden Kubikmeter Wasser und gleicht die extrem unregelmäßige Wasserführung des Flusses aus.

Ägypten betrachtet den Zugang zum Nilwasser als historisches Recht. Denn Großbritannien hatte 1929 Ägypten eine Mindestmenge von 48 Milliarden Kubikmeter Nilwasser und ein Vetorecht gegen Wasserprojekte stromaufwärts zugesichert. Daran anknüpfend vereinbarten Ägypten und der Sudan 1959, dass der Sudan dem Nil pro Jahr 18,5 Milliarden Kubikmeter Wasser entnehmen darf und Ägypten 55 Milliarden Kubikmeter. Die anderen Anrainer wurden weder erwähnt noch konsultiert.[51] Äthiopien sieht die beiden Vereinbarungen als koloniale Relikte und historisches Unrecht. Von Äthiopien sei immer erwartet worden, dass es Wasser liefere, den Nil aber nicht anrühre, kritisiert die Regierung in Addis Abeba.[52]

Mit dem Projekt des »Great Ethiopian Renaissance Dam« nutzt nun auch Äthiopien erstmals den Nil. An der Grenze zum Sudan staut der Damm den 1500 Kilometer langen Blauen Nil, der 86 Prozent zum Nilwasser beiträgt. In der sudanesischen Hauptstadt Khartum vereinigt er sich mit dem 3700 Kilometer langen Weißen Nil.

Mit der einsetzenden Regenzeit im Juli 2020 begann Äthiopien, den Damm zu füllen. Im ersten Jahr sollen 4,9 Milliarden Kubikmeter gestaut werden, im zweiten 13,5 Milliarden Kubikmeter.[53] Der volle Staudamm soll 74 Milliarden Kubikmeter Wasser fassen, weniger als die Hälfte des Assuan-Damms. Der so entstehende See wird dreimal so groß sein wie der Bodensee und sich 250 Kilometer landeinwärts erstrecken.

Äthiopien verspricht sich davon zwei Entwicklungsvorteile. Erstens haben die 16 Turbinen des Damms eine installierte Kapazität von 5150 Megawatt; das ist mehr als die bisherige Kapazität von 4425 Megawatt im ganzen Land, in dem nur jeder Dritte an die Stromversorgung angeschlossen ist. Mit einem Jahreseinkommen von 850 Dollar pro Kopf gehört Äthiopien noch zu den ärmsten Ländern überhaupt. Der Damm soll eine wirtschaftliche Entwicklung anstoßen, die Äthiopien aus dieser Armut befreit. Eine neue Devisenquelle will sich das Land als Afrikas größter Stromexporteur erschließen. Zweitens sollen mit dem gestauten Wasser die 60 Prozent des Landes genutzt werden, die Trockenland sind. Denn die Bevölkerung wächst nach Schätzungen der Regierung bis zum Jahr 2040 von rund 110 auf 165 Millionen.

Dadurch kommt es zu einigen Streitpunkten mit Ägypten. So will Äthiopien Ägypten keinen festen Anteil am Nilwasser garantieren. Keine Annäherung gibt es auch bei verbindlichen Regeln für den Wasserdurchfluss in Dürreperioden und für die Beilegung von Streitigkeiten.[54] Daher fürchtet Ägypten eine Verknappung des Wassers.

Der Sudan, Ägyptens direkter Nachbar im Süden, ist dem Projekt gegenüber hingegen positiv eingestellt. Er verspricht sich preiswerte Elektrizität und einen Rückgang der saisonalen Überschwemmungen, die jedes Jahr große Schäden anrichten.[55] Seit seiner Unabhängigkeit von Großbritannien im Jahr 1956 ist das Land von großer Instabilität geprägt. Es hat seither zwei Bürgerkriege erlebt und mehr Staatsstreiche und Putschversuche als jedes andere arabische Land. Ein weiterer tiefer Einschnitt war die Abspaltung des ölreichen Süd-Sudans 2011, was die andauernde Wirtschaftskrise zusätzlich verschärft hat.

Stets waren es die Streitkräfte, über die Ägypten Einfluss auf den Sudan genommen hat. So war der Ägypter Nasser das Idol des Offiziers Jaafar al-Numeiri, der von 1969 bis 1985 an der Spitze des Landes gestanden hat; Omar al-Bashir, der sich 1989 an die Macht putschte, war an der Militärakademie in Kairo ausgebildet worden. Und auch Abd al-Fattah al-Burhan, der Bashir am 11. April 2019 stürzte, hat sich an dieser Akademie fortbilden lassen.

Bashir hatte sich 30 Jahre an der Macht halten können, indem er die Armee, den Geheimdienst und die Milizen des Darfur-Generals Muhammad Hamdan Daglo, die er in den Staat integrierte, geschickt gegeneinander ausgespielt und so lange einen Putsch gegen sich verhindert hat.[56] Gleichzeitig hat er den Sudan dadurch aber isoliert. Das zeigte sich 2009, als der Internationale Strafgerichtshof einen Haftbefehl wegen Völkermord gegen ihn ausstellte. Das Land wurde zum Paria, es stürzte in eine schwere Wirtschaftskrise und verarmte. Die Korruption grassierte. Der Sudan stand kurz davor, ein gescheiterter Staat zu werden. Der IWF beschrieb die wirtschaftliche Lage im Februar 2020 als »alarmierend«.

Als die Proteste Ende 2018 begannen, wurde das Drehbuch wiederaufgelegt, dem von 2011 bis 2013 bereits Ägypten gefolgt war. Die Troika aus Ägypten, den Vereinigten Arabischen Emiraten und Saudi-Arabien hatte mit dem Regime von Bashir die Geduld verloren. Sie wollten ihn loswerden, weil er zunehmend mit Qatar und der Türkei sympathisierte und sich in Libyen gegen den Rebellengeneral Haftar stellte. Nun schufen die Demonstranten die Gelegenheit, Bashir fallen zu lassen.[57]

Ein halbes Jahr nach dem Beginn der Proteste überwiesen die Emirate und Saudi-Arabien drei Milliarden Dollar, um einen Sieg der Demonstranten zu verhindern. Die Emirate schickten zudem Waffen, jedoch nicht an die Armee, sondern an die Schnellen Unterstützungstruppen (RSF), die während des Darfur-Kriegs unter Führung von General Daglo aus Stammesmilizen hervorgegangen waren.[58] Als Dank beorderte Daglo mehrere Hundert Milizionäre zur Unterstützung des Rebellengenerals Haftar nach Libyen. Weitere 7000 Milizionäre entsandte er in den Jemen, wo sie in der von Saudi-Arabien geführten Koalition gegen die Houthi-Rebellen kämpften.[59]

Überall, wo Daglos Einheiten auftauchten, hinterließen sie eine Blutspur. Im Darfur-Konflikt werden sie für Kriegsverbrechen verantwortlich gemacht, und in Khartum töteten sie am 3. Juni 2019 bei der Erstürmung eines Protestlagers mehr als 100 Menschen. Bereits zuvor waren sie gewaltsam gegen Demonstranten vorgegangen, sodass sich die reguläre Armee diesmal schützend vor die Demonstranten stellte.

Seit der Absetzung von Bashir bestimmen drei ungleiche Akteure die Entwicklung des Landes: der Generalstabschef der Armee Burhan, der an der Spitze des Übergangsmilitärrats steht, sein Stellvertreter General Daglo, der militärischer Machthaber des Landes werden will und dessen Einheiten schlagkräftiger sind als die reguläre Armee, sowie die zivilen Akteure, die sich in der Vereinigung der Kräfte für Freiheit und Veränderung (FFC) zusammengeschlossen haben.

Der Übergangsmilitärrat und die FFC vereinbarten am 17. Juli die Bildung des Souveränen Rates, der am 21. August 2019 vereidigt wurde. Er besteht aus fünf Militärs und fünf Zivilisten sowie einer Person, auf die sich beide Seiten verständigt haben. Der Zeitplan sah zunächst vor, dass in den ersten 21 Monaten General Burhan an der Spitze des Souveränen Rats steht, der die Funktion eines Aufsichtsrats hat. Ab Mai 2021 soll für 18 Monate ein Zivilist die Führung übernehmen. Danach sollen Wahlen stattfinden. Die Exekutive liegt bei einem Kabinett, das sich ebenfalls aus Militärs und Zivilisten zusammensetzt und dem als Ministerpräsident der Technokrat Abdalla Hamdok vorsteht. Die Verständigung auf eine Übergangszeit hat dem Land eine Ruhepause verschafft.

Ungewiss ist indes, ob es tatsächlich zu einer Machtübergabe an Zivilisten kommt.[60] Denn mit dem Friedensabkommen, das Hamdok am 3. Oktober 2020 in Anwesenheit von General Burhan mit fünf Darfur-Rebellengruppen unterzeichnet hat, ist die Übergangsfrist um zwölf Monate verlängert worden. Zudem sind im Januar 2021 sudanesische Soldaten ohne triftigen Grund kurzzeitig in Äthiopien eingedrungen, womit die Armee ihre Bedeutung unterstrichen hat.

Ihr gegenüber stehen Demonstranten und Aktivisten, die ein breites Spektrum abdecken. Keine Strömung dominiert. Traditionell stark sind die Linken, einschließlich einer kommunistischen Partei. Linke und Islamisten arbeiten zusammen, wobei sich Letztere zurückhalten. Stärkste Kraft unter den Islamisten ist die Muslimbruderschaft, die allerdings durch Spaltungen geschwächt ist. Für Ägypten, die Emirate und Saudi-Arabien hat höchste Priorität, dass die Muslimbruderschaft keinen Einfluss gewinnt. Die arabische Troika zieht daher einem demokratischen Neubeginn eine Militärherrschaft vor.

Selbst bei massiver externer Unterstützung ist keiner der Akteure stark genug, sich allein durchzusetzen. Viele Szenarien sind denkbar, und alle verheißen nichts Gutes.[61] So könnte General Burhan die *Road Map* verschleppen und sich weigern, die Macht an Zivilisten abzutreten. General Daglo könnte mit einem Putsch die Macht an sich reißen. Spannungen zwischen der Armee, den RSF und dem Geheimdienst könnten blutig ausgetragen werden und das Land destabilisieren. Die zivilen Akteure könnten sich derart zerstreiten, dass das Militär wieder die Macht übernimmt. Und immer könnten landesweit erneut Proteste ausbrechen. Das wird umso eher der Fall sein, je näher das Land am Abgrund und vor einem wirtschaftlichen Kollaps steht. Selbst das libysche

Szenario einer Desintegration mit destabilisierenden Auswirkungen über die Landesgrenzen hinaus ist nicht auszuschließen.

Libyen: Staatszerfall an der Westgrenze

Libyen ist der gescheiterte Staat, der Europa am nächsten liegt. Die Nato-Mitglieder Frankreich, USA und Großbritannien hatten 2011 mit ihrer Intervention den Sturz des Langzeitherrschers Gaddafi ermöglicht. Sie kümmerten sich danach aber nicht um die Neuordnung des Landes. Die USA wandten sich Syrien zu, und Europa blieb Zuschauer eines dramatischen Staatszerfalls direkt vor seinen Toren. Milizen füllten das Vakuum, externe Akteure schickten Waffen und Söldner, der Islamische Staat setzte sich vorübergehend fest, und Flüchtlinge aus Afrika gelangten nahezu ungehindert an die Mittelmeerküste, von wo Schleuser sie nach Europa brachten.

Beunruhigt ist aber auch Ägypten. Die Militärherrscher am Nil wollen in Libyen ein Regime, das ihnen freundlich gesinnt ist, damit die Westgrenze ruhig bleibt. Denn über die gemeinsame 1115 Kilometer lange Grenze in der Wüste können Waffen und Terroristen einsickern. An Stabilität ist Kairo auch deshalb interessiert, weil das Nachbarland in guten Zeiten mehr als eine Million ägyptische Arbeitskräfte aufgenommen hat. Wie ihre Landsleute in den Golfstaaten haben sie stets erhebliche Summen in die Heimat überwiesen.

Um eine Neuordnung nach eigenen Vorstellungen durchzusetzen, haben Ägypten und die Vereinigten Arabischen Emirate eine Allianz gebildet, der auch Saudi-Arabien angehört hat und die später durch Russland und Frankreich verstärkt wurde. Ihr Ziel war, Khalifa Haftar, der einst einer der führenden Generäle unter Gaddafi war, dann aber in Ungnade fiel, als Militärherrscher zu installieren, erst in Benghazi im Osten Libyens, dann über das ganze Land.

Wie Daglo im Sudan hatte sich auch Haftar als Kämpfer gegen Islamisten in Stellung gebracht, und unter den Akteuren des libyschen Bürgerkriegs war er einer der durchsetzungsfähigsten. Damit empfahl er sich als Ägyptens Mann für Libyen. Im Osten des Landes führte er kleinere Milizen zur Libyschen Nationalarmee zusammen, die im Juli 2017 die islamistischen Milizen aus Benghazi vertrieb. Doch auch auf Haftar traf zu, was für alle lokalen Akteure galt: Jeder von ihnen war auf externe Hilfe angewiesen.[62]

Unter Haftars Flagge kämpften 2300 Offiziere aus Gaddafis Armee. Aus dem Sudan, aus Niger und Tschad kamen Söldner, unter denen sich nicht wenige islamistische Extremisten befanden. Die Emirate kauften ihm moderne Waffen wie Panzerabwehrraketen, Kampfhubschrauber und gepanzerte Fahrzeuge, die sie auf dem Landweg über Ägypten nach Libyen bringen ließen. Auch Ägypten lieferte Waffen, Russland Kampfflugzeuge und China Drohnen.[63] Derart hochgerüstet sollte Haftar im Frühjahr 2019 die Hauptstadt Tripolis erobern.

Dort war eine Regierung unter Ministerpräsident Fayez al-Sarradsch im Amt, die die Vereinten Nationen als den legitimen Repräsentanten Libyens anerkannte. Für Ägypten und seine Verbündeten hatte sie den Makel, dass ihr Islamisten und Muslimbrüder angehörten. Wie Haftar hatte auch Sarradsch etwa 10 000 Kämpfer unter Waffen. Außerhalb der Hauptstadt kontrollierte die Regierung jedoch nur wenige Städte, etwa Misrata, Zawiya und Zlitan. Zudem verfügten ihre Truppen weder über eine Luftabwehr noch über wirksame Boden-Luft-Raketen. Denn nur die Staaten, die die Regierung in Tripolis unterstützt hatten, hielten sich an das Waffenembargo, das der UN-Sicherheitsrat am 26. Februar

2011 mit der Resolution 1970 gegenüber Libyen verhängt hatte. Zunächst hatte lediglich Qatar die Regierung in Tripolis mit Waffen beliefert.

Dennoch gelang es Haftar nicht, die Stadt einzunehmen, deshalb erhöhte Russland seinen Einsatz. Das wiederum führte Ende 2020 zur türkischen Intervention. Was als Konflikt zwischen lokalen Milizen begann und dann ein innerarabischer Stellvertreterkrieg wurde, war nun ein Konflikt zwischen zwei Staaten mit ungleich größerem Gewicht. Der Kreml schickte Söldner der russischen Sicherheitsfirma Wagner nach Libyen, möglicherweise sogar Soldaten der regulären Armee. Um den Sturz der Regierung Sarradsch abzuwenden, eilte ihr die Türkei zur Hilfe. Für Präsident Erdoğan war das die Gelegenheit, um Ägyptens Einfluss in der Region zurückzudrängen.

Am 27. November 2019 unterzeichneten Erdoğan und Sarradsch eine Absichtserklärung über eine militärische Zusammenarbeit und ein Abkommen, in der sie eine gemeinsame Meeresgrenze beanspruchen. Damit wollte die Türkei ihre Ansprüche im östlichen Mittelmeer markieren. Mit türkischen Waffen, vor allem Kampfdrohnen, sowie Militärberatern und Söldnern schlug die Armee der Regierung Sarradsch den Vorstoß Haftars auf Tripolis zurück. Auch die Entsendung der russischen Kampfflugzeuge MiG-29 und Sukhoi-24 wendete Haftars Niederlage nicht ab.[64] Sieg wie Niederlage zeigen, wie wichtig für die lokalen Akteure die Unterstützung aus dem Ausland ist.

Im Sudan kann General Daglo noch Militärmachthaber werden, in Libyen hat die militärische Niederlage Haftars politische Ambitionen beendet. Das Regime in Kairo reagierte darauf, indem es im Juli 2020 vom Parlament die Entsendung ägyptischer Truppen in den Osten Libyens genehmigen ließ. Sollten türkische Verbände über die Küstenstadt

Sirte hinaus nach Osten vorstoßen, würden die ägyptischen Streitkräfte unmittelbar hinter der Grenze Stellung beziehen.[65] Wie Ägypten rückte auch Russland von Haftar ab. Schließlich hatte er gegen Putins Wunsch die Libyen-Konferenz boykottiert, zu der die deutsche Bundesregierung die Akteure am 19. Januar 2020 nach Berlin eingeladen hatte, um eine politische Lösung zu finden.

Dennoch hat die Berliner Konferenz den politischen Stillstand aufgebrochen. Seither treffen sich die libyschen Bürgerkriegsparteien und die internationalen Vermittler regelmäßig. Im Februar 2021 einigten sich die libyschen Akteure auf eine gemeinsame Regierung und auf Wahlen im Dezember 2021. Die beiden konkurrierenden Parlamente in Tripolis und Benghasi, die Milizen mit ihren Interessen sowie die externen Akteure können diesen Prozess jedoch jederzeit stoppen.

Russland setzt sich ebenso in Libyen fest wie die Türkei.[66] Für Europa stellt die russische Präsenz auf den zwei Luftwaffenstützpunkten al-Khadim östlich von Benghazi und al-Dschufra südlich von Sirte allerdings eine größere Gefahr dar als die türkische Intervention. Beide könnten in Libyen die Flüchtlingsströme nach Europa steuern. Mit dem Nato-Mitglied Türkei ist jedoch eher eine Übereinkunft denkbar als mit Russland.

Im März 2017 hatte der Kommandeur der amerikanischen Truppen für Afrika (AFRICOM), Thomas Waldhauser, gewarnt, was Afrika angehe, sei die Instabilität Libyens die bedeutendste kurzfristige Bedrohung für die Interessen der USA.[67] Das trifft auch für die Interessen Europas zu. Denn ohne eine Stabilisierung Libyens ist es kaum möglich, in der im Süden angrenzenden Sahelzone die islamistischen Extremisten erfolgreich zu bekämpfen. Damit stellt sich wieder die Frage: Wie stabil kann Ägypten in diesem Umfeld und bei diesem Regime sein?

Ist Ägypten stabil?

Ägypten, einst das führende Land der arabischen Welt, steht vor großen Herausforderungen. Die Bevölkerung wächst jedes Jahr um zwei Millionen Menschen. 1960 lebten in Ägypten erst 27 Millionen Menschen, 2011, im Jahr der »Arabellion«, waren es 85 Millionen, und bis 2050 erwartet die Weltbank eine Verdoppelung auf 168 Millionen.[68] Damit das Land stabil bleibt, müssten Schulen und Arbeitsplätze geschaffen und die Infrastruktur ausgebaut werden.

Die Voraussetzungen dafür sind jedoch nicht gegeben. Die Streitkräfte stülpen dem Land ein Wirtschaftsmodell über, das Strukturreformen im Wege steht und die Schaffung von Arbeitsplätzen verhindert. Lediglich 39 Prozent der erwerbsfähigen Ägypter sind beschäftigt, das ist im internationalen Vergleich sehr wenig. Die Weltbank führt Ägypten in der Liste des »Doing Business« auf Rang 114 von 190.[69] Noch schlechter schneidet Ägypten in der Liste der Vereinten Nationen zur »menschlichen Entwicklung« ab, dort landet Ägypten auf Rang 116 von 189.[70]

Verstärkt wird die Fehlentwicklung durch die Konzentration der Macht in den Händen der Armee und des Sicherheitsapparats bei gleichzeitiger Unterdrückung jeglicher Opposition. Das Regime konsolidiert seine Macht, schafft aber keine gesellschaftliche Stabilität. Die kann es nur mit Konsens und Teilhabe geben, nicht mit Repression und Ausschluss. Doch davon ist Ägypten seit dem Putsch vom Juli 2013 weiter entfernt denn je.

Stephan Roll und Luca Miehe, Ägyptenexperten der Stiftung für Wissenschaft und Politik, spielen drei Szenarien durch.[71] Das Szenario der »Entwicklungsdiktatur« basiert auf der Annahme, dass Megaprojekte dem Land einen Entwicklungsschub geben. Gegen einen Erfolg dieser Strategie spricht, dass die überragende Machtstellung des Militärs eine Entwicklung verhindert. Denn das Militär zeigt kein Interesse daran, die Kernprobleme des Landes zu lösen, es investiert weder in die marode Infrastruktur noch in das unzureichende Bildungssystem. Die Autoren halten dieses Szenario daher für »wenig plausibel«.

Bei dem Szenario »Mubarak 2.0« würde das Regime wie unter Mubarak die sozioökonomische Lage zwar nicht verbessern, dank massiver Unterstützung westlicher Staaten und eines erfolgreichen Elitenmanagements könnte es sich aber dennoch an der Macht halten. Für die Geberländer könne das »äußerst kostspielig« werden, warnen die Autoren. Zudem stelle sich die Frage nach der Akzeptanz der sich weiter verschlechternden Menschenrechtslage. Angesichts der um sich greifenden Armut und der mangelnden sozialen Gerechtigkeit erwarten sie, dass das Regime noch stärker auf Gewalt zurückgreifen wird, um seine Macht zu sichern. Daher dürften in diesem Szenario »der Migrationsdruck und die Radikalisierungstendenzen in der jungen ägyptischen Bevölkerung« zunehmen.

Das dritte Szenario nennen Miehe und Roll »Sisi scheitert«. Ausbleibende Entwicklungserfolge und die sich verschlimmernde Repression könnten sehr schnell das Ende des Regimes einleiten. Denn die Mittelschicht würde mit neuen Massenprotesten reagieren, Teile der Elite und des Sicherheitsapparats könnten sich von Sisi lossagen. Der dann eintretende Zusammenbruch, möglicherweise inklusive eines »Kollapses staatlicher Strukturen«, würde »deutlich eruptiver und weniger friedlich verlaufen« als 2011.

So weit die drei Szenarien, bei denen neben der Selbstblockade der reformunfähigen Streitkräfte noch drei weitere mögliche Schwachstellen mitbedacht werden müssen, die zur Destabilisierung Ägyptens führen können: die schwindende

Bereitschaft der Golfstaaten, Ägypten zu alimentieren; die Gefahr, dass das Nilwasser in den bisherigen Mengen ausbleibt; sowie die Wiederkehr des islamistischen Terrors.

Präsident Sisi hat die Gefahren sehr wohl erkannt. Am 22. Juli 2018 warnte er bei der Jahresabschlussfeier einer Militärakademie: Die »wirkliche Gefahr«, dass ein Land »in die Luft gejagt« werde, komme »von innen«. Das sei dann zu befürchten, wenn »Gerüchte, Terror, der Verlust von Hoffnung und ein Gefühl der Frustration« ein Land aufrieben.[72] Doch Konsequenzen zieht er aus dieser Einsicht nicht.

Der ägyptische Wirtschaftswissenschaftler Amr Adly schließt daher eine von den Streitkräften geführte Entwicklung aus. Er bezeichnet sie sogar als eine »mission impossible«,[73] für ihr Dilemma gebe es keine Lösung. Denn Reformen, die die Wirtschaft öffnen und die Machtfülle der staatlichen Verwaltung beschneiden, sind eine Voraussetzung für private Investitionen und eine nachhaltige wirtschaftliche Entwicklung. Das Regime ist zu Strukturreformen jedoch nicht bereit, weil es sich nicht leisten kann, den öffentlichen Dienst, auf den es sich teilweise stützt, vor den Kopf zu stoßen. Auf der anderen Seite fehlen ohne wirtschaftliche Dynamik aber die Einnahmen, die notwendig sind, um die Loyalität des Staatsapparats zu sichern. Um sich kurzfristig aus diesem Dilemma zu befreien, setzt das Regime auf Megaprojekte, die aber weder nachhaltig sind, noch genügend Arbeitsplätze schaffen.

Daraus ergeben sich für das Regime lediglich zwei Optionen, und beide sind wenig attraktiv. Es kann erstens versuchen, die bisherige Politik, die den wirtschaftlichen und gesellschaftlichen Verfall eingeleitet hat, so lange wie möglich fortzusetzen. Das Defizit des Staatshaushalts und die staatliche Schuldenlast würden dann aber weiter steigen. Auf den internationalen Finanzmärkten müssten zur Finanzierung der Gehälter und Subventionen Kredite aufgenommen werden. Der Druck auf das Ägyptische Pfund nähme zu, mit der Abwertung stiegen die Preise, und die Kaufkraft ginge zurück. Proteste, die es bereits wiederholt gegeben hat, könnten sich nun zu Unruhen ausweiten. Sie würden verstärkt durch Engpässe bei der Grundversorgung, etwa bei Wasser, oder durch den maroden Zustand der Verkehrsinfrastruktur.

Zweitens: Sollte das Regime doch zu Reformen bereit sein, müsste es den mit sechs Millionen Beschäftigten immens aufgeblähten öffentlichen Dienst, der seine zivilen Unterstützer ernährt, stark verkleinern. Auch in diesem Fall wären Streiks garantiert, und das Regime müsste entscheiden, ob es mit Gewalt reagiert oder zu Verhandlungen bereit ist – wobei nicht erkennbar ist, was es dabei in die Waagschale legen könnte.

Anders als Miehe und Roll sieht Adly das Szenario »Mubarak 2.0« skeptisch. Denn das Regime Sisi habe es versäumt, seine Basis zu verbreitern, indem es Menschen an sich bindet, die ihre Interessen im Regime wiederfinden könnten. Anders als unter Mubarak finde zwischen den Säulen der Herrschaft und den regimenahen Teilen der Gesellschaft keine automatische Verständigung mehr statt. Die Säulen, die das Regime tragen, sind einander entfremdet. Eine »autoritäre Konsolidierung« zwischen den Akteuren wie unter Mubarak ist unter Sisi nicht mehr möglich.[74] Frühere autoritäre Systeme, etwa unter Präsident Gamal Abd al-Nasser, hatten ihre Herrschaft noch über eine Ideologie legitimiert, unter Sisi steht jedoch allein der Machterhalt im Vordergrund.

Zudem kommt das Geschäftsmodell der Streitkräfte nicht ohne ausländische Finanzkraft aus. Die zweite Gefahr für die Stabilität Ägyptens ist daher, dass diese Mittel austrocknen. Und dafür gibt es Hinweise. Sisi konnte sich zunächst darauf verlassen, dass Saudi-Arabien, die Vereinigten Arabischen Emirate und Kuwait sein Regime alimentierten. Nach dem

Putsch von 2013 ließ sich der Staatsbankrott durch Hilfszahlungen und Kredite der Golfstaaten von mindestens 25 Milliarden Dollar abwenden. Seit 2016 mehren sich jedoch die Anzeichen für eine schwindende Hilfsbereitschaft. Aus diesem Grund musste Ägypten im Juli 2016 den Internationalen Währungsfonds um einen Kredit von 12 Milliarden Dollar bitten, der, anders als die Schecks aus den Golfstaaten, mit Auflagen verbunden war.

Für die wachsende Zurückhaltung der Golfstaaten gibt es zwei Gründe. Erstens hat sich die saudische Politik gegenüber der Muslimbruderschaft nach der Thronbesteigung von König Salman im Januar 2015 etwas entspannt. Ägypten hatte die Golfstaaten mit dem Argument geködert, die zur Terrororganisation erklärte Muslimbruderschaft entschieden zu bekämpfen. Das zog beim früheren König Abdallah, der in der Muslimbruderschaft eine größere Gefahr als in Iran sah. Denn ein Erfolg der Muslimbruderschaft in Ägypten hätte ein islamisch legitimiertes Regierungsmodell geschaffen, das auf die Arabische Halbinsel auszustrahlen drohte. Für König Salman stand indes im Vordergrund, Iran Seite an Seite mit der Muslimbruderschaft zu bekämpfen, ob im Jemen oder in Syrien.

Zweitens war offensichtlich geworden, dass die Milliardentransfers die ägyptische Wirtschaft nicht stabilisierten und Ägypten »langfristig auf massive Finanzhilfen angewiesen bleiben würde«[75]. Die Zeit unkonditionierter Finanzspritzen war damit vorbei. Zur neuen Verdrossenheit der Golfstaaten mit Kairo hat Sisi selbst beigetragen, indem er sich – wie auf einer Tonbandaufnahme zu hören war – darüber lustig gemacht hat, dass die Golfstaaten über »Geld wie Reis« verfügten. Auf demselben Band war auch Sisis Stabschef zu hören, wie er die Golfländer als »Halbstaaten« abkanzelte, die ein »Luxusleben« führten und die man nur »zur Kasse bitten«

müsse.[76] Nicht hilfreich war ferner, dass sich Ägypten nicht an Sisis Anfang 2014 gemachte Zusage gehalten hat, für die militärische Sicherheit der Golfstaaten zu sorgen. So hat sich Ägypten beispielsweise lediglich symbolisch am saudischen Krieg im Jemen beteiligt.[77]

Sollte Ägypten vor dem Kollaps stehen, weil die Finanzspritzen der reichen Golfmonarchien ausbleiben, müsste der Westen entscheiden, ob er Milliardensummen in ein Fass ohne Boden pumpt. Bislang ist Europa dazu bereit, weil es glaubt, das autoritäre Regime Sisi halte Migrationswellen und den Terror fern. Europa verlöre jedoch auf lange Sicht seine Glaubwürdigkeit, würde es ein Regime wie dieses alimentieren.

Eine weitere Gefahr droht durch den äthiopischen Nil-Staudamm. Der Nil und der Zugang zu seinem Wasser seien eine existenzielle Frage für Ägypten, erklärte Präsident Sisi im September 2019 vor den Vereinten Nationen.[78] Im Sommer 2020 wertete Ägypten die Füllung des Staudamms ohne Zustimmung der Anrainer als Kriegserklärung. In den arabischen Medien kursierten daraufhin verschiedene Szenarien, wie Ägypten reagieren könnte. Als einzige militärische Option galt eine Seeblockade, bei der Ägypten mit seiner modernen Marine im Roten Meer und am Horn von Afrika alle Schiffe stoppen würde, die Waren für Äthiopien an Bord haben.[79]

Ägypten fürchtet um seine Lebensader. Schließlich könnte Äthiopien das Nilwasser selbst verbrauchen, das Ägypten als Trinkwasser für seine schnell wachsende Bevölkerung und zur Bewässerung seiner Felder benötigt. Die Geological Society of America schätzt, dass Ägypten während der Fülldauer des Damms nur noch 75 Prozent der bisherigen Wassermenge zur Verfügung steht. In der Folge könnten Teile des Nildeltas austrocknen und das dann vom Mittelmeer einströmende Salzwasser die Böden versalzen. Sollte der neue

Damm zu viel Nilwasser zurückhalten, könnte die landwirtschaftliche Fläche Ägyptens um 20 bis 50 Prozent schrumpfen. Beeinträchtigt werden könnte zudem die Leistung des Assuan-Staudamms.[80]

Gäbe es nicht mehr genügend Trinkwasser und müssten mehr teure Nahrungsmittel importiert werden, wären Proteste programmiert. Die daraus resultierenden Mehrausgaben gingen zulasten der Einfuhr von Maschinen und industriellen Vorprodukten. Noch bis 1960 war Ägypten, ausgenommen bei Weizen, Selbstversorger. Doch schon heute muss das Land mehr als die Hälfte seiner Nahrungsmittel einführen und ist damit den Preisschwankungen und Verfügbarkeiten auf dem Weltmarkt ausgesetzt.

Nach dem ungeeigneten Wirtschaftsmodell der Streitkräfte, den ungesicherten Finanzspritzen aus dem Ausland und der drohenden Wasserknappheit ist der islamistische Terror ein vierter Grund, Zweifel an der Stabilität Ägyptens zu haben. Die Extremisten operieren zwar überwiegend auf der Sinai-Halbinsel, wo sie sich mit Beduinen verbünden, die offene Rechnungen mit der Regierung in Kairo begleichen wollen. Immer wieder tragen sie den Terror aber auch in die Hauptstadt und ins Niltal.

Der islamistische Terror hat in Ägypten eine lange Tradition. Auch nach Jahrzehnten der Verfolgung ist auf dem Sinai die Terrorgruppe al-Takfir wal-hidschra aktiv. Als Abspaltung von der Muslimbruderschaft und als Protest gegen deren gewaltfreien politischen Islam war sie 1971 von Anhängern von Sayyid Qutb gegründet worden, der als Erster einen kriegerischen Dschihad propagiert hatte.

1981 ermordeten Mitglieder der Terrorgruppe Tanzim al-Dschihad Präsident Anwar al-Sadat. Ihr Gründer Muhammad Abd al-Salam Farag hatte zum kriegerischen Dschihad und zum Sturz von Regierungen aufgerufen, denn es genüge nicht länger, wie die Salafisten nur nach dem Vorbild der Prophetengenossen zu leben. Der Dschihad sei die *Vernachlässigte Pflicht*, so der Titel seiner Kampfschrift. Farag wurde zum Tode verurteilt und seine Terrorgruppe spaltete sich in die Gamaat al-Islamiya, die in den 1990er Jahren in Oberägypten blutige Anschläge verübte, und den Islamischen Dschihad unter Ayman al-Zawahiri. Der wurde später Stellvertreter von Usama Bin Ladin und übernahm nach dessen Tod 2011 die Führung von al-Qaida.

Seit dem Putsch von 2013 wird Ägypten von einer Welle terroristischer Gewalt heimgesucht. Der blutigste Anschlag ereignete sich am 24. November 2017 in Bir al-Abed auf der Sinai-Halbinsel, als IS-Terroristen mehr als 300 muslimische Gläubige während des Freitagsgebets töteten. Meist sind allerdings Einheiten der ägyptischen Armee ihr Ziel. Unterstützung erhalten die lokalen Dschihadisten dabei von IS-Kadern aus Syrien und dem Irak, denen die Sinai-Halbinsel als Rückzugsgebiet dient.

Unbestritten ist ein stabiles Ägypten für die Sicherheit Europas unerlässlich. Europa darf daher auch im eigenen Interesse seine Augen nicht vor den Faktoren verschließen, die das bevölkerungsreichste Land der arabischen Welt zu destabilisieren drohen. Das Regime Sisi ist jedoch keineswegs der Anker der Stabilität, als den es sich im Westen anpreist. Es ist vielmehr ein Koloss auf tönernen Füßen – mit sich verschlechternden Lebensbedingungen, einer katastrophalen Lage der Menschenrechte, einer grenzenlosen Willkür des Sicherheitsapparats, desaströsen Zuständen in den Gefängnissen und erschüttert von Terroranschlägen.

Die Aufrüstung der Armee, an der auch Deutschland beteiligt ist, ändert daran nichts. Der Bundessicherheitsrat hat den Verkauf von mindestens einer Fregatte genehmigt, die Ägypten in seinen Gewässern einsetzen würde, also im Roten Meer und im östlichen Mittelmeer.[81] Daneben wurden Panzerhaubitzen bestellt, die in den südlichen Nachbarstaaten und in Libyen eingesetzt werden könnten. Selbst in Nordkorea kauft das Regime ein.[82]

Der frühere CDU-Generalsekretär Ruprecht Polenz, Vorsitzender des Auswärtigen Ausschusses des Deutschen Bundestags von 2005 bis 2013, warnt davor, auf die Rhetorik nahöstlicher Machthaber wie Sisi hereinzufallen. Sie wollten einen glauben machen, dass es nur die Wahl zwischen ihren autoritären Regimen und islamistischem Chaos gebe. Sie suggerierten dem Westen, dass Menschenrechte, Rechtsstaatlichkeit und Demokratie in der arabischen Welt nicht funktionierten. Dabei haben sie Angst vor der Demokratie, denn die einzigen demokratischen Wahlen in Ägypten seit Langem hat 2012 die Muslimbruderschaft klar gewonnen. Polenz schreibt daher: »Das Land kann nicht zu wirklicher Stabilität finden, wenn der politische Islam vollständig ausgegrenzt wird.«[83] Diese Meinung vertrat auch der saudische Journalist Jamal Khashoggi – und wurde deshalb am 2. Oktober 2018 von Schergen des saudischen Königshauses ermordet.

SAUDI-ARABIEN: KÖNIGREICH DER WIDERSPRÜCHE

Es geschah in Diriyah. 1744 hatten die beiden Familien Saud und Abd al-Wahhab in der Oase nördlich von Riad einen Pakt geschlossen, der die Arabische Halbinsel bis in die Gegenwart prägen sollte. Denn Muhammad Ibn Saud verpflichtete sich, den intoleranten Islam, den Muhammad Ibn Abd al-Wahhab zu jener Zeit predigte, mit dem Schwert zu verbreiten. Im Gegenzug sicherte der asketische Reformer dem Haus Saud zu, dessen Herrschaft islamisch zu legitimieren. So wurde Diriyah die Hauptstadt des ersten saudischen Staats, der bis 1818 Bestand hatte.

Der Pakt gilt bis heute. Auch im Königreich Saudi-Arabien, dem dritten saudischen Staat, sind die Ruinen von Diriyah wichtig. Hier hat schließlich alles begonnen, und die Lehmbauten haben sich im trockenen Wüstenklima gut gehalten. Paläste und Moscheen wurden restauriert, ein Open-Air-Museum entstand. Besondere Aufmerksamkeit wurde der Moschee von Muhammad Ibn Abd al-Wahhab zuteil. In der hat er dazu aufgerufen, wie der Prophet und dessen Gefährten zu leben. Alles andere sei Polytheismus und müsse bekämpft werden. Vor dieser historischen Kulisse, die 2010 von der Unesco in die Liste des Weltkulturerbes aufgenommen wurde, zogen traditionelle Märkte zuletzt immer mehr Einwohner aus der nahen Hauptstadt Riad an, die sonst in glitzernden Malls einkaufen.

Doch dann geschah das Ungeheuerliche. Muhammad Bin Salman, seit Juni 2017 Kronprinz, wählte ausgerechnet Diriyah, um den wahhabitischen Religionsgelehrten klarzumachen, dass ihre Zeit abgelaufen ist. Es genügte ihm nicht, der Sittenpolizei die Kompetenz zu entziehen, notfalls mit der Faust dafür zu sorgen, dass die Geschäfte zu den Gebetszeiten schließen, die Frauen sich mit einem Kopftuch bedecken und die Geschlechter sich auf keinen Fall »vermischen«. Es genügte ihm auch nicht, den Religionsgelehrten mit Gefängnis zu drohen, sollten sie gegen den neuen Kurs aufbegehren.

Denn wo Muhammad Ibn Abd al-Wahhab einst gepredigt hat, dass jegliches Vergnügen Sünde sei, da es vom Gebet ablenke, stehen heute Unterhaltungskomplexe und Musiktempel, die nachts bunt angestrahlt werden. Einer der größten Vergnügungsparks des Königsreichs, Qiddiyah, wird hier gebaut. Je nach Sichtweise wird Saudi-Arabien auf den Kopf oder vom Kopf auf die Füße gestellt. Den Anfang machte im Dezember 2018 die »Woche der Unterhaltung«. Auf dem neuen Parcours von Diriyah begann die internationale Formel-E-Saison, und in einem separaten Rennen gingen neun saudische Fahrerinnen an den Start. Dazu fanden jeden Abend Konzerte mit Showbiz-Größen aus aller Welt statt.

In einem Land, in dem das Bildungssystem die Geschlechter segregiert, tanzten erstmals junge saudische Frauen und Männer gemeinsam zur Live-Musik internationaler DJs. Was für die Altvorderen der Bruch mit allem war, was sie gekannt hatten, war für die Jugend die überfällige Erfüllung ihres Wunsches, endlich normal zu leben.

Im Jahr darauf wurde aus der einen Woche die »Diriyah Season«. Sie dauerte einen ganzen Monat. Wieder ein Formel-E-Rennen, Tennis- und Reitturniere sowie der »Boxkampf in den Dünen« um den Weltmeistertitel im Schwergewicht zwischen Andy Ruiz jr. und Anthony Joshua. Dazu jede Menge Konzerte während des »Diriyah Music Festival«.

Der Veranstalter, eine Regierungsbehörde, empfahl, Tickets im Paket zu kaufen, um möglichst viel zu erleben. Und das alles ausgerechnet in Diriyah, dort also, wo die radikalste Form des Islams ihren Ausgang genommen hatte. Kann diese Kulturrevolution Bestand haben?

Der Zwiespalt wird größer

Das Haus Saud: Konflikt statt Konsens

Saudi-Arabien verändert sich, und das ohne Proteste von unten und der »Straße«. Denn mit dem Kronprinzen Muhammad Bin Salman Al Saud verschieben sich die Konstanten des Königreichs. Nicht mehr das Haus Saud regiert, sondern nur noch eine Linie des Hauses, die von Salman, dem König seit 2015. Es wäre keine Überraschung, würde nach sechs Königen, die allesamt Söhne des 1953 gestorbenen Staatsgründers Abd al-Aziz Al Saud waren, bald ein Enkel, der 1985 geborene Muhammad Bin Salman, auf den Thron gelangen und dort ein halbes Jahrhundert sitzen.

Drei Konstanten bilden den Rahmen dieses Staats, der als einziger weltweit nach einer Familie benannt ist. Da ist erstens das Haus Saud, das älter als ein Vierteljahrtausend ist. Die Herrscherfamilie hat immer zusammengehalten, gerade in Krisenzeiten. Der König steht an der Spitze und herrscht mit absoluter Macht. Nach dem Tod eines Königs hat sich die Familie noch immer rasch auf den neuen König geeinigt, und die Prinzen haben ihm gegenüber die *bai'a*, den Loyalitätseid, abgelegt. Die Dynastie blieb trotz der vielen Tausend Prinzen ein System, das Außenstehenden verschlossen ist.

Die zweite Konstante bilden die heiligen Stätten des Islams, Mekka und Medina. Die frühe Geschichte des Islams hat sich überwiegend auf dem Territorium des heutigen Königreichs abgespielt. Millionen Pilger aus der ganzen Welt reisen jedes Jahr zur großen Pilgerfahrt, der *hajj*, und zur kleinen Pilgerfahrt, der *umra*, nach Mekka. Die Pilgerfahrten sind die zweitwichtigste Einnahmequelle des saudischen Staats.

Die dritte Konstante: das Erdöl. Es hat dem Königreich Reichtum beschert, Einfluss auf die Weltwirtschaft und eine Einladung in den Club der 20 größten Wirtschaftsnationen, den G-20.

Jede der drei Konstanten ist heute einem Wandel unterworfen. So deutet sich mit dem Übergang der Herrschaft auf die Enkelgeneration an, dass sich das Haus Saud auf eine Linie reduziert: auf die von Salman und dessen Söhnen. Die Nachkommen der anderen Söhne des Staatsgründers werden damit von der Macht ausgeschlossen. Gelockert, wenn nicht aufgegeben, wird der Pakt mit den wahhabitischen Religionsgelehrten, und mit dem Ende des fossilen Zeitalters schwindet die Bedeutung des Erdöls. Saudi-Arabien bleibt nicht viel Zeit, um seine Wirtschaft auf ein neues, stabiles Fundament zu stellen.

Ganz richtig war der Eindruck nie, dass das ultrakonservative Königreich in der Vergangenheit festhängt und sich nicht verändert, auch wenn es zutraf, dass sich Saudi-Arabien langsamer entwickelt hat als der Rest der Welt. Jeder König sah sich mit der Herausforderung konfrontiert, ein Gleichgewicht zwischen einer nötigen Modernisierung und der Beharrungskraft des wahhabitischen Islams zu finden. Denn zu jeder Zeit war das Haus Saud für Veränderungen offener als die Religionsgelehrten und die Gesellschaft.

König Faisal (1964 bis 1975) setzte beispielsweise gegen den Widerstand der Religionsgelehrten Mädchenschulen durch, und König Fahd (1982 bis 2005) gilt als »Vater der Moderne«. Er nutzte die sprudelnden Öleinnahmen für einen beispiellosen Entwicklungsschub. Viele Tausend Prinzen stiegen in der Zeit in Unternehmen ein, und die großen Händlerfamilien profitierten von staatlichen Aufträgen und dem Engagement internationaler Unternehmen. Eine relativ diversifizierte Industriestruktur entstand in dem bis dahin unterentwickelten Land, und eine Mittelschicht wuchs heran. König Abdallah (2005 bis 2015) schließlich modernisierte das Bildungssystem und startete einen gesellschaftlichen Dialog, den es bis dahin nicht gegeben hatte.

Die Könige hatten die Modernisierung in Zeiten äußerer Bedrohung vorangetrieben und Saudi-Arabien dadurch zur führenden Macht in der arabischen Welt gemacht. In der Regierungszeit von König Faisal lieferte sich das konservative, aber prowestliche Saudi-Arabien im Jemen einen blutigen Stellvertreterkrieg mit Nassers sozialistischem Ägypten. 1990 reagierte König Fahd auf den irakischen Einmarsch in Kuwait, indem er die Stationierung nichtmuslimischer westlicher Soldaten auf dem »heiligen« Boden Saudi-Arabiens zuließ. König Abdallah musste schließlich die Islamische Republik Iran in Schach halten, die nach dem Sturz des irakischen Diktators Saddam Hussein 2003 ihren Einfluss ausweitete. Und ab 2011 galt es, ein Überschwappen der arabischen Massenproteste, die zum Sturz von vier Machthabern geführt hatten, zu verhindern.

Zu einer Verschmelzung von Islam und Modernisierung ist es indes nie gekommen. Daraus ziehen nun König Salman und sein Lieblingssohn Muhammad die Konsequenzen. Sie stufen die führende Rolle des Islams herab und räumen der Modernisierung den Vorrang ein. Dazu hat König Salman nach seiner Thronbesteigung im Januar 2015 Tausende Schaltstellen mit eigenen Leuten besetzt und Muhammad beauftragt, die Transformation fortzusetzen und zu beschleunigen. Dabei hatte Salman (geb. 1935) ursprünglich kaum Aussicht auf den Thron gehabt. Denn in der Thronfolge hatten zwei ältere Vollbrüder vor ihm gestanden: Sultan Bin Abd al-Aziz (geb. 1924) und Nayef Bin Abd al-Aziz (geb. 1934). Der erste starb jedoch 2011, der zweite 2012. Und so kam unverhofft Salman zum Zug.

Er konnte gleich durchgreifen, weil er über Jahrzehnte die Streitigkeiten innerhalb der Familie geschlichtet hatte und daher mehr als jedes andere Mitglied des Hauses Saud die Schwächen und Geheimnisse der anderen Prinzen kannte. Zudem hatte er von 1962 bis 2011 als Gouverneur die Hauptstadt zu einer gut funktionierenden, modernen Metropole ausgebaut. Von Riad aus beobachtete er, wie der Spagat zwischen Islam und Modernisierung immer schwieriger wurde. Salman, ein frommer Muslim, nahm die extremistisch-eifernden wahhabitischen Religionsgelehrten zunehmend als Gefahr für das Königreich wahr. Und es entging ihm auch nicht, wie sich Prinzen und Geschäftsleute auf Kosten des Staats bereicherten.

Als er 2011 seinem Bruder Sultan als Verteidigungsminister nachfolgte, entließ er zahlreiche Generäle. Die neue Führung der Armee war ihm gegenüber loyal – und gegenüber seinem Sohn Muhammad, dem er 2015 das Amt übergab. Der Vater sorgte auch dafür, dass der Sohn in der Thronfolge rasch aufrückte, indem er im April 2015 etwas tat, was es im Königreich noch nie gegeben hatte: Er setzte den Kronprinzen Muqrin ab, den jüngsten Sohn des Staatsgründers Abd al-Aziz Al Saud. Und als er im Juni 2017 schließlich auch den neuen Kronprinzen Muhammad Bin Nayef absetzte und unter Hausarrest stellte, war der Weg für seinen Sohn Muhammad frei. Erstmals hatte ein König einen Sohn zum Kronprinzen ernannt.

König Salman und sein durchsetzungsfähiger Sohn Muhammad markieren eine Zäsur. Da Salman gebrechlich ist,

liegt die Macht ganz bei seinem Sohn, der einen Generations-
wechsel einleitet, auch an den Schaltstellen der Macht. Als
Verteidigungsminister hat er gleich nach seinem Amtsantritt
den Krieg im Jemen angeordnet, als Chef der Hohen Kom-
mission für Wirtschaft gab er die »Vision 2030« zur Modernisierung des Königreichs in Auftrag. Und er legt die Ölpolitik
fest. So schließt er seit 2015 nach und nach das Kapitel des traditionellen Saudi-Arabien.

Sichtbare Schritte sind dabei die Aufhebung des Fahr-
verbots für Frauen, die Eröffnung von Kinos, öffentliche
Konzerte und die Auflösung der strikten Trennung der Geschlechter in der Öffentlichkeit.[1] Es geht aber um mehr. Um
das Königreich zu erhalten, wird die Macht der Religionsgelehrten beschnitten, als zukünftiges Fundament bildet sich
ein neuer Gesellschaftsvertrag heraus. Die Bindung des Einzelnen an den Staat soll gelockert und der umfassende Wohlfahrtsstaat zurückgefahren werden. Wobei dieses Mehr an
Eigenverantwortung nicht zu mehr politischen Ansprüchen
führen soll.

Bei aller Rücksichtslosigkeit, die Muhammad Bin Salman
zu Recht nachgesagt wird: Mit der »Vision 2030« folgt Saudi-
Arabien erstmals einem langfristigen Plan.[2] Der Kronprinz
spricht eine für Saudi-Arabien ungewöhnlich schnörkellose
Sprache, und er handelt auch entsprechend. Damit macht er
sich Feinde, vor allem unter den älteren Saudis. Diese Opposition muss er aber nicht fürchten, dafür sorgen die Sicher-
heitsdienste. Und da die Streitkräfte nach der letzten Säube-
rungswelle im August 2020 loyal zum Kronprinzen zu sein
scheinen, droht auch kein Putsch.

So wandte er sich einem Thema zu, das er mit hoher Priorität verfolgt. Denn um alle lebenden Söhne des Staatsgründers
und deren Söhne, die Aussicht auf den Thron hatten, waren
über Jahrzehnte politische und wirtschaftliche Blöcke mit

großer Macht entstanden. Wollte beispielsweise ein ausländisches Unternehmen in Saudi-Arabien Fuß fassen, musste es mit einem Prinzen zusammenarbeiten. Diese Machtblöcke waren dem neuen Kronprinzen aus zwei Gründen ein Dorn im Auge: Sie bezogen ihre Stärke nicht aus der Anbindung an den saudischen Staat, und sie begünstigten die Korruption. Muhammad Bin Salman hat dieses System beendet.

Um seine Macht auszubauen, hat er Ämter, die bislang auf persönlichen Loyalitätsbeziehungen gründeten, in den Staatsapparat integriert. Damit erreicht er drei Ziele: Er schaltet die autonomen Machtzentren der Prinzen aus, er entmachtet potenzielle Rivalen im Haus, und er zentralisiert die Macht. Ein Beispiel ist die Nationalgarde. Sie war über Jahrzehnte eine autonome Machtbasis außerhalb des Staats. Die Stämme, aus denen sie sich zusammensetzt, waren gegenüber einem Prinzen loyal, und der vererbte die Loyalitätsbeziehung an einen Sohn. Seit 1962 stand Abdallah an der Spitze der Nationalgarde. Als er 2005 König wurde, folgte ihm sein Sohn Mutib. Dann aber wandelte Muhammad Bin Salman die Nationalgarde in ein Ministerium um. Mutib war nun nur noch Staatsdiener, und als solcher hat ihn König Salman im November 2017 entlassen.

So wie Muhammad Bin Salman war zuvor noch kein Mitglied des Hauses Saud gegen die anderen Prinzen vorgegangen. Er verstößt dabei jedoch gegen die Prinzipien, die bislang der Garant für die Stabilität des Hauses Saud waren, beispielsweise gegen das Senioritätsprinzip. Ginge es nach den bisherigen Thronfolgeregeln, hätte er weder Kronprinz werden dürfen, noch dürfte er König werden. Zweitens verstößt er gegen das Konsensprinzip, denn er schaltet aus, wer nach dem Senioritätsprinzip mehr Anrecht auf den Thron hätte als er, und wer sich im Familienrat (*haiʿat al-baiʿa*) gegen ihn und seine Politik stellt.

Drittens hat er Onkel und Cousins entmachtet. Er nimmt ihnen damit die Möglichkeit der Bereicherung, die mit ihrer Stellung im Haus Saud verbunden war. Er lässt sie sogar strafrechtlich verfolgen. Im November 2017 ließ er mehr als zweihundert Prinzen und Geschäftsleute wegen Korruptionsvorwürfen im Luxushotel Ritz Carlton in Riad einsperren. Er forderte sie auf, angeblich unredlich erworbenes Geld an den Staat abzutreten. Das machte ihn bei vielen Saudis populär. Der Kampf gegen die Korruption und die gesellschaftliche Öffnung sind die wichtigsten Gründe für die Beliebtheit des Kronprinzen bei der saudischen Jugend.

Muhammad Bin Salman geht keinem Konflikt aus dem Weg, und bisher hat er noch jeden gewonnen. Ausgeschaltet hat er etwa seinen Vorgänger im Amt des Kronprinzen, den früheren und erfolgreichen Innenminister Muhammad Bin Nayef. Der hatte Einwände gegen den Krieg im Jemen erhoben und sich gegen das Embargo gegen Qatar ausgesprochen. Am 20. Juni 2017 ließ der königliche Hof eilends den Familienrat einberufen. Seine 34 Mitglieder, die jeweils eine Linie eines männlichen Nachkommen des Staatsgründers vertreten, entscheiden über Nachfolgefragen. Muhammad Bin Salman hat offenbar junge Mitglieder des Familienrats auf seine Seite gezogen, indem er ihnen führende Ämter im Staat angeboten hat. Im Morgengrauen sollen 31 der 34 Mitglieder für die Absetzung des bisherigen Kronprinzen und die Berufung von Muhammad Bin Salman gestimmt haben.[3]

Einer der drei, die ihm den Treueeid verweigert haben, war Ahmad Bin Abd al-Aziz, ein sechs Jahre jüngerer Vollbruder seines Vaters Salman. Prinz Ahmad war mit seiner Kritik am Jemenkrieg zum Hoffnungsträger der Gegner des Kronprinzen geworden. Doch im März 2020 wurde er zusammen mit Muhammad Bin Nayef unter dem Vorwurf festgenommen, einen Staatsstreich zur Entmachtung des Königs und des

Kronprinzen geplant zu haben. Die Liste der Kritiker, die der Kronprinz ausgeschaltet hat und festnehmen ließ, ist lang. Auf ihr stehen die zwei abgesetzten Kronprinzen, mächtige Söhne früherer Könige wie Mutib Bin Abdallah sowie der international bekannte Großinvestor Waleed Bin Talal, ein Cousin des Kronprinzen.

Noch ist Muhammad Bin Salman nicht am Ziel. Denn der König kann jederzeit mit einem Federstrich die Thronfolge ändern. Wie handelt er, wenn der Druck, seinen Sohn abzusetzen, zunimmt? Offen bleibt ebenso, wie der Familienrat nach dem Ableben des Königs die Nachfolgefrage regelt. Denn mittlerweile kann ein Kronprinz sich nicht mehr darauf verlassen, dass er auch König wird.

Muhammad Bin Salman hat jedoch seine Macht konsolidiert. Im Staatsapparat hat er Ältere gegen Junge ausgetauscht, die loyal zu ihm sind. Direkt unterstehen ihm die Armee und die Nationalgarde, der Staatsfonds PIF und der Ölkonzern Saudi Aramco. Auch folgt ihm der überwiegende Teil der Jugend. Dennoch ist Muhammad Bin Salman angreifbar. Er prangert zwar die Korruption anderer Prinzen an und lässt sie strafrechtlich verfolgen, besitzt jedoch selbst ein gewaltiges Vermögen, zu dem ein Château nahe Paris und eine der teuersten Jachten der Welt gehören. Und er soll für 450 Millionen Dollar ein Gemälde erworben haben, das Leonardo da Vinci zugeschrieben wird.

Allen Entwicklungen zum Trotz bleibt Saudi-Arabien eine absolute Monarchie. Der Erwartungsdruck der Menschen ist jedoch groß. Die jungen Saudis verstehen sich immer weniger als Untertanen, denn als Bürger, die eine Mitsprache und einen funktionierenden Staat einfordern. Sie erwarten, dass Muhammad Bin Salman Arbeitsplätze schafft und die Monarchie modernisiert.

Muhammad Bin Salman rüttelt am Fundament Saudi-Arabiens. Gleichzeitig spielt er aber mit hohem Risiko. Dazu gehören der Ölpreiskrieg mit Russland, der konventionelle Krieg im Jemen, den Saudi-Arabien nicht gewinnt, und der Konflikt mit Iran, der ebenfalls nicht zu gewinnen ist. Der Golfkooperationsrat (GCC) verliert an Bedeutung. Ein Beispiel für die Spannungen zwischen den Mitgliedsstaaten ist der saudisch-emiratische Boykott gegen Qatar, der von 2017 bis 2021 gedauert hat. Das Vertrauen in die amerikanische Garantie, für die Sicherheit des Königreichs zu sorgen, ist ins Wanken geraten. Gewissheiten, die einst für Stabilität gesorgt haben, lösen sich auf.

Dennoch: Obwohl der Westen sich über die Tötung des saudischen Kritikers Jamal Khashoggi empört gibt, klammert er sich weiter an den Kronprinzen. Denn neben ihm ist niemand in Sicht, der die – auch vom Kronprinzen selbst gefährdete – Stabilität des Königreichs garantieren könnte. Der Westen ist aus vier Gründen an Saudi-Arabien interessiert: Das Königreich wird im Konflikt mit Iran gebraucht, der Kronprinz forciert die Normalisierung der Beziehungen arabischer Staaten mit Israel, Saudi-Arabien ist für einen erfolgreichen Kampf gegen den extremistischen Islam unverzichtbar und ebenso für die Versorgung der Weltwirtschaft mit preiswertem Erdöl.

Islam: Mekka und Wahhabismus

Die ersten beiden Staaten des Hauses Saud waren schnell Vergangenheit. Der erste hielt sich von 1744 bis 1818, der zweite von 1824 bis 1891. Beiden versetzten Niederlagen auf dem Schlachtfeld den Todesstoß. Dann gründete Abd al-Aziz Al Saud 1902 den dritten Staat. Nach der Eroberung weiter Teile der Arabischen Halbinsel proklamierte er 1932 das Königreich

Saudi-Arabien. Dieses hat endlich Bestand. Das wurde durch zwei Faktoren möglich: die Kontrolle über die beiden heiligen Stätten Mekka und Medina sowie das Erdöl.

Seit dem 18. Jahrhundert ist das Haus Saud durch die wahhabitischen Religionsgelehrten islamisch legitimiert. Deren extremistische Auslegung des Islams lehnten die allermeisten Muslime außerhalb der Arabischen Halbinsel jedoch auch damals ab. Für Abd al-Aziz Al Saud war daher wichtig, sich mit der Eroberung von Mekka und Medina 1924 eine weitere Legitimation und Ansehen in der islamischen Welt zu verschaffen. Zudem erschloss sich das Haus Saud mit der Pilgerfahrt eine wichtige Geldquelle, und die Anwesenheit der Pilger gab den Wahhabiten die Gelegenheit, ihre Auslegung des Islams weit über die Arabische Halbinsel hinaus zu verbreiten.

Um den Anspruch auf Mekka und Medina zu unterstreichen, legten sich die saudischen Könige 1986 den Titel »Hüter der beiden heiligen Stätten« (*khadim al-haramain al-sharifain*) zu. Denn zwei Ereignisse hatten im Horrorjahr 1979 das Haus Saud erschüttert: erst die Revolution in Iran, die der islamischen Welt eine neue, revolutionäre Form des Islams bot, dann die Besetzung der Großen Moschee von Mekka durch saudische Extremisten, denen die Herrschaft des Hauses Saud religiös zu indifferent geworden war und die die Rückkehr zu einem Islam forderten, wie ihn die Gefährten des Propheten gelebt hatten.

Sie beriefen sich auf den Pakt, den Muhammad Ibn Saud im Jahr 1744 mit Muhammad Ibn Abd al-Wahhab geschlossen hat und der beide Familien bis heute verbindet. Ibn Abd al-Wahhab predigte die Rückkehr zur absoluten Reinheit des Islams, die im Begriff der »Einheit Gottes« (*tauhid*) gipfelte. Er ließ lediglich die wörtliche Auslegung des Korans gelten. Alle anderen Traditionen, die sich im Verlauf der Geschichte entwickelt hatten, verbot er als »unerlaubte Neuerungen« (*bid'a*).

Wer ihnen dennoch folgte, wurde zum Feind des Islams erklärt.

Abd al-Aziz Al Saud, der Begründer des Königreichs, war zwar gegenüber allen Formen der materiellen Moderne offen, er erkannte aber auch die Mobilisierungskraft dieser Ideologie, die schließlich zur Eroberung weiter Landstriche führte. Als er sein Ziel erreicht hatte, musste er die Krieger, die ihre Mission in der Verbreitung des Islams sahen, irgendwie bändigen. Einige siedelte er in der zentralarabischen Oasenstadt Buraida an und belohnte sie mit Posten im neuen Staat. Ihr Denken gaben sie aber nicht auf. Und die, die sich noch Jahrzehnte später dem Krieg für den Islam verpflichtet fühlten, schlossen sich dann Dschuhaiman al-Otaiba, dem Besetzer der Großen Moschee von Mekka, den Attentätern vom 11. September 2001 oder al-Qaida an. Diese Eiferer wurden zur Gefahr, da sie propagierten, nur mit Hilfe von Gewalt und dem Dschihad ihr Ziel, wie die Gefährten des Propheten zu leben, erreichen zu können.

Kein anderes Land hat den heutigen Islam geprägt wie Saudi-Arabien. Denn das Königreich machte den intoleranten wahhabitischen Islam, der Anhänger anderer Auslegungen zu »Ungläubigen« erklärt, zu einem Instrument seiner Außenpolitik.[4] 1962 standen sich im Kampf um die Vorherrschaft in der arabischen Welt im Jemen das erzkonservative Königreich Saudi-Arabien und das linke Ägypten gegenüber. Dessen Präsident Nasser hatte sich mit der Sowjetunion verbündet und zog mit seiner Politik des Panarabismus und des arabischen Sozialismus Millionen Araber in seinen Bann. Im Jahr danach wurde im Irak die sozialistische Baath-Partei gegründet.

Saudi-Arabien musste handeln, wollte es nicht wie die beiden ersten saudischen Staaten früh enden. Also setzte König Faisal Bin Abd al-Aziz Al Saud (1964 bis 1975) Nassers arabischem Nationalismus die Politik der »islamischen Solidarität« entgegen. Noch als Kronprinz berief er 1962 eine Konferenz nach Mekka ein, die in die Gründung der Islamischen Weltliga mündete. Sie wurde das wichtigste Instrument des Königreichs, sein Islamverständnis zu verbreiten, beispielsweise durch den Bau von Moscheen. Als zweites Instrument kam 1969 die Organisation der Islamischen Konferenz (OIC) hinzu, die heute Konferenz für islamische Zusammenarbeit heißt. Zu Hause band König Faisal die wahhabitischen Theologen über den 1972 gegründeten Hohen Rat der Religionsgelehrten in die staatliche Bürokratie ein, er überließ ihnen die Justiz und das bereits stark islamisch geprägte Bildungswesen.

Als Nasser 1970 starb, übernahm Saudi-Arabien die Führung in der arabischen Welt. Dank des Ausstiegs des Ölpreises ab 1973 gab das Königreich jedes Jahr mehr als fünf Prozent seines Bruttoinlandsprodukts für »islamische Solidarität« aus. Die Islamische Universität von Medina, die Faisal 1961 als Gegenentwurf zur Azhar-Universität in Kairo gründen ließ, bildete mit großzügigen Stipendien junge Muslime aus der ganzen Welt aus. Anschließend führten sie als Prediger und Religionsgelehrte den wahhabitischen Islam in ihre Länder ein. Saudi-Arabien finanzierte Moscheen und Schulen, Prediger und Pamphlete und gründete in vielen Ländern islamische Universitäten, etwa im Tschad oder im pakistanischen Islamabad, das während des Afghanistankriegs für viele militante Araber zur ersten Anlaufstelle wurde.

Der innerarabische Krieg mit Ägypten war der Beginn der saudischen Missionsoffensive. Die wurde 1979 massiv ausgeweitet, als Ajatollah Ruhollah Khomeini damit drohte, seine Revolution in die Golfmonarchien zu exportieren; zudem stellte die Besetzung der Großen Moschee von Mekka die islamische Legitimation der Saud infrage. Der Krieg gegen die

Rote Armee in Afghanistan bot aber eine Gelegenheit, diese Legitimation wieder zu festigen, und gleichzeitig jenen Muslimen, die sich dem Dschihad verschrieben hatten, ein Betätigungsfeld in der Ferne.

Nun baute das Königreich die islamischen Institutionen und Stiftungen aus, die es in den Jahrzehnten zuvor ins Leben gerufen hatte. Viele davon unterstützten den islamistischen Terror, so die 1972 gegründete Weltversammlung für die Islamische Jugend (WAMY), die 1978 gegründete Islamische Hilfsorganisation (IIRO) und die 1998 gegründete Haramain-Stiftung, die 2004 auf amerikanischen Druck aufgelöst wurde. Zudem übernahmen Millionen Gastarbeiter die Ideologie des Wahhabismus, und zurück in ihren Heimatländern verlangten sie von ihren Familien, sich »islamisch« wie in Saudi-Arabien zu verhalten.

Auf diese Weise drängte eine kleine Strömung innerhalb des sunnitischen Islams andere Formen des Islams an den Rand und prägte das Bild, das wir vom Islam haben. So wie die Großinquisition lange die spanische Monarchie gestützt hatte, ließ sich das Haus Saud von einer extremen Auslegung des Islams legitimieren. So wie die Großinquisition dem Ansehen der katholischen Kirche geschadet hat, schadete die reaktionäre Geistlichkeit Saudi-Arabiens dem Ansehen des Islams.

Noch im Jahr 1966 konnte der damalige Obermufti Abd al-Aziz Bin Baz predigen, dass sich die Sonne bewege, die Erde aber fest stehe.[5] In der Gegenwart können die reaktionären Religionsgelehrten den Wandel der Gesellschaft aber nicht länger blockieren. Kronprinz Muhammad Bin Salman kündigte an, Saudi-Arabien werde den Export des extremistischen wahhabitischen Islams einstellen und künftig für einen »gemäßigten Islam« stehen.[6] Dazu hat er den dialogbereiten Religionsgelehrten Muhammad al-Issa an die Spitze der umstrittenen Islamischen Weltliga berufen. Al-Issa nimmt an internationalen Treffen mit Vertretern anderer großer Religionen teil, macht für die Islamfeindlichkeit im Westen die Muslime selbst verantwortlich und hat gemeinsam mit jüdischen Rabbis die Gedenkstätte Auschwitz besucht.

Um junge Muslime vor Terrorismus, Extremismus und einer engen Auslegung des Islams zu schützen, hat al-Issa ein »Anti-Virus-Programm« und eine »Firewall« angekündigt.[7] Nichtmuslime sind für ihn keine »Ungläubigen«, sondern »Andersgläubige«. Sie verdienten wie die Muslime Anerkennung. Er fordert die Muslime in der Diaspora auf, sich auch dann an die Verfassung und Gesetze des Gastlandes zu halten, sollten sie im Widerspruch zum Koran stehen. Das fordere die Scharia, alles andere wäre Anarchie. Entschieden lehnt er es ab, den Islam für politische Ziele zu nutzen. Die Religion sei kein Pferd, das man besteige, um an die Macht zu gelangen, sagt er. Wer das tue, sei ein Extremist und schade dem Islam.

Mit islamischen Gelehrten wie ihm will sich Saudi-Arabien von den Fesseln des wahhabitischen Islams lösen. Über Jahrzehnte hatte sich das Leben im Königreich um den Islam gedreht, und die Religionsgelehrten waren mit großer Macht ausgestattet. Nun fügen sie sich schnell den neuen Realitäten. Wie die Religionspolizisten sind auch sie Staatsbedienstete, die das tun, was der Staat ihnen sagt. Wer anderer Meinung ist, spricht sie nicht aus oder landet im Gefängnis. Letzteres geschieht jedoch mehr den Vertretern der Sahwa-Bewegung, eine Strömung, die der Muslimbruderschaft nahesteht, als den wahhabitischen Religionsgelehrten.

Der angekündigte »gemäßigte Islam« ist bislang weniger theologisch sichtbar, als in dem neuen Lebensstil, der die strikte Trennung der Geschlechter aufhebt, der die Beschränkungen für Frauen beseitigt sowie öffentliche Freizeitvergnügen wie Konzerte und Kino ermöglicht. Die Modernisierer um den Kronprinzen argumentieren, der Koran verbiete den Frauen nicht das Autofahren, er setze keine männliche Vormundschaft für die Frauen ein, und er schreibe nicht vor, die Geschäfte während der Gebetszeiten zu schließen. Solche Praktiken könnten daher keinen Bestand haben. Der neue Kurs kommt bei der saudischen Jugend gut an und auch im Westen.

Doch das Land des Islams hat auch Kratzer abbekommen, durch den Krieg im Jemen und das Verhalten des Kronprinzen. Viele Muslime nahmen mit großem Unbehagen auf, wie er am 12. Februar 2019 mit einem Tross die Kaaba bestieg und unbekümmert auf ihr umherging. Seit der Frühzeit des Islams hatte es das nicht mehr gegeben. Zu Lebzeiten des Propheten hatte lediglich der Muezzin Bilal die Kaaba bestiegen, seither war das nur zu Bauarbeiten und Reparaturen erlaubt. Der Kronprinz habe den heiligsten Bau des Islams lediglich inspiziert, hieß es später. Die eigentliche Botschaft aber war: Seht her, ich stehe auf der Kaaba – und über ihr. Es war eine Demonstration seiner Macht.

Einen weiteren Kratzer fügte die Covid-19-Pandemie dem Königreich zu. Wo sich früher Jahr für Jahr zur *Hajj*, einer der fünf Grundpflichten jedes Muslims, 2,5 Millionen Pilger aus aller Welt versammelt haben, ließ die saudische Regierung im Juli 2020 nur einige Tausend im Königreich lebende Muslime zu. Damit blickte die islamische Welt nicht, wie in all den Jahren zuvor, während der *Hajj* und dem auf sie folgenden Opferfest nach Mekka. Zudem verstärkte das die Stimmen, die der saudischen Regierung die Verantwortung für die Pilgerfahrt entziehen und sie als Symbol der Einheit aller Muslime panislamisch regeln wollen. Jeder Muslim habe ein Recht auf die Pilgerfahrt, sagen sie. Saudi-Arabien aber habe unilateral ein Quotensystem eingeführt, wodurch die *Hajj* ein Instrument saudischer Außenpolitik geworden sei.[8]

Erdöl: macht reich und korrupt

Alle drei Konstanten, die Saudi-Arabien ausmachen und seine Stabilität garantiert haben, befinden sich im Wandel. Erstens: Das Haus Saud reduziert sich auf eine Linie, was den Wildwuchs von Machtblöcken um einzelne Prinzen beschneidet. Das wiederum hat erstmals zu offen ausgetragenen Konflikten im Haus Saud und zur Festnahme von Prinzen geführt. Zweitens: Saudi-Arabien löst sich vom wahhabitischen Islam, der zur Fessel geworden war. Das Königreich will fortan einen »gemäßigten Islam« praktizieren, womit es jedoch wesentliche Mittel zur Gestaltung der islamischen Welt aus der Hand gibt.

Drittens: Die Bedeutung des Erdöls, dem Saudi-Arabien seinen Wohlstand verdankt, ändert sich. Der Ölexport trägt ein Drittel zum Bruttoinlandsprodukt bei. Diese Einnahmen reichen aber schon heute nicht mehr, um der schnell wachsenden Bevölkerung Arbeit und einen funktionierenden Staat zu bieten. Das wird sich in Zukunft noch massiv verschärfen, denn das fossile Zeitalter hat seinen Zenit überschritten. Auch ist Saudi-Arabien nicht mehr der wichtigste Akteur auf dem Weltölmarkt. Russland und die amerikanischen Fracker machen den Saudis die führende Rolle streitig.

Die Ölvorkommen waren 1938 von amerikanischen Ingenieuren im Osten des Königreichs entdeckt worden. Knapp ein Fünftel der weltweiten konventionellen Ölreserven befindet sich unter dem Boden des Königreichs. Im Zuge ihrer Ausbeutung wurden die allermeisten Saudis zu Angestellten des Staats: als Ölingenieure bei Aramco, als staatliche Religionsgelehrte, als Mitarbeiter in der Verwaltung. Der Staat verteilte die Petrodollars und band so alle an sich. Ein üppig dotierter Wohlfahrtsstaat entstand, der jeden von der Wiege bis zur Bahre begleitete.

Mit der Entdeckung des Erdöls kamen Amerikaner ins Land, und die USA stellten das Königreich unter ihren militärischen Schutzschirm. Bald gab es mehr Arbeit als qualifizierte Saudis, und so wurden Millionen Fremdarbeiter ins Land geholt. In der Ölindustrie entstanden die ersten modernen Institutionen des Königreichs. Saudi Aramco wurde ein High-Tech-Konzern, der die besten Talente des Landes anzieht. Politisch veränderte sich der saudische Rentierstaat jedoch kaum.

Nun aber wird sich vieles ändern (müssen). Das Erdöl ist mit einem Anteil von 34 Prozent an der globalen Energienachfrage zwar weiterhin die wichtigste Energiequelle, sein Anteil wird aber schrumpfen. Die Internationale Energieagentur (IEA) gab 2019 die weltweite Nachfrage mit einem Rekordwert von 101 Millionen Barrel am Tag an. Um die Zunahme der Erderwärmung auf zwei Grad zu begrenzen, müsste die Nachfrage nach Erdöl bis zum Jahr 2040 aber auf 67 Millionen Barrel sinken.[9]

Einen Vorgeschmack auf diese Zeit bot die Covid-19-Pandemie. Im April 2020 ging die tägliche Nachfrage nach Angaben der IEA um fast ein Drittel zurück, für das Gesamtjahr berechnete sie eine durchschnittliche Abnahme um 9,3 Millionen Barrel am Tag. Der Energiemarkt war mit Erdöl überschwemmt, er nahm aber nur wenig auf. Am 20. April 2020 haben Ölproduzenten sogar erstmals dafür gezahlt, dass ihnen jemand Öl abnahm. An jenem Tag traf es die amerikanische Ölindustrie, die lediglich für den Inlandsmarkt produziert. Sie fand keine Käufer, die Lager waren voll, doch aus technischen Gründen kann die Förderung von Erdöl nicht gestoppt werden. Unmissverständlich klang darin die Botschaft an, dass der Tag nicht fern ist, an dem Erdöl nicht länger ein lukratives Geschäft sein wird.

Für Saudi-Arabien war der Nachfrageeinbruch gravierend.

Denn der Staatshaushalt benötigt einen Ölpreis von 83 Dollar pro Barrel, um ohne Kreditaufnahme ausgeglichen zu sein. Dieser Preis wurde zuletzt im Oktober 2018 erreicht. Vom 5. bis 18. März 2020 fiel jedoch der Ölpreis Brent Crude von 50 auf 25 Dollar. Die Finanzpolster der Zentralbank, mit denen dieses Defizit ausgeglichen wird, schmelzen aber. Seit 2015 sind ihre Reserven von 750 Milliarden auf 500 Milliarden Dollar zurückgegangen. Der größte Teil dieser Ausgaben finanzierte den Krieg im Jemen. Saudi-Arabien kam die Covid-19-Pandemie doppelt teuer zu stehen: Weil die Welt weniger Öl verbrauchte, fiel der Ölpreis, und weil der saudische Staat die wirtschaftlichen Folgen für die Bürger und Unternehmen auffangen wollte, musste er mehr ausgeben. Schließlich hatte bei vielen Kleinanlegern Unmut ausgelöst, dass die Aktie von Saudi Aramco, in die viele Saudis beim Börsengang im Dezember 2019 investiert hatten, unter den Ausgabepreis fiel.

Saudi-Arabien musste und konnte handeln. Denn noch immer ist das Königreich auf dem Ölmarkt der einzige Swingproduzent. Es kann also mit geringen Kosten freie Kapazitäten aktivieren, rasch mehr Erdöl fördern und damit den Preis senken – oder aber durch die Stilllegung von Kapazitäten eine Preissteigerung einleiten. Am 8. März 2020 öffnete Saudi-Arabien die Schleusen und fuhr die Produktion von 9,7 Millionen auf 12,3 Millionen Barrel am Tag hoch. Der Kronprinz inszenierte sich als durchsetzungsstarker Machtpolitiker und forderte Russland heraus. Ein dramatischer Preiskrieg mit dem schärfsten Ölpreisverfall seit 1991 begann.[10]

Dem war das Scheitern der Verhandlungen zwischen Saudi-Arabien und Russland über eine Kürzung der Ölförderung vorausgegangen. Der Kreml war nicht bereit, seine Produktion um 1,5 Millionen Barrel am Tag zu drosseln. Zudem hatte Muhammad Bin Salman noch eine Rechnung mit dem russischen Präsidenten Wladimir Putin offen. Denn im

Dezember 2016 hatten die Opec-Staaten, auf die 40 Prozent der globalen Ölförderung entfallen, mit Russland, das nicht der Opec angehört, vereinbart, die Ölproduktion zurückzufahren, um den Preisverfall zu stoppen, der wegen des Anstiegs der amerikanischen Schieferölproduktion eingetreten war. Nach der Förderkürzung stabilisierte sich der Ölpreis zwischen 50 und 70 Dollar pro Barrel. Russland hatte sich aber nicht an die Abmachung gehalten, was Saudi-Arabiens Marktanteil, der ohnehin über die Jahre geschrumpft war, weiter nach unten drückte.[11]

Nun war das Königreich entschlossen, an Russland verlorene Marktanteile zurückzugewinnen. Die Idee war, trotz des niedrigen Preises durch die Ausweitung der Fördermenge mehr einzunehmen und sich so neuen fiskalischen Handlungsspielraum zu verschaffen. Zusätzlich wurde dadurch russisches Erdöl vom Markt gedrängt. Letztlich beugte sich Russland, das einen Ölpreis von 49 Dollar braucht, um seinen Staatshaushalt zu finanzieren, dem Druck und stimmte am 10. April der Förderkürzung zu, die Saudi-Arabien vorgeschlagen hatte. Am 1. Mai 2020 trat eine Förderkürzung des Opec+ genannten taktischen Interessenbündnisses um 9,7 Millionen Barrel am Tag in Kraft. Das war aber zu wenig, um bei vollen Öllagern den Markt zu entlasten.

Gegenüber Russland hat Muhammad Bin Salman die Reißleine auch deswegen gezogen, weil er sein großes Modernisierungs- und Zukunftsprojekt für Saudi-Arabien, die »Vision 2030«, in Gefahr sieht. Er weiß, dass Saudi-Arabien wenig Zeit bleibt, um seine Abhängigkeit vom Erdöl zu reduzieren. Der Druck kommt von zwei Seiten. Zum einen setzt ein Erfolg im Kampf gegen den Klimawandel einen Verzicht auf fossile Energieträger voraus, zum anderen wächst die saudische Bevölkerung rapide: von 21 Millionen im Jahr 2000 auf 34 Millionen im Jahr 2020. Im Jahr 2050 sollen es nach einer

Projektion der Vereinten Nationen 44 Millionen sein. Bereits heute sind 70 Prozent der Saudis jünger als 30 Jahre, jedes Jahr kommen 400 000 Menschen neu auf den Arbeitsmarkt. Es müssen also dringend Arbeitsplätze geschaffen werden.

Als Muhammad Bin Salman 2015 die politische Bühne betrat, schloss der Staatshaushalt infolge eines niedrigen Ölpreises mit dem Rekorddefizit von 98 Milliarden Dollar ab. Das waren 15 Prozent des Bruttoinlandsprodukts. Im Frühjahr 2018 sagte er bei einem Treffen mit amerikanischen Unternehmern: »In zwanzig Jahren wird das Öl auf null gehen, und die erneuerbaren Energien werden das Öl ersetzen. Ich habe also zwanzig Jahre, um mein Land neu auszurichten und zukunftsfähig zu machen.«[12] Das deckt sich mit den Prognosen großer Ölkonzerne. So könnte sich die Nachfrage nach Erdöl bis zum Jahr 2050 halbieren.[13]

Der Ölpreis wird niedrig bleiben, sodass der Staat über keinen Spielraum verfügt, neue Arbeitsplätze zu schaffen. Hunderttausende neue Arbeitsplätze im Jahr können daher nur über eine Verbreiterung der wirtschaftlichen Basis entstehen. Bleibt das aus, sind die Herrschaft des Hauses Saud und die Stabilität Saudi-Arabiens gefährdet. Daher soll nun der Staatsfonds PIF die wirtschaftliche Entwicklung vorantreiben und mit seinen Mitteln neue Industrien aufbauen. Das Ziel ist eine dynamische Wirtschaft mit einem schlanken und effizienten Staat.

Im Krisenjahr 2020 erwies sich aber, »dass die Reformen des Kronprinzen zu spät kommen und zu einseitig auf staatlicher Intervention beruhen«, schreibt der Saudi-Arabien-Experte Guido Steinberg.[14] Es räche sich, dass die Hochpreisphase von 2005 bis 2014 nicht für Reformen genutzt worden sei. Es sei daher damit zu rechnen, dass viele Saudis »mit Unmut auf die hohe Arbeitslosigkeit und die Kürzung von Subventionen reagieren« werden.

Infolge von Covid-19 war Saudi-Arabien gezwungen, den Abbau des Wohlfahrtsstaats zu beschleunigen. Zwar zahlt der Staat während der Pandemie den Saudis, die ihre Arbeit in der Privatwirtschaft verlieren, 60 Prozent des letzten Lohns. Finanzminister Muhammad Dschadaan erhöhte im Rahmen eines Austeritätsprogramms aber auch drastisch die Steuern. Die Mehrwertsteuer wurde auf 15 Prozent verdreifacht, gestrichen wurden die Sonderzahlungen von monatlich 260 Dollar für die Beschäftigten im öffentlichen Dienst. Dschadaan forderte alle Ministerien auf, 30 Prozent einzusparen.[15] Vorbei sind die Zeiten, in denen die Saudis keine Steuern zahlten. Saudi-Arabien ist nicht mehr das Land, in dem Milch und Honig fließen.

Das bekommen auch die vielen Tausend Prinzen zu spüren. Seit dem Ölembargo von 1973, mit dem der Ölpreisanstieg einsetzte, gab es in Saudi-Arabien viel Geld zu verteilen. Die Prinzen spielten dabei eine wichtige Rolle. So entstanden um sie herum nahezu autonome Inseln. Zusammen bildeten sie ein Archipel, das vom Staat und dessen Petrodollars profitierte, von diesem aber unabhängig blieb. Solche informellen Strukturen wurden wichtiger als staatliche Institutionen, wodurch das Haus Saud zunehmend die Kontrolle über die Prinzen verlor. Um das zu korrigieren, führte König Abdallah erstmals eine Institution im Herrscherhaus ein und gründete 2007 den Familienrat (hai'at al-bai'a).

Er war auch der erste König, der gegen Korruption vorging und die vergebenen Aufträge kontrollierte. Denn Auftragssummen wurden aufgebläht, Staatsgelder wurden verschwendet, und die Korruption drang in alle Bereiche vor. Prinzen bereicherten sich maßlos, während viele Saudis keine Arbeit hatten und junge Talente nach ihrer Rückkehr aus dem Ausland keine passende Stelle fanden. Die Prinzen sicherten mit ihren Netzwerken nicht mehr so sehr die Herrschaft des

Hauses Saud, sondern wurden vielmehr zu einer Last. Nicht nur ewiggestrige Saudis beklagten einen Werteverfall.

Bereichern konnten sich vor allem jene Linien, die nahe am König waren oder die Aussicht hatten, einen König zu stellen. Die Söhne von Salman Bin Abd al-Aziz gehörten lange nicht zu ihnen. Nie hatte Muhammad Bin Salman, der sechste Sohn des fünfundzwanzigsten der vierundvierzig Söhne des Staatsgründers, die Möglichkeiten anderer Prinzen. Als er dann doch Kronprinz wurde, griff er mit harter Hand gegen Prinzen und führende Vertreter der Wirtschaftselite durch, wohl auch ausgestattet mit dem Wissen, das sein Vater in den fünf Jahrzehnten als Gouverneur von Riad über alle wichtigen Mitglieder des Hauses Saud gesammelt hatte.

Am 4. November 2017 ließ er mehr als zweihundert Prinzen und Unternehmer wegen Korruptionsverdacht in Untersuchungshaft nehmen und im Luxushotel Ritz Carlton festsetzen.[16] Generalstaatsanwalt Saud al-Modscheb sagte, die neue Anti-Korruptionsbehörde, der auch er selbst angehört, habe einen Schaden von mehr als 100 Milliarden Dollar ermittelt, der durch Veruntreuung und Korruption entstanden sei. Die in drei Jahren zusammengetragenen Beweise bezeichnete er als »sehr stark«. Bankkonten wurden eingefroren, und die Beschuldigten wurden aufgefordert, Vermögen an den Staat abzutreten.[17] Weitere Verhaftungswellen folgten, etwa am 15. März 2020, als im Namen der Korruptionsbekämpfung 298 Personen festgenommen und gegen 674 Beamte Ermittlungen eingeleitet wurden. Unter den Betroffenen befanden sich ranghohe Offiziere, Richter und Mitglieder des Sicherheitsapparats.[18]

Mit diesem für Saudi-Arabien ungewöhnlichen Vorgehen schlägt Muhammad Bin Salman zwei Fliegen mit einer Klappe: Er präsentiert sich als entschlossener Kämpfer gegen Korruption und Veruntreuung und nutzt diesen Deckman-

tel, um im Königshaus potenzielle Rivalen und Kritiker aus-
zuschalten. Auch Kritiker außerhalb der Familie wie Jamal
Khashoggi mussten beseitigt werden. Darf jemand König
werden, der so sprunghaft und skrupellos ist? Ist die Thronfolge unter diesen Umständen gesichert? Und wie ist es um
die Stabilität Saudi-Arabiens bestellt?

Warum musste Jamal Khashoggi sterben?

Ein Überwachungsvideo zeigt, wie Jamal Khashoggi am
2. Oktober 2018 um 13:13 Uhr das saudische Generalkonsulat
in Istanbul betritt. Zuvor hatte er seiner türkischen Verlobten
Hatice Cengiz sein Mobilfunkgerät gegeben. Würde er nicht
bald zurückkehren, solle sie die Polizei alarmieren, hatte er ihr
geraten. Es war ihm unwohl. In der Woche davor hatte ihm die
Konsularabteilung der saudischen Botschaft in Washington,
wo er seit mehr als einem Jahr lebte, mitgeteilt, er solle sich am
2. Oktober im Generalkonsulat in Istanbul einfinden, um dort
die Dokumente für seine Hochzeit bestätigen zu lassen.
Khashoggi konnte nicht wissen, dass am frühen Morgen
jenes Tages ein saudisches Sonderkommando in Istanbul ein-
getroffen war. Bei der Röntgenkontrolle des Gepäcks des Me-
diziners Salah Tugaiby, eines Fachmanns für Autopsie, fiel ein
Gerät auf, das erst später als Knochensäge identifiziert wurde.
Außerdem gehörten dem Kommando Vertraute des Kronprinzen und Angehörige des Sicherheitsdienstes wie Abd al-
Aziz Mutrib an, der gewöhnlich auf den Auslandsreisen des
Kronprinzen für dessen Sicherheit verantwortlich ist.[19] Die
15 saudischen Mitglieder des Sonderkommandos ruhten sich
ein paar Stunden aus und begaben sich dann zum Generalkonsulat, wo sie auf Khashoggi warteten.
Über das, was sich anschließend ereignete, wollen die tür-

kischen Behörden genaue Kenntnis haben. Der Öffentlichkeit machten sie die Aufnahmen jedoch nicht zugänglich. Wohl aus Riad leiteten zwei Vertraute des Kronprinzen die Mission: Saud al-Qahtani, damals die rechte Hand des Kronprinzen, und Abdullah al-Assiri, damals der zweite Mann des saudischen Geheimdienstes. Vieles spricht dafür, dass Qahtani das entscheidende Gespräch geleitet hat. Die *New York Times* berichtete, Khashoggi sollte aufgefordert werden, nach Saudi-Arabien zurückzukehren. Als er das Sonderkommando gesehen habe und fliehen wollte, sei er daran gehindert und geschlagen worden. Er sei erstickt, als ihn einer der 15 in den Würgegriff genommen habe.

Die *Washington Post*, für die Khashoggi geschrieben hatte, berichtete unter Berufung auf amerikanische und türkische Beamte, auf Tonaufzeichnungen höre man die Stimme Khashoggis und anderer arabisch sprechender Männer. Man höre, wie er befragt, gefoltert und ermordet worden sei. Zudem lägen den amerikanischen Sicherheitsdiensten Beweise vor, dass der saudische Kronprinz angeordnet habe, Khashoggi nach Saudi-Arabien zu locken, um ihn dort festzusetzen.[20] Der Kongressabgeordnete Adam Schiff sagte später nach einem Briefing durch die CIA, Khashoggi habe mit Leuten um sein Leben gekämpft, die gekommen waren, ihn zu töten.[21]

Die türkische Regierung erklärte, sie könne beweisen, dass Khashoggis Leiche zerstückelt worden sei. Ein zwei Minuten langes Video, das eine Sicherheitskamera vor der an das Konsulatsgebäude angrenzenden Residenz des saudischen Generalkonsuls aufgenommen hat und das am 2. Januar 2019 in der Türkei ausgestrahlt wurde, zeigt, wie gegen 15:19 Uhr ein dunkler Van vorfährt und ein Bediensteter fünf Koffer aus dem Auto in das Haus trägt. Später soll der Van in ein Waldgebiet im Norden Istanbuls gefahren sein, Khashoggis Leiche aber wurde nie gefunden. Am Abend flog das Sonderkommando nach Riad zurück. Saudi-Arabien wies zunächst Aussagen, Khashoggi sei im Generalkonsulat getötet worden, als »falsch« zurück und behauptete, er habe das Gebäude lebend wieder verlassen. Erst am 19. Oktober 2019 räumte Saudi-Arabien ein, Khashoggi sei infolge eines »Faustkampfes« im Generalkonsulat gestorben.[22]

Eine Untersuchung unter der Leitung von Agnès Callamard, der Berichterstatterin der Vereinten Nationen für außergerichtliche und willkürliche Tötungen, belastete den Kronprinzen in ihrem Abschlussbericht vom Juni 2019 schwer. Khashoggi sei Opfer einer »geplanten Hinrichtung, einer außergerichtlichen Tötung, für die der Staat Saudi-Arabien Verantwortung« trage.[23] Am 26. Februar 2021 veröffentlichte der amerikanische Geheimdienst CIA einen zuvor unter Verschluss gehaltenen Bericht, in dem die Autoren zu dem Ergebnis kommen, dass der Kronprinz die Ermordung Khashoggis genehmigt habe.

Ein Gericht in Saudi-Arabien verurteilte fünf der Beteiligten zum Tode und drei weitere wegen »Verschleierung des Verbrechens« zu Haftstrafen. Nachdem der saudische Staat Khashoggis Söhnen ein »Blutgeld« bezahlt hatte, vergaben sie den Tätern, und die Justiz wandelte die Todesstrafen in Haft von jeweils 20 Jahren um. Noch immer verhindert in Saudi-Arabien die Zahlung von »Blutgeld« das Ahnden von Schwerstverbrechen. Wenn die Mächtigen zahlen, können sie Schwache töten.[24]

Die *New York Times* berichtete im März 2019 unter Berufung auf US-Regierungsmitarbeiter und saudische Quellen, der Kronprinz habe bereits vor der Ermordung Khashoggis eine Sondereinheit unter der Leitung von Saud al-Qahtani genehmigt, die Dissidenten festnehmen, entführen und foltern sollte.[25] Die »Tigertruppe« genannte Einheit wird auch mit der Folter von Frauenrechtlerinnen in Verbindung gebracht sowie mit der versuchten Rückholaktion des im kanadischen Exil lebenden Saad al-Dschabri. Dschabri, einst einer der führenden saudischen Geheimdienstoffiziere, war eine Schlüsselfigur im Kampf gegen al-Qaida. Allerdings steht er Muhammad Bin Nayef nahe, einem der wichtigsten Gegenspieler des Kronprinzen.[26]

Khashoggi hatte sich nie als Dissident verstanden.[27] Der 1958 geborene Journalist unterstützte zwar die gesellschaftlichen Reformen des Kronprinzen, lehnte aber dessen autoritäre Herrschaft, die andere Meinungen nicht zulässt, ebenso ab wie den Krieg im Jemen, das Embargo gegen Qatar und die Annäherung an Israel auf Kosten der Palästinenser.

In Khashoggis Werdegang bahnte sich ein neuer Abschnitt an: Er wuchs in die Rolle eines Oppositionsführers im Exil hinein. In der Vergangenheit hat es immer wieder saudische Dissidenten und Oppositionelle gegeben, Prinzen, Geschäftsleute oder einen Arzt wie Saad al-Faqieh. Sie ließen sich meist in London oder Kairo nieder, und die Welt nahm von ihnen kaum Notiz. Für das Haus Saud waren sie nie eine ernsthafte Gefahr.

Die drohte aber bei Khashoggi. Denn er stand einflussreichen Prinzen im Haus Saud nahe, pflegte Kontakte zum saudischen Geheimdienst und wusste so viel über die inneren Vorgänge im Königreich wie wenige andere außerhalb der königlichen Familie. Er hätte sich im Ausland an die Spitze einer Bewegung stellen können, die in Saudi-Arabien auf Resonanz gestoßen und deren Stimme in der Welt wahrgenommen worden wäre.

Seine Förderer waren die Söhne des 1975 ermordeten Königs Faisal. Turki al-Faisal Al Saud, der von 1977 bis 2001 den saudischen Geheimdienst leitete, wurde 2005 Botschafter in Washington, wohin er Khashoggi als Berater mitnahm. Khashoggi war da gerade als Chefredakteur der Zeitung *al-Watan* entlassen worden. Ein anderer Sohn von König Faisal, Khalid al-Faisal Al Saud, hatte die Zeitung 2003 als Stimme der Reformer gegründet.

Khashoggi hatte sich nur 53 Tage als Chefredakteur gehalten. Dann musste ihn König Abdallah auf Druck der Religionsgelehrten entlassen. Denn Khashoggi hatte in einem Kommentar die reaktionäre Geistlichkeit für die Terroranschläge vom Mai 2003 in Riad verantwortlich gemacht. Von 2007 bis 2010 leitete er die Zeitung ein zweites Mal, wurde dann aber erneut wegen eines Artikels entlassen, in dem er die Kleriker geißelte. Er schrieb, die Lehren des mittelalterlichen Theologen Ibn Taimiya, aus denen der wahhabitische Islam Saudi-Arabiens schöpft, stünden im Gegensatz zum Leben des Propheten Mohammed.

Da bot ihm der Großinvestor Waleed Bin Talal, dessen Vater der erste Dissident im Haus Saud war, an, im Nachbarland Bahrain einen Nachrichtensender aufzubauen und zu leiten. 2015 stellten die bahrainischen Behörden den Sender al-Arab allerdings bereits nach 24 Stunden ein, weil Khashoggi eine rote Linie überschritten hatte, als er einen schiitischen Geistlichen interviewte. Zwei Jahre später war sein Mentor Waleed Bin Talal der bekannteste Häftling des Kronprinzen im Luxushotel Ritz Carlton in Riad.

Seit September 2017 lebte Khashoggi im selbstgewählten Washingtoner Exil, zudem hielt er sich seit Anfang 2018 häufig in Istanbul auf und dort im Umfeld der AKP Erdoğans, den Khashoggi wiederholt traf. In Istanbul lernte er die Doktorandin Hatice Cengiz kennen. Er wollte sie heiraten und sich am Bosporus niederlassen. Dass Khashoggi für den türkischen Präsidenten Sympathien entwickelte, muss die saudische Führung, die Erdoğan als Gegner sieht, als Ohrfeige empfunden haben. Nicht gefallen hat ihr auch, dass Khashoggi immer offener für die Muslimbruderschaft Partei ergriff, die Saudi-

Arabien 2015 zur Terrororganisation erklärt hatte. Khashoggi kehrte zu einem politischen Islam zurück, zu dem er sich bereits während seiner Studienzeit in den Vereinigten Staaten bekannt hatte. Angestoßen hatte diesen Wandel der Putsch in Ägypten von 2013, bei dem der Muslimbruder Mursi gestürzt wurde. Seither kritisierte Khashoggi die Verfolgung von Muslimbrüdern scharf.

Khashoggi war in die saudische Elite hineingeboren worden. In der Wirtschaftsmetropole Dschidda gehörten die Khashoggis zu den prominentesten Geschäftsleuten. Sein Onkel Adnan Khashoggi hatte die großen Waffendeals zwischen den Vereinigten Staaten und dem Königreich Saudi-Arabien vermittelt; sein Großvater, der aus der Türkei stammte, war der Leibarzt des Staatsgründers Abd al-Aziz Al Saud. Einer von Khashoggis besten Freunden in seiner Jugend war Usama Bin Ladin. Sie waren Nachbarn, Bin Ladin war ein Jahr älter als Khashoggi. In vielen Einzelheiten erzählte Khashoggi später, wie sich sein früherer Freund in den 1980er und 1990er Jahren verändert hat und »Gründer einer Sekte« geworden ist. Zuletzt sei er vom Hass zerfressen gewesen.

Als Reporter der Zeitungen *Arab News* und *Al-Hayat* besuchte Khashoggi Usama Bin Ladin im Hindukusch und im Sudan, auch mithilfe von Prinz Turki al-Faisal. Khashoggi berichtete darüber; er wollte seinen Jugendfreund aber auch umstimmen. In einem Telefonat mit dem Autor kurz nach den Terroranschlägen des 11. September 2001, als die meisten Araber noch behaupteten, die Anschläge seien das Werk der Geheimdienste Amerikas und Israels, sagte er auf die Frage, wer dahinterstecke: »Natürlich war es Usama.« Der eine wurde der Prediger des globalen Dschihads, der andere der einflussreichste Reformer Saudi-Arabiens. Seine Ermordung beschädigt die moralische Glaubwürdigkeit Saudi-Arabiens als Führungsmacht der islamischen Welt.

Gefährliche Nachbarschaft

Vereinigte Arabische Emirate und Qatar: feindliche Brüder

Der Gründer des Königreichs Saudi-Arabien, Abd al-Aziz Al Saud, hatte zu Beginn des 20. Jahrhunderts mit seinen Eroberungszügen den größten Teil der Arabischen Halbinsel zu einem neuen Staat vereinigt. An den östlichen Rändern blieben an der Küste des Persischen Golfs jedoch einige Landstriche, die als britische Protektorate geschützt waren, unabhängig. Als sich Großbritannien zurückzog, schlossen sich Ende 1971 sieben Emirate zu den Vereinigten Arabischen Emiraten zusammen. Qatar und Bahrain traten der Föderation nicht bei und wurden eigene Staaten, Kuwait war bereits seit 1961 unabhängig.

In dem Jahrhundert seit den Eroberungen von Abd al-Aziz Al Saud hat sich das Kräftegleichgewicht in der arabischen Welt gedreht. Die traditionellen urbanen Zentren Kairo, Damaskus und Bagdad büßten ihre Bedeutung ein, das neue Arabien entstand auf der Arabischen Halbinsel.[28] Heute sind die jungen Golfmonarchien stabil, wohlhabend und wissensorientiert, werden aber autoritär geführt. Die »kleinen« Staaten am Golf haben mehr Einfluss als die großen Staaten der Vergangenheit. Die zwei mächtigsten sind Saudi-Arabien und die Vereinigten Arabischen Emirate, sie haben die größten Volkswirtschaften und die schlagkräftigsten Armeen der arabischen Welt.

Die Vereinigten Arabischen Emirate sind längst kein »kleiner« Staat mehr, sondern eine aufstrebende Mittelmacht mit einer modernen, entwickelten Gesellschaft. Frauen sind Ministerinnen, Botschafterinnen und F16-Pilotinnen. Im Weltraumprogramm der Emirate, das im Juli 2020 eine Raumsonde zum Mars schickte, die im Februar 2021 in die

Umlaufbahn des Roten Planeten eingeschwenkt ist, arbeiten überwiegend Frauen. Bei ihrer Gründung waren die Emirate noch eines der ärmsten Länder der Welt, heute sind sie nach dem Einkommen pro Kopf eines der reichsten. Und das alles in einer extrem unsicheren Nachbarschaft. Ihr Wirtschaftszentrum Dubai liegt weniger als 150 Kilometer von Iran entfernt, ganz in der Nähe fand von 1980 bis 1988 der Krieg zwischen dem Irak und Iran statt sowie 1990 und 1991 der Konflikt zwischen dem Irak und Kuwait.

Ein Weckruf waren die Anschläge vom 11. September 2001. In zwei Punkten schaltete die Führung rasch um: Religion sollte noch mehr als bisher bloße Privatsache sein, und forciert wurde die Schaffung eines attraktiven modernen Staates. Ein anderes Datum war das Jahr 2012. In Ägypten wurde nach dem Sturz von Präsident Mubarak, einem Freund der Emirate, der Muslimbruder Mursi zum neuen Präsidenten gewählt. Bei allen Wahlen in der arabischen Welt schnitten die Muslimbrüder 2012 gut ab. Die Emirate sehen sie aber als existenzielle Gefahr – und so nahmen sie die Neuordnung des Nahen und Mittleren Ostens selbst in die Hand.

Damit war die Stunde von Muhammad Bin Zayed Al Nahyan gekommen, des Kronprinzen des Emirats Abu Dhabi. Seit dem Tod seines Vaters Zayed Bin Sultan Al Nahyan im Jahr 2004 war er der starke Mann der Föderation, auch wenn sein älterer, aber kranker Halbbruder Khalifa der neue Emir und damit Staatsoberhaupt wurde. Der ausgebildete Kampfpilot hat eine Passion für das Militär; er verabscheut die aggressive Regionalmacht Iran, die drei Inseln der Emirate besetzt hält; und er verachtet die Muslimbruderschaft, die eine alternative Legitimation der Herrschaft bietet. Er sah aber auch, dass die arabische Welt geschwächt war und der Westen einen neuen Ansprechpartner suchte. Diese Chance ließ er sich nicht entgehen.

Seinen ersten Erfolg landete er in Ägypten, wo er entscheidend am Putsch und bei der Machtübernahme von Sisi mitwirkte. Und auch in Libyen, Somalia und dem Jemen mischten die Emirate mit. Die Voraussetzung dafür schuf Muhammad Bin Zayed, indem er den australischen Elitesoldaten Michael Hindmarsh 2009 mit dem Umbau der emiratischen Armee beauftragte. Sie wurde mit modernen amerikanischen Waffen ausgestattet und so in kurzer Zeit zur schlagkräftigsten Armee der arabischen Welt.[29] Der amerikanische General Jim Mattis, der Donald Trump vorübergehend als Verteidigungsminister diente, nannte die Emirate im Jahr 2014 anerkennend »Little Sparta«.

Doch nachdem US-Präsident Obama 2015 das Atomabkommen mit Iran hatte aushandeln lassen, schmolz das Vertrauen des Kronprinzen in die Vereinigten Staaten. Fortan betrieb Muhammad Bin Zayed eine zunehmend unabhängige Außen- und Sicherheitspolitik, die er immer weniger mit Washington abstimmte, wohl aber mit dem saudischen Kronprinzen. So wurden die beiden Kronprinzen zur wichtigsten Machtachse in der arabischen Welt.

Zum Aufbau einer eigenen Rüstungsindustrie wurde in Abu Dhabi der Staatsfonds Tawazun gegründet. Ein Unternehmen des Fonds, die International Golden Group (IGG), versorgte ab 2011 die libyschen Rebellen mit Waffen aus serbischen Depots. Verbindungsmann war der ehemalige palästinensische Sicherheitschef Muhammad Dahlan, der in Abu Dhabi im Exil lebt. Außerdem belieferte die IGG sie mit russischen Panzern und Luftabwehrsystemen, und sie finanzierte auch die Waffen der russischen Söldner in Libyen. Diese Lieferungen waren die Machtgrundlage der »Libyschen Nationalarmee« des Rebellengenerals Haftar.[30]

Parallel zur Militarisierung ihrer Außenpolitik wandten sich die Emirate im Inneren von einer liberalen Politik ab. Andersdenkende wurden eingesperrt, vor allem Sympathisanten der Muslimbruderschaft, Oppositionellen wurde die Staatsbürgerschaft entzogen. Doch nicht alles, was Muhammad Bin Zayed angestoßen hat, war von Erfolg gekrönt: In Libyen hat der Rebellengeneral Haftar die in ihn gesetzten Hoffnungen nicht erfüllt; überhastet zogen sich die Emirate aus dem Krieg im Jemen zurück; und der 2017 gegen den ungeliebten Nachbarn Qatar verhängte Boykott führte nicht zu dessen Kniefall, Anfang 2021 erklärte ihn Saudi-Arabien für beendet.

Qatar hätte Teil der Vereinigten Arabischen Emirate werden können, erklärte aber bereits am 1. September 1971 seine Unabhängigkeit. In den Emiraten trauerte dem Ausscheren von Qatar niemand nach, denn von allen Regionen an der arabischen Golfküste war es die rückständigste. Zudem war Qatar notorisch instabil. Palastputsche ersetzten 1972 und 1985 einen Emir aus der Dynastie Al Thani durch einen anderen. Ein dritter Putsch brachte 1995 Hamad Bin Khalifa Al Thani auf den Thron. Der neue Emir forcierte die Erschließung der weltweit drittgrößten Gasvorkommen, und Qatar holte rasch auf.

Die Einnahmen sprudelten, und Qatar emanzipierte sich von den reicheren Nachbarn. Hamad Bin Khalifa holte große Sportveranstaltungen wie das ATP-Tennisturnier nach Qatar, gründete 1996 den Nachrichtensender al-Jazeera, und auf einem Campus nahe der Hauptstadt ließen sich Filialen großer amerikanischer Universitäten nieder. Er grenzte sich von Saudi-Arabien und den Vereinigten Arabischen Emiraten auch dadurch ab, indem er gute Beziehungen mit Iran unterhielt und führenden Vertretern und Theologen der Muslimbruderschaft, die in anderen Ländern verfolgt wurden, Asyl bot.

Gemeinsam mit der Türkei bildet Qatar eine Achse. Beide unterstützen die palästinensische Hamas, und Qatar fühlt sich der Türkei ideologisch und auch historisch nahe. Noch lange über das Ende des Osmanischen Reiches hinaus hatten die Imame in den Freitagspredigten für den osmanischen Kalifen gebetet, woran sich die älteren Qataris noch gut erinnern.

In der sunnitischen Welt existieren somit zwei Lager: auf der einen Seite Qatar und die Türkei, auf der anderen Saudi-Arabien, die Emirate und das von ihnen abhängige kleine Königreich Bahrain. Mit Interventionen in bewaffneten Konflikten bauen Qatar und die Emirate ihren Einfluss aus. Während die Emirate Waffen, Söldner und teilweise auch eigene Soldaten schicken, hat Qatar keine eigene Armee, die dazu in der Lage wäre. Qatar finanziert jedoch Kriegsparteien in Libyen und Syrien. Am Jemen hingegen hat es, anders als die Emirate, kein Interesse.

Der Jemen: Staatszerfall am weichen Unterleib

Der Jemen ist ein Lehrstück dafür, wie ein interner Konflikt außer Kontrolle gerät, wenn sich externe Mächte einschalten und ein Land zum Schlachtfeld für ihre Interessen machen. Den Preis dafür zahlt die Zivilbevölkerung. Bereits vor dem Krieg, der 2015 begann, war der Jemen das ärmste Land der arabischen Welt. Seither hat sich das menschliche Leid dramatisch zugespitzt. Mehr als 100 000 Tote sind zu beklagen, Lebensmittel sind für immer mehr Menschen unbezahlbar, jeder zweite hungert. Die Cholera, das Dengue-Fieber und andere Krankheiten breiten sich aus. Nur jeder fünfte der 24 Millionen Jemeniten ist nicht auf humanitäre Hilfe angewiesen. Die Not nimmt schneller zu als die Budgets der internationalen Hilfsorganisationen wachsen. Die Wirtschaft kollabiert, und die Überweisungen der Jemeniten aus dem Ausland, die 15 Prozent zum Bruttoinlandsprodukt beigetragen haben, versiegen. Im Jahr 2020 sind sie um drei Viertel zurückgegangen.[31]

Zünder für den Konflikt waren ein gescheiterter Machtübergang und die Machtergreifung der als konfessionelle Minderheit lange vernachlässigten und diskriminierten Houthis. Die Massenproteste des Jahres 2011 hatten auch den Jemen erschüttert. Um das Land zu stabilisieren, zwangen die Golfmonarchien den seit 1978 herrschenden Präsidenten Ali Abdullah Saleh zum Rücktritt. Der Nationale Dialog, an dem alle politischen und gesellschaftlichen Gruppen beteiligt waren, sollte einen Neubeginn einleiten. Er scheiterte. Denn Saleh nutzte die Zeit, in der der Nationale Dialog tagte, um seine Rückkehr an die Macht vorzubereiten. Zudem erhielten die Houthis nicht, was sie forderten, und so gingen sie mit Saleh eine Allianz ein. Die Truppen der beiden eroberten im September 2014 die Hauptstadt Sanaa und vertrieben die legitime Regierung, die sich zunächst in der südjemenitischen Hafenstadt Aden niederließ und dann in der saudischen Hauptstadt Riad.

Eine Zäsur war das Jahr 2015. Im Januar starb der saudische König Abdallah. Der neue König Salman berief seinen Sohn Muhammad Bin Salman zum Verteidigungsminister, und der machte sich daran, den Einfluss Irans in der Region zurückzudrängen. Da Iran über die Houthis, deren zaiditischer Islam dem schiitischen Islam nahesteht, im Jemen Fuß gefasst hatte, begann Saudi-Arabien im März 2015 mit der Bombardierung von Zielen im Nachbarland. Die Vereinigten Arabischen Emirate schlossen sich mit Bodentruppen an.

Denn auch die Emirate wollten sich nicht damit abfinden, dass Militärberater der iranischen Revolutionswächter und der libanesischen Hizbullah die Houthis im Gebrauch ballistischer Raketen aus Iran ausbildeten. Alle anderen Waffen kauften die Houthis auf den Schwarzmärkten im Jemen selbst. Die Houthis, die sich als Krieger und nicht als Politiker verstehen, wurden eine schlagkräftige Miliz, anders als die Hizbullah aber nie eine politische Partei, und sie weiteten ihr Herrschaftsgebiet über ihr Stammland, den gebirgigen Nordwesten an der Grenze zu Saudi-Arabien, hinaus aus.

Beide Kriegsparteien spalteten sich, und die Fragmentierung des Jemen wurde immer unübersichtlicher.[32] Ende 2017 wandte sich Saleh von den Houthis ab, und sie töteten ihn. Sein Neffe Tareq Saleh wechselte hingegen erfolgreich die Seiten und schloss sich der saudisch-emiratischen Allianz an. Es folgten ihm 40 000 Kämpfer seines Onkels, und so kontrolliert er als Militärherrscher die wichtige Provinz Taizz. Von dieser Allianz hat sich jedoch die südjemenitische Sezessionsbewegung in Aden abgespalten. Sie kämpft für Selbstbestimmung und einen unabhängigen Südjemen, wie er bis 1990 Bestand hatte.

Ermuntert wurden die Sezessionisten dazu von den Emiraten, denen missfiel, dass Saudi-Arabien im Kampf gegen die Houthis mit der Islah-Partei zusammenarbeitete, dem jemenitischen Zweig der Muslimbruderschaft. Die Saudis brauchen sie aber als Partner, weil die Stämme, deren politischer Vertreter die Islah-Partei ist, bei der Verteidigung von Provinzen wie Taizz eine entscheidende Rolle spielen. Ohne eigene Bodentruppen muss Riad auf solche Stämme zurückgreifen und leistet damit der Spaltung des Jemen Vorschub, da die Stämme ihre eigenen Ziele verfolgen.

Andererseits missfiel Saudi-Arabien die Strategie der Emirate. Denn erst mithilfe der Emirate brachten die Sezessionisten weite Teile des Südjemens unter ihre Kontrolle. Die Sezessionisten wollen weder mit der Islah-Partei etwas zu tun haben noch mit dem einflusslosen, in Riad lebenden Präsidenten Hadi und dessen korruptem Umfeld. Ferner unterstützen die Emirate die Autonomiebewegung in der Provinz

Hadramaut mit der Hafenstadt Mukalla. Die kämpft auch gegen die Houthis, schließt sich den Sezessionisten von Aden aber nicht an. Diese chaotische Situation nutzen der Islamische Staat und al-Qaida aus und setzen sich in Rückzugsgebieten fest.

Am 8. Juli 2019 zogen die Emirate überraschend ihre Bodentruppen aus dem Jemen ab. Sie hatten entscheidenden Anteil daran, al-Qaida aus der Hafenstadt Mukalla zu vertreiben und Gelände entlang des Roten Meeres von den Houthis zu erobern. Zu viele emiratische Soldaten waren gefallen, und die Kosten des Engagements waren zu hoch. Daher verfolgten die Emirate ihre Ziele nun, bis auf kleine Anti-Terroreinheiten, ohne eigene militärische Präsenz. Ihr wichtigstes Ziel ist ein Zugang zum Indischen Ozean, um am Persischen Golf nicht länger iranischen Angriffen auf Öltanker und Pipelines ausgesetzt zu sein.

Die Emirate würden sich einem Staat der südjemenitischen Sezessionisten nicht widersetzen. Das erhöht den Druck auf Saudi-Arabien, das mit zwei Fronten – gegen die Houthis und gegen die Separatisten – überfordert ist. Daher rückte das Königreich von seinem Ziel eines militärischen Siegs über die Houthis ab und nahm indirekte Gespräche mit ihnen auf. Riad fehlt aber eine gesichtswahrende Exit-Strategie aus einem Krieg, den es selbst begonnen hat und nicht gewinnen kann, nicht zuletzt, weil es lediglich auf seine Feuerkraft aus der Luft setzt.

Die präzisen und selbststeuernden Marschflugkörper und Raketen der saudischen Luftwaffe haben großen Anteil an der Zerstörung des Jemen und den vielen Toten. Diese Waffen hat die amerikanische Rüstungsfirma Raytheon zu Beginn des Krieges für drei Milliarden Dollar an Saudi-Arabien verkauft.[33] Der damalige Cheflobbyist von Raytheon, Mark Esper, wurde unter Präsident Trump Verteidigungsminister.

Im Februar 2021 kündigte jedoch der neue US-Präsident Joe Biden an, an Saudi-Arabien keine Waffen mehr für den Krieg im Jemen zu liefern.

Der Jemen ist für Saudi-Arabien ein Thema der inneren Sicherheit, so lange die Houthis Raketen auf saudische Städte abfeuern. Die Saudis setzen teure amerikanische Präzisionswaffen ein, die Houthis hingegen billige ballistische Raketen aus Iran. Die sind zwar weniger präzise, sorgen aber dennoch für große Zerstörungen. Um sie auf ihrem Transport aus Iran abzufangen, hat die saudische Koalition eine Seeblockade gegen den Jemen verhängt, was allerdings auch humanitäre Hilfslieferungen behindert. Die Houthis wiederum bleiben auf die Islamische Republik Iran angewiesen, weil sie ihnen Waffen liefert und ihnen bei den Verhandlungen mit Saudi-Arabien ein größeres Gewicht verleiht. Irans großer Vorteil ist, dass es mit billigen Raketen Saudi-Arabien aus dessen Hinterhof jederzeit Schaden zufügen kann.[34] Daher stellt sich wieder die Frage: Wie sicher, wie stabil ist Saudi-Arabien?

Ist Saudi-Arabien stabil?

Das Königreich Saudi-Arabien hat im 20. Jahrhundert alle Krisen und Anfechtungen gut überstanden. Sei es in den 1960er Jahren, als der ägyptische Präsident Nasser mit seinem panarabischen Anspruch das Königreich herausgefordert hat. Sei es 1979, dem Jahr der islamischen Revolution in Iran, der Besetzung der Großen Moschee in Mekka und des sowjetischen Einmarsches in Afghanistan. Sei es im Sommer 1990, als der irakische Diktator Saddam Hussein in Kuwait einmarschierte und drohte, sich auch Teile der ölreichen saudischen Ostprovinz einzuverleiben. Sei es das Jahr 2003 mit den Terroranschlägen von al-Qaida.

Heute scheint das Königreich auf stärkeren Stützen zu ruhen als die ersten zwei saudischen Staaten, die untergegangen sind. Beim Thema Religion hat es den Spagat gut ausgehalten, der dadurch entstanden ist, dass es gleichzeitig über die heiligen Stätten für alle Muslime herrscht und mit dem Wahhabismus für einen extremistischen Islam steht. Ausgehalten hat es auch den Widerspruch beim Erdöl, das eine Modernisierung ermöglichte und zugleich Quelle maßloser Korruption wurde. Ausgetauscht wurde hingegen eine dritte Stütze, die für die beiden ersten saudischen Staaten noch wichtig war: Heute stützt sich das Königreich auf internationale Konzerne, um die Bodenschätze auszubeuten und den Reichtum zu mehren, aber nicht mehr auf kriegerische Stämme und die Eroberung von Land.

Diese Konstruktion erwies sich als stabil, als von 2011 an Massenproteste die arabische Welt erschütterten. Saudi-Arabien stellte sich unter König Abdallah an die Spitze der Konterrevolution und neutralisierte vorerst die Gefahr. Ein Jahrzehnt nach den Massenprotesten von 2011 drohen jedoch neue Gefahren. Staaten sind gescheitert; Kriege zerstören den Jemen, Libyen und Syrien; Länder wie der Irak und der Libanon nähern sich dem Scheitern; Ägypten und der Sudan stehen auf der Kippe. Flüchtlingswellen und humanitäre Katastrophen drohen. Zusammen bilden diese Entwicklungen einen Nährboden für neuen Terror. Neutralisieren will das Königreich vorrangig zwei Gefahren, die es als die größten Bedrohungen für seine Stabilität, ja für seine Existenz ansieht: die Fast-Nuklearmacht Iran mit ihren transnational agierenden Milizen sowie die Herausforderung durch den »politischen Islam«.

Im Inneren könnten drei Schwachstellen die Stabilität des Königreichs gefährden: die schwer lastende staatliche Repression; die kostspielige Bevorzugung des Militärs, die nötig geworden ist, weil auf traditionelle Verbündete kein Verlass mehr ist; und ein Wirtschaftsmodell, das nicht sicherstellt, dass der »Youth Bulge« absorbiert wird.

Wie Ägypten greift auch das Königreich auf massive staatliche Repression zurück, um den Druck im Kessel zu halten. Und wie dort zielt die Repression auch hier auf die ganze Bandbreite der Kritiker: auf Dissidenten wie Jamal Khashoggi, auf Unternehmer und Frauenrechtlerinnen, die lediglich gefordert haben, was der Kronprinz schließlich getan hat, auf sunnitische Religionsgelehrte und auf Angehörige der schiitischen Minderheit. Zum ersten Mal werden führende Prinzen festgenommen und unter Hausarrest gestellt. In der Vergangenheit waren diese Dissidenten meist ins Exil geschickt worden.

Muhammad Bin Salman zerstört damit eine über Jahrzehnte gewachsene Konstruktion, die den Konsens in den Vordergrund gestellt und mit der das Haus Saud Kaufleute, Religionsgelehrte und Stämme unter einem Dach zusammengeführt hat. Es ist nicht abzusehen, was diese Konstruktion ersetzen soll. Die kurzfristige Aufgabe für Muhammad Bin Salman ist, dass er, obwohl er weite Teile des Hauses Saud gegen sich aufgebracht hat, sicherstellt, beim Ableben seines Vaters im Familienrat genügend Prinzen für den Loyalitätseid auf seiner Seite zu haben.

Eine Konstante der Herrschaft von Muhammad Bin Salman sind die regelmäßigen Säuberungen und Verhaftungswellen, die sich gegen führende Prinzen und potenzielle Rivalen richten. Er verhalte sich aus gutem Grund paranoid, schreibt der Saudi-Arabien-Experte David Hearst.[35] Denn er habe sich viele (einst mächtige) Cousins und Onkel zu Feinden gemacht, und er habe so viele Fehler begangen, dass das Königreich heute militärisch und wirtschaftlich schwächer dastehe als zu jedem Zeitpunkt seiner modernen Geschichte. Zudem leide das Ansehen Saudi-Arabiens.

Die Säuberungen erzeugten in den höchsten Kreisen des Hauses Saud eine »permanente Unsicherheit«, schreibt der erfahrene Journalist Hearst, wobei der Kronprinz diese Unsicherheit selbst personifiziere. Mit ihm werde es für das Königreich keine Stabilität geben, ohne Säuberungen fühle sich Muhammad Bin Salman offenbar nicht sicher im Sattel.

Ins Fadenkreuz nimmt der Kronprinz insbesondere die »sieben Sudairi« und die Nachkommen von König Abdallah – also Prinzen, die einen legitimen Anspruch auf den Thron haben. Die sieben Söhne des Staatsgründers Abd al-Aziz Bin Saud mit seiner Lieblingsfrau Hassa Bint Sudairi hatten über Jahrzehnte die Schaltstellen im Sicherheitsapparat und im Militär besetzt. Fünf der sieben Brüder sind inzwischen gestorben – Fahd als König 2005, Sultan und Nayef als Kronprinzen 2011 und 2012, Abd al-Rahman als stellvertretender Verteidigungsminister 2017 und Turki als in Ungnade gefallener Geschäftsmann 2016. Salman wurde 2015 König. Ahmad, der siebte, verweigerte 2017 dem neuen Kronprinzen den Loyalitätseid.

Ahmad Bin Abd al-Aziz ist ebenso inhaftiert wie einst mächtige Söhne der »sieben Sudairi«, etwa der frühere Innenminister und Kronprinz Muhammad Bin Nayef. Zuletzt ordnete Muhammad Bin Salman am 31. August 2020 die Festnahme des Befehlshabers der Streitkräfte im Jemenkrieg, Fahd Bin Turki Bin Abd al-Aziz, und von dessen Sohn Abd al-Aziz Bin Fahd an. Damit sind die Nachkommen der Sudairi in keiner führenden Position der Armee mehr vertreten. Dem bei der Truppe beliebten Karrieresoldaten Fahd Bin Turki wurde zum Verhängnis, dass er den großen Einfluss der Vereinigten Arabischen Emirate auf die Kriegsführung im Jemen und damit indirekt den Kronprinzen kritisiert hat. Dem kann auch nicht gefallen haben, dass der General, der zudem mit einer Tochter des früheren Königs Abdallah verheiratet ist, gute Kontakte zu pensionierten Generälen unterhält.

Das Haus Saud, das seine Stabilität in der Vergangenheit nicht zuletzt seiner Geschlossenheit zu verdanken hatte, ist also in Aufruhr. Und auch die Außen- und Sicherheitspolitik, auf die sich Saudi-Arabien bislang verlassen hat, ist ins Rutschen geraten. Als ein fester Pfeiler der Stabilität des Landes galt seit dem Treffen des amerikanischen Präsidenten Franklin D. Roosevelt mit König Abd al-Aziz Al Saud am 14. Februar 1945 auf dem amerikanischen Kriegsschiff USS Quincy das Versprechen der Vereinigten Staaten, die Sicherheit des ölreichen Königreichs zu garantieren. Das ist nicht mehr unumschränkt der Fall. US-Präsident Barack Obama stieß das Königreich mit seinem Aufruf vor den Kopf, es solle sich mit der Islamischen Republik Iran arrangieren und gemeinsam mit Teheran eine neue Sicherheitsarchitektur am Golf schaffen.

Wie verwundbar Saudi-Arabien ist und wie wenig es sich auf die Vereinigten Staaten verlassen kann, zeigten am 14. September 2019 die iranischen Angriffe auf die saudische Ölindustrie. Iranische Marschflugkörper zerstörten Teile des Ölfelds Khurais und der weltweit größten Rohölverarbeitungsanlage in Abqaiq, die fünf Prozent des jeden Tag verbrauchten Erdöls für den Export vorbereitet. Die Attacke bildete den Höhepunkt einer mehrere Monate dauernden iranischen Angriffswelle auf Öltanker und Pipelines am Persischen Golf.[36] Enttäuschend war für Saudi-Arabien, dass der amerikanische Präsident Trump keine Vergeltungsschläge folgen ließ. Überdies zog er während des Ölpreiskriegs im April 2020 die amerikanischen Patriot-Luftabwehrraketen aus Saudi-Arabien ab.

Bereits unter Obama hat das lange überragende Interesse der Vereinigten Staaten an der Golfregion nachgelassen. Dabei muss Saudi-Arabien schon seit Jahren ohne starke arabische Verbündete auskommen. Der Irak als Bollwerk gegen Iran war durch den Sturz von Saddam Hussein verloren gegangen, und der ägyptische Präsident Sisi bekommt sein Land nicht in den Griff. Beide fallen als regionale Akteure aus. Dadurch ist ein Vakuum entstanden, und Saudi-Arabien konnte nicht verhindern, dass Iran es teilweise füllt.

Als stabilisierende Stütze fällt auch der Golfkooperationsrat aus. Die sechs Golfmonarchien auf der Arabischen Halbinsel hatten ihn 1981 gegründet, um angesichts der iranischen Bedrohung und des iranisch-irakischen Kriegs enger zusammenzurücken. Ein Sicherheitsbündnis wurde der Golfkooperationsrat jedoch nie. Und das Embargo, das Saudi-Arabien und die Vereinigten Arabischen Emirate von 2017 bis 2021 gegen Qatar praktizierten, hat seinen Bedeutungsverlust noch beschleunigt.

Die saudische Führung reagiert auf das veränderte Umfeld, indem sie die Außenpolitik diversifiziert und sich Russland zuwendet. Seit 2016 stimmt sich Saudi-Arabien, mit gemischtem Erfolg, in der Ölpolitik mit Moskau ab. Das Königreich erkennt damit an, dass in mehreren Ländern des Nahen Ostens Russland einen größeren Einfluss hat als die Vereinigten Staaten und Europa.

Saudi-Arabien gibt mehr als ein Zehntel seines Bruttoinlandsprodukts für Rüstung aus und investiert massiv in den Ausbau seiner Streitkräfte. Allein in den Vereinigten Staaten hat Saudi-Arabien Waffen im Wert von mehr als 110 Milliarden Dollar bestellt. Diese enormen Ausgaben bezeichnet der amerikanische Militärfachmann Anthony Cordesman jedoch als »ernsthafte Belastung für die Wirtschaft«, zumal sie »nur gemischten Nutzen« für die Sicherheit brächten.[37]

Viele Lieferländer verhalten sich indes restriktiver und liefern, zumindest offiziell, keine Waffen an Staaten, die am

Jemenkrieg beteiligt sind. Um unabhängiger zu werden und auch selbst zu exportieren, bauen die Vereinigten Arabischen Emirate und Saudi-Arabien deshalb eigene Rüstungsindustrien auf. So hat das Königreich im Mai 2017 die »Saudi Arabian Military Industries« gegründet, die auch den Auftrag hat, Arbeitsplätze zu schaffen.

Denn die dritte Gefahr für die Stabilität des Königreichs zeichnet sich ab, sollte die »Vision 2030« nicht erfolgreich sein und genügend Arbeitsplätze für die schnell wachsende Bevölkerung schaffen. Scheitert die »Vision 2030«, scheitert Saudi-Arabien. Das könnte dann eintreten, wenn die Einnahmen aus dem Ölexport niedrig bleiben und die Mittel für die Anschubinvestitionen fehlen.

Saudi-Arabien muss lernen, dass sich die Erfolgsgeschichte Dubais nicht kopieren lässt. Dubai wurde auch deswegen zum Wirtschaftszentrum zwischen Hongkong und Südafrika, weil die über 90 Prozent der Einwohner, die keine emiratischen Staatsbürger sind, einen kosmopolitischen Stadtstaat ermöglicht haben. Eine solche Überfremdung ist in Saudi-Arabien, dem Mutterland des Islams, undenkbar. Zudem hat Dubai sein Modell über Jahrzehnte stetig weiterentwickelt. Saudi-Arabien bleiben aber nur wenige Jahre, um ein belastbares Fundament für die Zukunft zu legen und Arbeitsplätze für eine Bevölkerung zu schaffen, die bis zum Jahr 2050 um 10 Millionen wächst.

In der Vergangenheit war von Saudi-Arabien eine Gefahr ausgegangen, weil es an einem rückwärtsgewandten Islamverständnis festhielt. Heute könnte von Saudi-Arabien eine Gefahr ausgehen, wenn das Haus Saud zerbricht, das Land nicht mehr in eine starke Sicherheitsarchitektur eingebunden ist und der überfällige Umbau von Staat, Gesellschaft und Wirtschaft nicht rechtzeitig gelingt.

ALGERIEN: HÄLT DAS BOLLWERK?

Ägypten blickt auf eine lange Tradition von Militärherr-schern zurück, die meistens keine Ägypter waren, beginnend mit den Mamluken ab 1250, und Saudi-Arabien wird von einer Dynastie regiert, die in mehr als einem Vierteljahrtau-send mit religiösem Eifer und der Hilfe von Wüstenkriegern nahezu die gesamte Arabische Halbinsel unterworfen hat. Algerien wurde hingegen von einem langen, verlustreichen Kampf um Unabhängigkeit geformt, bei dem mehr Menschen getötet wurden als bei jedem anderen bewaffneten Konflikt in der arabischen Welt. Diese Geschichtlichkeit hält die Algerier trotz aller Meinungsverschiedenheiten zusammen.

Das, was Algerien heute ausmacht, ist in einem langen Kampf von 1830 bis 1962 gegen die französische Besatzungs-macht und gegen den Versuch entstanden, das arabisch-isla-mische Land in Sprache, Kultur, Wirtschaft und sogar Geo-grafie in ein europäisches zu verwandeln. Mit einer Million Toten hat dieser Kampf einen hohen Blutzoll gefordert.[1] Er hat jedoch auch zu einem starken gemeinsamen politischen Willen geführt und den algerischen Streitkräften als Befrei-ungsarmee eine starke geschichtliche Legitimation verliehen.

Ägypten war jedoch nur relativ kurz, von 1882 bis 1922, britisches Protektorat, und bis auf Randgebiete, die das Os-manische Reich kontrollierte, blieb Saudi-Arabien sogar vom Kolonialismus verschont. Während in der Moderne Ägyp-ten, Saudi-Arabien, der Irak und Syrien die arabische Welt maßgeblich geprägt haben, hat sich Algerien bis auf das erste Jahrzehnt nach der Unabhängigkeit weitgehend abgeschottet entwickelt – zunächst während der französischen Besatzung, seit der Unabhängigkeit dann unter der Herrschaft der Einheitspartei der Nationalen Befreiungsfront (FLN). Meist hat das Land nach innen geblickt.

Drei Präsidenten haben Algerien geprägt: Houari Boumedienne, Chadli Bendjedid und Abd al-Aziz Bouteflika. Jeder von ihnen hing einer anderen Ideologie an. Auf einen orthodoxen Sozialismus folgte eine liberale Öffnung, die wiederum in einen Wild-West-Kapitalismus überging. Geblieben sind die drei Flügel der FLN – die Sozialisten, die arabischen Nationalisten und die Frankofonen. Alle drei haben sich unabhängig von verwandten ideologischen Strömungen in der arabischen Welt entwickelt. So sind die algerischen Linken weniger ein Ableger des ägyptischen Sozialisten Nasser als ein Produkt der Pariser Linken. Sie lehnen den französischen Kolonialismus ab, nicht aber die Französische Revolution. Auch sind sie eher als die Linken in anderen arabischen Ländern bereit, mit Andersdenkenden, selbst mit Islamisten, zusammenzuarbeiten.

Nie sind aus den drei Flügeln heraus eigenständige Parteien gegründet worden, nie schufen sie über den Befreiungsmythos hinaus eine gemeinsame Identität für das Land. Auch gelang es ihnen nicht, trotz des Ölreichtums des Landes eine prosperierende Wirtschaft und ein modernes, funktionierendes Staatswesen aufzubauen. Heute aber steigt der Druck zu grundlegenden Änderungen. Denn wie in allen Staaten der arabischen Welt wächst auch in Algerien die Bevölkerung schnell. 1950 lebten neun Millionen Menschen in Algerien, im Jahr 2000 waren es 31 Millionen, 2020 44 Millionen. Für das Jahr 2050 erwarten die Vereinten Nationen nicht weniger als 55 Millionen.[2] Besonders unter den jungen Algeriern ist die Arbeitslosigkeit hoch. Sie akzeptieren die Teilnahme am Befreiungskampf nicht länger als die einzige Legitimation der Herrschaft. Denn sie sehen, was die sklerotisch erstarrten Helden des Befreiungskampfs aus dem reichen Land gemacht haben, und sie sehen, wie voll deren Taschen sind. Diese Jugend ohne Arbeit richtet auch in Algerien ihren Blick nach Europa.

Der Wandel kann gelingen, wenn sich die Akteure verantwortungsbewusster verhalten als in den meisten anderen arabischen Staaten. Das wäre auch im Interesse Europas. Denn ohne ein stabiles Algerien ist es nicht möglich, Nordafrika und damit die südliche Mittelmeerküste stabil zu halten. Europa braucht Algerien als Bollwerk: gegen die in der Sahelzone agierenden Terrorgruppen und gegen die Migrationsströme aus Afrika.

Geprägt durch die Geschichte

Der lange Kampf für die Unabhängigkeit eint

Napoleon Bonaparte war es nicht mehr vergönnt, Algerien zu erobern. Er hatte in strategischen Zusammenhängen gedacht. Mit Militärbasen rund um das Mittelmeer hätte er der Seemacht Großbritannien die Stirn bieten können. Doch die Niederlage in der Schlacht von Trafalgar an der spanischen Mittelmeerküste gegen eine britisch-spanische Flotte am 21. Oktober 1805 leitete seinen Niedergang ein. Den französischen Herrschern, die auf ihn folgten, waren hingegen die wirtschaftlichen Vorteile einer Eroberung Algeriens wichtiger. Seit 1535 hatte Frankreich mit Algerien 70 Abkommen unterzeichnet. Um ihre Kriege zu finanzieren, hatten sich die französischen Könige auch beim reichen Herrscher Algeriens, dem Dey von Algier, verschuldet. Im 19. Jahrhundert wurde die Schuldenlast immer erdrückender.

Den *Casus belli* lieferte schließlich Hussein Dey. Am 29. April 1827 kam es bei einem Empfang zu einem scharfen Wortwechsel zwischen ihm und dem französischen Konsul Pierre Deval über die ausbleibende Rückzahlung von Krediten. Dabei soll der Dey den Konsul mit seinem Handwedel gestoßen haben.[3] In der Folge verhängte Frankreich eine Seeblockade gegen Algier und rief zum »Kreuzzug« gegen Algerien auf, um das Land zu »zivilisieren« und zu christianisieren. Die Händler und Finanzleute wurden mit dem Hinweis auf den Reichtum Algeriens geködert, die Generäle mit der strategischen Bedeutung des Landes.[4]

Am 14. Juni 1830 landeten 37000 französische Soldaten in der Kleinstadt Sidi Faradsch 30 Kilometer westlich von Algier. Die Soldaten stürmten, wie später an allen anderen Orten auch, zunächst die Moschee und machten sie zum Hauptquartier des Kommandeurs. Die algerischen Muslime konnten nun ihren Versammlungsort nicht mehr nutzen, um von dort aus den Widerstand zu organisieren.[5] Das Land wurde *l'Algérie française*, das Französische Algerien, das der direkten Herrschaft des französischen Zentralstaats unterstellt war. Alles sollte französisch und auf das Mutterland ausgerichtet sein.

Zuvor war Algerien in drei autonome Provinzen aufgeteilt gewesen. Der Dey hatte sich auf drei Kabinette für zivile, militärische und maritime Angelegenheiten, auf Beamte, die Polizei und kommunale Behörden gestützt. Die Besatzer gaben diese funktionierende osmanische Verwaltung auf und setzten die französischen Strukturen an ihre Stelle, wodurch viele Algerier ihre Arbeit verloren.[6] Am 10. August 1834 empfahl in Paris das neue Afrika-Komitee, Algerien dauerhaft zu annektieren. 1848 wurden die drei Provinzen Oran, Algier und Constantine zu französischen Departements ernannt. Sie waren keine Kolonien mehr.[7]

Die Muslime beteten weiter auf Arabisch, Frankreich ernannte jedoch die Imame, und an den Schulen ersetzte Französisch Arabisch als Unterrichtssprache. Nach und nach wurde Arabisch zur Fremdsprache, immer weniger Algerier konnten es lesen oder schreiben. 1944 waren von den 6500 Grundschulen lediglich tausend für 108 000 algerische Kinder ausgewiesen. Selbst noch 1954 besuchten nur sieben Prozent der algerischen Kinder eine Schule.[8]

Auch die Landwirtschaft wurde ganz auf den Bedarf Frankreichs umgestellt. Davor waren Getreide, Reis, Obst und Gemüse angebaut worden. Mit Absatzmärkten in Afrika und Südeuropa war Algerien ein bedeutendes Exportland. Nun aber lieferte der fruchtbare Boden Trauben für die Weinproduktion und Zitrusfrüchte an das französische Mutterland. Wer sich wehrte, wurde enteignet. Eigentümer wurden Tagelöhner. Anfang der 1950er Jahre besaßen 22 000 französische und andere europäische Siedler 40 Prozent des bebaubaren Landes. Die durchschnittliche Fläche eines französischen Siedlers betrug 120 Hektar, die eines algerischen Bauern elf Hektar.[9] Als die französische Herrschaft schließlich zu Ende war, musste das einst reiche Agrarland Algerien Lebensmittel für teure Devisen importieren. Die Handelsbeziehungen mit Afrika, den arabischen Ländern und Südeuropa waren ausgetrocknet, denn selbst die Infrastruktur war komplett auf Frankreich ausgerichtet. Straßen und Eisenbahnen, Flughäfen und Seehäfen, Elektrizität und ein Gesundheitswesen gab es nur auf der Sonnenseite, dort, wo die französischen und anderen europäischen Siedler lebten oder arbeiteten.[10]

Die waren bereits in der osmanischen Epoche willkommen gewesen. 1830 waren es erst 50 000, doch ihre Zahl verdreifachte sich in nur vier Jahrzehnten, und nach dem Ersten Weltkrieg ließen sich nochmals mehr als 800 000 Franzosen in Algerien nieder. Den französischen Siedlern, den *colons* beziehungsweise *pieds noirs*, standen die Einheimischen gegenüber. Für sie erließ die Präfektur von Algier am 9. Februar 1875 den *Code de l'indigénat*.[11] Diese Dekrete regelten alle Aspekte ihres Lebens; sie traten an die Stelle der Verfassungsrechte für die französischen Staatsbürger (*citoyens français*). Die Algerier waren jedoch bloß Untertanen (*sujets français*). In ihren Ausweisen stand »französischer Muslim«. Wer sich arrangierte, konnte aufsteigen. Wer es nicht tat, blieb ungebildet und verarmte.

Der Widerstand gegen die Fremdherrschaft hatte bereits direkt nach der Besatzung von 1830 eingesetzt, getragen von Stammesführern und Imamen, Landarbeitern und Bauern. Er ging vom Land aus und erreichte erst später die Städte.[12] Die Weichenstellung, die Algerien bis heute prägt, erfolgte dann 1944. Repräsentanten der drei weltanschaulichen Gruppen des Befreiungskampfs schlossen sich in der Vereinigung der Freunde des Manifests und der Freiheit (*Jam'iyat ahbab al-bayan wal-hurriya*) zusammen und verkündeten am 4. April 1944 eine Fünf-Punkte-Erklärung. Algerien hatte nun eine Stimme.[13]

Generell verurteilten sie die Kolonialisierung und forderten das Selbstbestimmungsrecht für alle Länder. Für Algerien verlangten sie die Unabhängigkeit, eine neue Verfassung, die Freilassung aller politischen Gefangenen sowie die Beteiligung der Algerier an der Führung und Verwaltung des Landes. Französische Geschäfte wurden boykottiert, junge Algerier mobilisiert und geschult, im Untergrund wurden eine arabische und eine französische Zeitung gedruckt, wobei Imame eine besondere Rolle spielten.[14]

Drei Personen haben die Erklärung unterzeichnet. Der bürgerliche Nationalist Farhat Abbas (1899 bis 1985) steht für die frankophilen Algerier. Der Anhänger Atatürks hatte zunächst für die Gleichberechtigung von Algeriern und Franzosen als

Staatsbürger gekämpft und sogar die Assimilation der algerischen Bevölkerung an die französische Kultur gefordert. Als er einsehen musste, dass Frankreich eine Gleichberechtigung nicht zulassen würde, wurde er einer der Führer der Befreiungsfront FLN.[15]

Als der Sozialist Ahmad Ben Messali Hadj (1898 bis 1974) die Erklärung unterschrieb, hatte er bereits eine bewegte Karriere als Arbeiterführer hinter sich.[16] Der Sohn eines Schuhmachers wurde 1927 in Paris Führer der algerischen Arbeiterbewegung *Étoile Nord Africaine*, und in Vietnam traf er Ho Chi Minh. 1937 gründete er die *Parti du Peuple Algérien* (PPA), deren Grünes Komitee ab 1938 Kämpfer mobilisierte und sie im Untergrund ausbildete. Große Kundgebungen organisierte die Partei erstmals im September 1943.

Scheich Muhammad al-Bashir al-Ibrahimi (1889 bis 1965), der dritte Unterzeichner, hatte ab 1912 mehrere Jahre in Damaskus gelebt, wo der angesehene Religionsgelehrte in Kontakt mit der jungen Unabhängigkeitsbewegung stand. Zurück in Algerien gründete er zusammen mit dem Religionsgelehrten Abd al-Hamid Ben Badis die Vereinigung der algerischen Ulama. Anfang 1944 forderte al-Ibrahimi in ihrem Namen die Legalisierung der arabischen Sprache und das Recht der Muslime auf Bildung.

In den von Frankreich beherrschten Maghrebstaaten wurden der Islam und die arabische Sprache zwar gleichermaßen unterdrückt. Bis zur Unabhängigkeit blieb aber die Anerkennung der Sprache die wichtigste Forderung. Denn ohne sie gibt es keine Kultur. Erst an zweiter Stelle folgten Forderungen zum Justizwesen sowie zur Gleichstellung der Moscheen mit den Kirchen und Synagogen. Frankreich wiederum setzte alles daran, die neue Bewegung zu verfolgen, zu infiltrieren und Zwietracht zu säen. Zu Frankreich hielt die algerische Oberschicht, die sich aus Großgrundbesitzern, Händlern und

Siedlern aus Andalusien zusammensetzte; dafür wurden sie mit Ämtern belohnt.[17] Zu Hilfe kamen Paris auch die algerischen Kommunisten, die die Unabhängigkeitsbewegung als Handlanger der Kapitalisten diffamierten.[18]

Die Erklärung vom 4. April 1944 war das politische Dokument für den Unabhängigkeitskrieg. Von da an warben die Sprecher des Manifests auch im Ausland für ihren Kampf.[19] Ein sichtbares Zeichen sollte am 1. Mai 1945, dem Tag der Arbeit, gesetzt werden. Jedes Dorf mobilisierte seine Einwohner. Nationale und patriotische Slogans ersetzten die Arbeiter- und Gewerkschaftsparolen. Frankreich reagierte mit großer Gewalt und Brutalität. Die Organisatoren der Kundgebungen wurden verhaftet, gedemütigt und gefoltert.

Eine Woche später, am 8. Mai, dem Tag der Kapitulation des Deutschen Reichs und der Befreiung Deutschlands, strömten die Algerier erneut auf die Straßen und Plätze.[20] Sie schwenkten die Fahnen der siegreichen Alliierten, einschließlich der französischen, aber auch die algerische. Die Besatzungsmacht ging mit Bodentruppen und Bombardements aus der Luft gegen die Kundgebungen vor, ebenso mit Verhaftungen, Folter und dem Verbrennen von Leichen. Mehr als 8000 Menschen wurden getötet.[21] Das war die militärische Weichenstellung für den Unabhängigkeitskrieg.

Der Mai 1945 war mit 45 000 getöteten Algeriern äußerst blutig. Und auch das folgende Jahrzehnt bis zum Beginn der Revolution 1954 sollte blutig werden. Die Algerier trieben den bewaffneten Kampf weiter voran, Frankreich reagierte weiter mit Gewalt. In der Brutalität ihrer Vergeltungsmaßnahmen standen sich die beiden Seiten in nichts nach.

Unter der Leitung der Widerstandsführer Muhammad Buzdad und Muhammad al-Arabi Ben Muhaidi gründeten Studenten und Aktivisten am 15. Februar 1947 die erste militärische Untergrundorganisation, die *Organisation Spéciale*.

Ihre Führung übernahm 1949 Ahmad Ben Bella. Er entwickelte Strukturen, teilte Algerien in Gebiete ein und legte Befehlsketten fest. Aus der *Organisation* sollten viele der ersten Kämpfer der Nationalen Befreiungsarmee kommen, die 1954 Gestalt annahm. Im selben Jahr gründeten ihre Kader, unter ihnen auch Ben Bella, die Nationale Befreiungsfront als politischen Arm. Am 1. November 1954 begann mit landesweiten Angriffen auf militärische und zivile Ziele die Algerische Revolution.

Die FLN bildete am 19. September 1958 eine Exilregierung mit Farhat Abbas als Regierungschef. Kurz davor, am 4. Juni 1958, hatte Charles de Gaulle, der gerade Ministerpräsident mit weitreichenden Notstandsbefugnissen für sechs Monate geworden war, in Algier vom Balkon des Generalgouvernements eine Rede gehalten, die später als Vorbereitung für die Unabhängigkeit gedeutet wurde. Einer großen Menge von französischen Siedlern und Algeriern rief er zu: »Ich weiß, was hier vorgegangen ist. Ich sehe, was ihr wollt. Ich erkenne den Weg, den ihr Algerier eingeschlagen habt.« Und dann: »*Je vous ai compris.*« Ich habe euch verstanden. Umstritten ist bis heute, wen er mit »euch« gemeint hat.

Die Unabhängigkeit war nicht mehr aufzuhalten. Am 11. Dezember 1960 fanden landesweit Kundgebungen statt, am 17. Oktober 1961 folgte eine große Demonstration in Paris, am 18. März 1962 unterzeichneten beide Parteien in Évian einen Waffenstillstand, am 5. Juli 1962 wurde Algerien nach einer der längsten Revolutionen schließlich unabhängig. Die französischen Besatzer zogen sich zurück, allein im Juni 1962 verließen 300 000 *pieds noirs* das Land. 30 000 blieben. Algerien war frei und wurde der Prototyp einer »progressiven« Revolution in der Dritten Welt.

Der bewaffnete Konflikt hatte die ideologischen und politischen Unterschiede zwischen den Befreiungskämpfern aufgehoben. Viele Jahre hatten sie im Untergrund gelebt, mussten Gefängnis und Folter fürchten. Nun wurden sie die Präsidenten der neuen Republik. Annehmlichkeiten und Reichtum lockten. Doch als die Revolutionäre anfingen zu glauben, der Reichtum sei ihr Verdienst, vergaßen sie, woher sie kamen. Die Menschen erwarteten nach der Befreiung den Aufbau ihres Landes, und sie wollten den Wandel mitgestalten. Die neuen Präsidenten Algeriens aber dachten nur an ihre Legitimation, die sie aus der Vertreibung Frankreichs bezogen.

Sechs Jahrzehnte Herrschaft der FLN lähmen

Als Algerien 1962 unabhängig wurde, war es ein Land mit Zusammenhalt, aber ohne Identität. Die Franzosen hatten den Menschen die Muttersprache genommen und ihnen die Chance auf Bildung verwehrt. Nun kehrte eine Million Algerier in ihre Heimat zurück, mussten konfisziertes Hab und Gut verteilt und eine Verwaltung aufgebaut werden. Die Landwirtschaft lag am Boden, die Öl- und Gasindustrie befand sich weiterhin in französischer Hand. Die Kassen waren leer.

Nach dem bewaffneten Kampf war Politik gefordert. Wer sich über Jahre nur im Untergrund getroffen hatte, saß nun in Algier gemeinsam an einem Tisch. Doch jeder der drei Flügel in der FLN und der Armee blickte auf die Quelle, die ihn inspirierte: nach Kairo die arabischen Nationalisten, nach Moskau die Sozialisten und nach Paris die laizistischen Anhänger der Kultur Frankreichs.

Wer dem ägyptischen Panarabisten Nasser zujubelte, tat dessen Niederlage im Sechstagekrieg von 1967 gegen Israel als eine Falle ab, die andere ihm gestellt hatten. Wer seine Hoffnungen auf die Sowjetunion setzte, hielt die Berichte über die Einschränkung der politischen Freiheiten hinter dem Eisernen Vorhang für übertrieben. Wer an Frankreichs Zivilisation glaubte, erachtete dessen brutales Vorgehen in Afrika für eine bloße Entgleisung.

Jede Hauptstadt arbeitete daran, sich in Algerien den größtmöglichen Einfluss zu sichern und das Land in ihrem Lager zu verankern. Unterdessen versuchten die Algerier festzulegen, welchen Anteil der islamische, panarabische und sozialistische Einfluss haben sollte. Letztlich rivalisierten zwei Strömungen miteinander: das Arabertum und das Erbe des Islams auf der einen Seite und die westlichen Ideologien Sozialismus und Laizismus auf der anderen.

Wer nachwies, an einer Aktion gegen die französischen Besatzer beteiligt gewesen zu sein, war nun privilegiert und konnte mit einem Posten, mit Bau- oder Agrarland, Kapital oder der Vertretung eines ausländischen Unternehmens rechnen. Was mit der Nationalen Befreiungsarmee und der Nationalen Befreiungsfront begonnen hatte, mündete in die neue Armee, in die nach osteuropäischem Modell gebildete Staatspartei der FLN und den neuen Staat.

Die Armee wurde mit ihrer Legitimation aus dem Befreiungskrieg der alleinige Königsmacher. Sie machte zum Präsidenten, wer in der FLN eine Geschichte hatte, und sie stürzte ihn auch wieder. Von den sieben Präsidenten, die sie ins Amt gehoben hat, ist keiner unter normalen Umständen aus dem Amt gegangen. Ben Bella wurde verhaftet, der Tod von Boumedienne (1965 bis 1978) wirft bis heute Fragen auf, Muhammad Boudiaf wurde 1992 nach wenigen Monaten im Amt ermordet, und Abd al-Aziz Bouteflika (1999 bis 2019) wurde im Rollstuhl aus dem Amt gerollt. Geblieben ist stets die Armee.

Der starke Mann nach der Unabhängigkeit war Boumedienne. Er begnügte sich aber mit dem Amt des Verteidigungsministers und machte 1963 den schwachen Panarabisten Ben Bella zum ersten Präsidenten der Demokratischen Volksrepublik. Ben Bella wollte in allem Nasser folgen, der nun mit Algerien einen starken Bundesgenossen an seiner Seite wusste. Boumedienne aber kam zu dem Schluss, dass Ben Bella mit seinen Aufgaben überfordert war, setzte ihn ab und übernahm am 19. Juni 1965 selbst das Amt.

Boumedienne war ein Vollblutrevolutionär. Er hatte im Westen Algeriens an der Spitze des Widerstands gestanden, dann wurde er Generalstabschef der Nationalen Befreiungsarmee. Seinen zivilen Namen Muhammad Boukherouba legte er ab und wählte als Nom de Guerre den Namen eines maghrebinischen Mystikers. Er war fest in der arabisch-islamischen Kultur verankert. In seiner Kindheit lernte er in einer Koranschule den Koran auswendig, später studierte er Theologie an den islamischen Universitäten Zaituna in Tunesien und an der Azhar in Kairo, wohin er vor der Verfolgung durch die Franzosen geflohen war.[22] Bei seinem Amtsantritt war er erst 33 Jahre alt.

Nach der Schwächung Nassers wandte er sich Moskau zu. Denn die Vereinigung Ägyptens mit Syrien war 1962 gescheitert, den Krieg im Jemen konnte Nasser gegen Saudi-Arabien nicht gewinnen, und seine Niederlage im Sechstagekrieg 1967 gegen Israel war eine große Schmach. Der charismatische Boumedienne wurde jetzt eine wichtige Stimme des Panarabismus, er sprach sich für einen islamischen Sozialismus aus, schloss sich der Blockfreienbewegung an und unterstützte die PLO.

Boumedienne führte allein und machte aus Algerien einen sozialistischen Bruderstaat. Kommunisten besetzten alle Schlüsselpositionen, Parteien waren nicht zugelassen, der Islam verlor seine Bedeutung. Der Polizeiapparat wurde ausgebaut, und über allem wachte der allmächtige militärische Geheimdienst. Der Staat trieb große Prestigeprojekte voran, private Betriebe sowie die Öl- und Gasindustrie wurden verstaatlicht. Die sozialistische Zentralverwaltungswirtschaft, die Einheitspartei und die Sicherheitsorgane brachten Algerien aber keinen Fortschritt. Eine lähmende Bürokratie lag über dem Land, und eine ausufernde Korruption trug zur Verarmung bei.

Die arabische Welt wandte sich derweil von Moskau ab. Den Anfang machte 1973 Ägypten unter Nassers Nachfolger Anwar al-Sadat. Die konservativen Golfmonarchien blühten auf und betrieben eine prowestliche Außenpolitik. 1975 demonstrierten in Algerien erstmals islamisch orientierte Studenten an mehreren Universitäten, die Muslime wollten wieder eine Rolle spielen. Die Weichenstellung vom 4. April 1944, als sich Nationalisten, Sozialisten und Religionsgelehrte auf ein gemeinsames Manifest verständigt hatten, war zurück.[23]

Als Boumedienne am 27. Dezember 1978 starb, hatte er Algerien in eine Sackgasse manövriert. Die zuletzt vernachlässigten FLN-Flügel witterten Morgenluft. Bouteflika brachte sich in Stellung. Doch das Militär ernannte den 1929 geborenen, unbekannten Chadli Bendjedid, den Kommandeur der Westregion, zum Interimspräsidenten.

Bendjedid machte 13 Jahre daraus und blieb, bis ihn das Militär 1992 zum Rücktritt zwang. Bendjedid drehte Algerien um 180 Grad und öffnete das Land für die Marktwirtschaft. Vom Sozialismus seines Vorgängers war bereits nach kurzer Zeit nicht mehr viel zu sehen. Die Armee hatte Boumedienne gewähren lassen, nun machte sie auch bei Bendjedid mit. Sie achtete lediglich darauf, dass der Präsident seine Befugnisse nicht überschritt. Denn das Militär bestimmte weiterhin die Innen-, Außen- und Verteidigungspolitik.

Bendjedid stutzte die ausufernde Bürokratie, bekämpfte die Korruption und hielt die Fundamentalisten innerhalb der drei FLN-Flügel ebenso in Schach wie die islamische Bewegung. Im Blick haben musste er Frankreichs Einfluss auf den »tiefen Staat«. Denn die Zahl der als frankophil geltenden Beamten wurde auf 13 000 geschätzt, Frankreich hatte sich mit Geldzahlungen ihre Loyalität gesichert und an 5000 Algerier ehrenhalber Pässe vergeben.[24]

Die vier Axiome Algeriens stellte Bendjedid nicht infrage: den Islam als Staatsreligion, Arabisch als Landessprache, die territoriale Integrität Algeriens sowie die Bewahrung des geschichtlichen und kulturellen Erbes. Dazu gehörten verbesserte Beziehungen mit den Nachbarstaaten Marokko und Tunesien, die Algerien im Unabhängigkeitskampf unterstützt hatten, sowie die Wiederherstellung der historischen Handelswege nach Afrika.

Bendjedid hob Boumediennes Revolution nicht mit einem Paukenschlag auf, sondern ging dabei leise vor. In der FLN tauschte er Boumediennes Barone aus, er reorganisierte die großen Institutionen, strich den Begriff »Sozialismus« aus der Verfassung, dezentralisierte die Verwaltung und hob Reisebeschränkungen auf. Parallel dazu ließ er ideologische Debatten zu und schuf eine Plattform für den Dialog, an dem sich alle beteiligen konnten. Jeder sollte seinen Platz haben, die Ideologen der FLN und die Technokraten, die islamische Renaissance und die westliche Kultur, Staatsbetriebe und der Markt.[25]

Während unter Boumedienne keine anderen Meinungen geduldet waren, war unter Bendjedid Schweigen verdächtig. 200 Zeitungen und 63 Parteien wurden gegründet. Sie schufen eine bis dahin ungekannte Vielfalt.[26] Die FLN sollte eine lebendige Partei werden und nicht nur ein Hauptquartier haben. Bendjedid hoffte, es käme zu einer Verschmelzung der drei Flügel. Ihre Repräsentanten sollten miteinander diskutieren und neue Ideen entwickeln, wozu er Ausschüsse einrichtete.

Er traf den marokkanischen König und legte den zehn Jahre alten Grenzkonflikt mit dem Nachbarland bei. Er öffnete Algerien nach Westen und besuchte als erster Präsident 1985 die Vereinigten Staaten. Auch die Wirtschaft öffnete sich. Eine kleine Schicht von Großunternehmern entstand, westliche Konsumgüter wurden importiert. Vielen Leuten ging jedoch das Geld aus, und der schnelle Wandel erzeugte einen Kulturschock. Und da Bendjedid nicht mit einer heldenhaften Vergangenheit in der FLN punkten konnte, prallte die wachsende Kritik nicht länger an ihm ab. Die Unzufriedenheit entlud sich am 4. Oktober 1988 in schweren Unruhen, sodass die Armee mit Panzern ausrückte. Mehr als 150 Menschen wurden getötet. Doch Bendjedid gab nicht auf. Er versprach weitere politische Reformen, ließ über eine Verfassungsänderung abstimmen und schickte ranghohe Militärs in den Ruhestand.

Die Verfassungsänderung ermöglichte 1989 erstmals die Gründung von Parteien außerhalb der FLN. Vorsitzender der in jenem Jahr gegründeten Islamischen Heilsfront (*Front Islamique du Salut*, FIS) wurde ein Held des Befreiungskriegs, Abbassi Madani. Die FIS präsentierte sich als Gegenentwurf zur FLN, ja als Abrechnung mit ihr. Bei den Kommunalwahlen vom 12. Juni 1990 gewann sie 32 der 48 Provinzräte. Daraufhin forderte sie vorgezogene Parlamentswahlen, die Bendjedid auf den 27. Juni 1991 festsetzte. Um sie zu verhindern, schickte die Armee Panzer auf die Straßen und ließ die führenden Politiker der FIS festnehmen. Auch diesmal wich Bendjedid nicht zurück, setzte den 26. Dezember 1991 als neuen Wahltermin fest und ordnete die Freilassung der FIS-Politiker an. Bei der Wahl gewann die FIS in der ersten Runde 188 der 430 Direktmandate, die nichtislamischen Parteien ka men gerade mal auf 33.[27] Die restlichen Mandate sollten in der zweiten Runde vergeben werden. Dazu kam es nicht mehr. Wieder schickte das Militär Panzer auf die Straße, und Bendjedid trat am 11. Januar 1992 zurück. Die Einheitspartei wollte nicht von ihrem Machtmonopol lassen.

Was verheißungsvoll begonnen hatte, endete erneut in einer Sackgasse. Der politische Dialog wurde beendet, auch in der Einheitspartei brachen Konflikte aus, und die Universitäten wurden Schauplätze militanter Zusammenstöße. Sechs politische Gruppen bekämpften sich: die sozialistische Avantgarde, die sozialistische Front, Anhänger Boumediennes, Anhänger Ben Bellas, die islamische Bewegung und die Berber (Amazigh), die nichtarabischen indigenen Einwohner Algeriens.[28]

Die islamische Bewegung war dabei im Vorteil, denn sie konnte auf die Moschee mit ihren vielen Funktionen zurückgreifen. Sie ist als *masdschid* der Ort, an dem sich Muslime vor Gott verbeugen und sich Gott nahe fühlen; als *dschami* ist sie ein Versammlungshaus, in dem sich Menschen treffen und über ihre Belange reden, auch über politische; sie bietet jedem Einzelnen einen Platz für *khalwa*, um mit sich und Gott allein zu sein; eine *madrasa*, ein Ort der Unterweisung, ist sie zwischen den fünf täglichen Gebeten; sie ist der Ort für das Freitagsgebet, *bait Allah*; in ihr wird das Todesgebet gesprochen und beginnt der Trauerzug; über sie werden Gelder für die soziale Fürsorge gespendet. Außerdem ist ihre Sprache Arabisch, die Sprache des Korans, *lughat al-Qur'an*.

Houari Boumedienne wusste um diese Bedeutung und ließ in jedem Dorf und Stadtteil eine Moschee bauen. Ferner stifteten Bürger Moscheen. Und da es damals keine politischen Parteien und Diskurse gab, wurden die Moscheen zu einem wichtigen Forum. So wählte etwa der Philosoph Malik Bennabi (1905 bis 1973) die Moschee als Ort für seine wöchentlichen Vorträge, mit denen er als *public intellectual* einen Beitrag zur öffentlichen Diskussion leistete.[29]

So entstand, was Bendjedid als »Moscheen-Chaos« bezeichnete. Der Respekt vor der staatlichen Macht schwand, und die Sicherheitsorgane schleusten ihre Leute in islamische Gruppen ein und verübten Anschläge, die sie dann als Vorwand für den Staatsterror benutzten. Die ersten dschihadistischen Gruppen bildeten sich bereits zwischen 1971 und 1975. Auch ehemalige FLN-Kämpfer waren unter ihren Mitgliedern, etwa General Mustafa Buyali, der 1979 eine militante Gruppe gründete und zum Dschihad gegen den Staat aufrief. Er sammelte Waffen und etablierte landesweit Zellen. Doch blieben Dschihadisten wie er zunächst eine Randerscheinung.[30]

Am 12. November 1982, Bendjedid war drei Jahre im Amt, organisierte die islamische Bewegung an der Universität von Algier eine große Kundgebung gegen die Verhaftungen ihrer Anhänger. Die Demonstranten forderten ihre Freilassung und veröffentlichten eine Erklärung mit 14 Punkten zur Bildungs- und Sozialpolitik.[31] Nach einem Anschlag auf einen Polizeiposten fünf Tage danach begannen Massenverhaftungen und willkürliche Tötungen. Pauschal hetzten Sicherheitskräfte und Linke gegen Muslimbrüder.

An den Universitäten erstarkte die islamische Bewegung, der Gebetsruf *adhan* erschallte von den Minaretten, und in Geschäften erklangen aus Radios Koranrezitationen. Auch das Erscheinungsbild auf den Straßen veränderte sich, mit Kopftuch tragenden Frauen und bärtigen Männern im Salafistenlook, die sich mit Säkularen und Linken blutige Zusammenstöße lieferten. Der Staat griff ein, und die Gewalt eskalierte, was den militanten Islamisten neue Anhänger zuführte.

Auftrieb erhielt die islamische Bewegung auch vom Geist

der Zeit. 1979 nahmen in Afghanistan die *mudschahedin* den Kampf gegen die Rote Armee auf, und in Iran stürzte die islamische Revolution den Schah. In Ägypten wurde 1981 Präsident Sadat getötet, und in Syrien wagte die Muslimbruderschaft 1982 den Aufstand gegen Hafez al-Assad.

Um die Bewegung zu neutralisieren, gründeten Linke, Säkulare, Frankofone und Amazigh unmittelbar nach der ersten Runde der Parlamentswahl vom 26. Dezember 1991 das Nationalkomitee zur Rettung Algeriens. Der Innenminister, General Larbi Belkhair, genehmigte es umgehend. Generäle um Verteidigungsminister Khaled Nezzar drängten Bendjedid, die zweite Runde abzusagen und die Wahl zu annullieren. Der aber weigerte sich. Daher rief Nezzar Anfang Februar einen Mitgründer der FLN, Muhammad Boudiaf, der für seine Härte und Kompromisslosigkeit bekannt war, in dessen marokkanischem Exil an und bat ihn, am nächsten Tag nach Algier zu kommen.

Nach 27 Jahren im Exil wurde Boudiaf sofort Präsident. Gemeinsam mit Nezzar und Belkhair forcierte er den Krieg gegen die FIS. Sie wollten mit der FIS nicht verhandeln, sondern sie auslöschen.[32] Die Gefängnisse füllten sich, neue Lager wurden in der Wüste errichtet. Dann, nach nur 166 Tagen im Amt, wurde Boudiaf am 29. Juni 1992 auf einer Veranstaltung der FLN von einem Leibwächter erschossen. Der Attentäter wurde zum Tode verurteilt, aber nicht hingerichtet. Die genauen Hintergründe von Boudiafs Tod bleiben unklar. Mit dem Krieg und den Lagern in der Wüste hatte er sich im Volk viele Feinde gemacht, mit seinem Kampf gegen die Korruption und der Amtsenthebung von hohen Militärs aber auch unter den Generälen.

Die grausamsten Abschnitte von Algeriens blutigem, dem »schwarzen Jahrzehnt« begannen, als sich der militante Flügel von der FIS abspaltete und zum Guerillakrieg »in die Berge«

zurückzog. Die Dschihadisten überlebten drei Präsidenten: Boudiaf, Ali Kafi (1992 bis 1994) und Liamine Zeroual (1994 bis 1999). Verteidigungsminister Khaled Nezzar, der in der Sowjetunion und in Frankreich ausgebildet worden war, blieb der starke Mann und umgab sich mit loyalen Generälen. Der berüchtigtste unter ihnen war Geheimdienstchef Muhammad Mediène.

Um das Blutvergießen zu beenden, suchte Präsident Zeroual schließlich das Gespräch mit der FIS. Er wollte freie Wahlen. Doch erwartungsgemäß schloss die Wahlkommission den Kandidaten der FIS aus. Entschieden war die Wahl, als das Militär Abd al-Aziz Bouteflika, ein Urgestein der FLN, präsentierte. Bouteflika wurde 1937 im marokkanischen Oujda geboren, wo die Nationale Befreiungsarmee ein Lager unterhielt. Dort lernte er als Jugendlicher Boumedienne kennen. 1962 wurde er Minister für Sport und Jugend, er beteiligte sich am Sturz Ben Bellas und war von 1963 bis 1979 Außenminister. Als sich das Militär 1979 für Bendjedid als neuen Präsidenten entschied, wandte sich Bouteflika von der Politik ab und wurde als Geschäftsmann im Ausland reich. Währenddessen pflegte er jedoch weiterhin seine Kontakte mit dem Königsmacher Belkhair und dem Geheimdienstchef Mediène.

Präsident Bouteflika erfüllte zunächst die in ihn gesetzten Hoffnungen. Mit politischem Geschick beendete er den Bürgerkrieg, trieb den Versöhnungsprozess voran und entfernte Generäle, an deren Händen allzu viel Blut klebte.[33] 2004 wurde er gegen einen Kandidaten des Militärs wiedergewählt. Er übernahm zusätzlich das Amt des Verteidigungsministers und machte seinen Freund Ahmad Gaid Salah zum Generalstabschef. Bouteflika stellte zwischen dem Amt des Präsidenten und der Armee eine neue Balance her und war nicht mehr dessen Marionette.

Um seinen Einfluss in der Armee zu sichern, baute er neben dem panarabischen und dem frankofonen einen ihm gegenüber loyalen Flügel auf. Zusätzlich zum Militär und dem Präsidialamt setzte er auf eine dritte Säule, auf die er sich im Zweifelsfall stützen wollte: regimenahe Unternehmer. Die Zeit dafür war günstig, denn die Einnahmen aus dem Export von Erdgas sprudelten.

Bouteflika lenkte das Geld in Industrie- und Infrastrukturprojekte und öffnete die Märkte. Industrie, Dienstleistungen, Handel und Banken gelangten in »private« Hand, was eine kleine Schicht sehr reich machte.[34] Auch Generäle und Politiker beteiligten sich daran und setzten dazu auf ihre bestehenden Netzwerke, was der Korruption Tür und Tor öffnete. An der Spitze dieser neuen Wirtschaftselite stand als Baron der Oligarchen der jüngere Bruder des Präsidenten, Said Bouteflika. Dieser Kreis bildete bald einen Staat im Staat.

So war 2009 zum Ende der zweiten Amtszeit Bouteflikas ein Dreierkartell entstanden. Das erste Netzwerk bildeten der Präsident und sein Bruder gemeinsam mit Politikern und Unternehmern. Said Bouteflika war als Berater des Präsidenten die wichtigste Schnittstelle der Oligarchen zur politischen Macht. Über ihn konnten sie ihre Leute in der Politik, der öffentlichen Verwaltung und den staatlichen Unternehmen platzieren. Mit ihrem politischen Kapital kauften sie Medien und konnten so bei Bedarf die »Straße« manipulieren.

Das zweite Netzwerk bildeten die Generäle um Gaid Salah und der Ministerpräsident. Das Militär hielt ihn unter Kontrolle, während die Minister für Said Bouteflika und die Wirtschaftselite arbeiteten. Im dritten Netzwerk kamen die mächtiger werdenden Unternehmer zusammen, deren bekanntester der Bauunternehmer Ali Haddad war. Said Bouteflika selbst gehörte kein Unternehmen. Das spielte aber auch keine Rolle, denn er war ja Herr über die »Algerien

GmbH«, und er behandelte den staatlichen Öl- und Gaskonzern Sonatrach als seine Privatbank.

Um 2009 ein drittes Mal zur Präsidentenwahl antreten zu können, musste Bouteflika die Verfassung ändern lassen. Was ihm genauso mühelos gelang wie die anschließende Wiederwahl. Der Ölpreis lag bei über 100 Dollar pro Barrel, die Wirtschaft boomte, und es schien, als könne er bis zu seinem Lebensende regieren. Doch dann erlitt er 2013 einen schweren Schlaganfall und wurde über Monate in Frankreich behandelt. Zudem halbierten sich von 2013 bis 2015 die Einnahmen aus dem Export von Gas und Öl. Es kam zu ersten Demonstrationen.

Geheimdienstchef Mediène sah seine Stunde gekommen und verbreitete, Bouteflika sei wegen seines Gesundheitszustandes nicht mehr in der Lage, das Land zu führen. Der aber setzte ihn 2015 mithilfe seines Bruders und von General Gaid Salah ab. Der entmachtete Geheimdienstchef floh nach Paris, und Bouteflikas Gesundheitszustand verschlechterte sich zusehends. Seit 2013 saß er im Rollstuhl und sagte öffentlich kein Wort mehr. Gaid Salah war nun der starke Mann, und Said Bouteflika bereicherte sich ungestört weiter.

In seiner vierten Amtszeit von 2014 bis 2019 wollte Präsident Bouteflika sein Haus ordnen und Fehlentwicklungen korrigieren. Denn die Korruption und der Nepotismus waren schneller gewachsen als ein moderner, funktionierender Staat entstehen konnte. Daher wollte er das Kräfteverhältnis der drei Säulen neu justieren. Dazu war er gesundheitlich aber längst nicht mehr in der Lage.

Dennoch strebten das Militär und die Oligarchen eine fünfte Amtszeit an, selbst wenn er nur noch die Augen bewegen konnte. Sie wollten jetzt keine Wahlen. Denn würde Bouteflika im Amt sterben, könnte das Militär wie in früheren Fällen einen verdienten FLN-Kader zum Präsidenten machen.

Allerdings spielte die heldenhafte Geschichte der FLN im Leben der meisten Algerier keine große Rolle mehr, auch hatte sie sich in mehr als sechs Jahrzehnten nicht erneuert. Die Volksrepublik Algerien war ein Staat der Armee und der FLN geblieben. Dagegen gingen ab Februar 2019 Demonstranten auf die Straße. Sie wollten keine fünfte Amtszeit Bouteflikas und auch keinen anderen alten Granden, sondern einen echten Neubeginn. Alle aus der alten Garde müssten weg, riefen sie. Die Wirtschaft lag am Boden. Das Messer hatte, wie ein arabisches Sprichwort besagt, die Knochen der Menschen erreicht. Es ging um ihre nackte Existenz.

Abd al-Aziz Bouteflika war angetreten, ein System mit mehreren Säulen zu schaffen, auf dem das Land stabil ruhen sollte. Stattdessen wurde das reiche Algerien zu einem der korruptesten Länder der arabischen Welt. Es wurde regelrecht ausgeraubt, und da die Plünderer nichts zu befürchten hatten, wurden sie immer unverschämter. Dabei übersahen sie aber die Energie der jungen Menschen und ihre Protestbewegung – den *hirak*.

Der friedliche Protest setzt Energien frei

Hirak leitet sich von *haraka* ab, dem arabischen Wort für Bewegung. Bewegt sich etwas aus sich heraus und entwickelt eine Eigendynamik, ist es ein *hirak*. Das kann bei Protesten auf der Straße geschehen oder im Fußballstadion. So war es kein Zufall, dass bei den Protesten Anfang 2011 auf dem Tahrir-Platz in Kairo die Ultras der großen Fußballclubs an vorderster Front gegen die Sicherheitskräfte und die staatlich bezahlten Schlägertrupps kämpften.

In Marokko haben die Ultras des populären Fußballclubs al-Radschaa aus Casablanca ein Lied verfasst, das auch in Algerien zur Hymne des *hirak* wurde. Die Ultras singen es bei jedem Spiel, ob im eigenen Stadion oder auswärts. Und viele gegnerische Fans singen mit: »Oh oh oh oh / im eigenen Land haben sie mich tyrannisiert / oh oh oh oh / vor wem kann ich nur klagen / oh oh oh oh / nur vor Gott, ER ist erhaben.« Und weiter: »Sie leben in Sicherheit, lassen uns wie Waisen leben / haben unsere Talente getötet, was könnt ihr jetzt von uns erwarten / ihr habt das Geld geplündert und hinausgeschafft.«[35]

Diesem Aufschrei gegenüber saß ein querschnittsgelähmter, stummer Präsident. Er war nur noch in gerahmten Porträts zu sehen, und so verspottete man ihn als »den Rahmen«. Seine Kandidatur für eine fünfte Amtszeit konnte er selbst nicht mehr einbringen, das erledigte sein Wahlkampfleiter. Bouteflika war 82 Jahre alt, das Durchschnittsalter »seines Volkes« aber betrug 28 Jahre. Jeder vierte Algerier war 15 Jahre alt oder jünger. Und sie ließen sich nicht länger für unmündig erklären.

Zum ersten Mal demonstrierten am 16. Februar 2019 mehrere Hunderttausend gegen eine drohende fünfte Amtszeit Bouteflikas. Der weilte da zur medizinischen Behandlung in Genf. Sie riefen »*nurid watan*«, »wir wollen ein Vaterland«. Fortan gingen sie jeden Freitag auf die Straße, obwohl Demonstrationen verboten waren. Zunächst waren es nur Jugendliche, doch bald schon waren alle Schichten und Altersgruppen vertreten. Mit einer Wucht, die die Mächtigen unvorbereitet traf, stellten die Demonstranten die politische Ordnung als Ganzes infrage. Noch dazu gewaltfrei. Die Revolution ihrer Eltern und Großeltern war zum Archetyp der Revolution in der Dritten Welt geworden. Daran wollten die Söhne und Töchter anknüpfen: »Wir wollen wenigstens sagen, wir haben es versucht. Wir können unseren Kindern nicht sagen, dass wir feige waren.«[36]

Auf der Straße hielt sie die Aussicht, dass das Militär wieder die Macht übernehmen könnte, die Furcht vor einem Verfall des Landes sowie die Macht der Mafia um Said Bouteflika. Sie ließen sich nicht abschrecken – nicht durch die üblichen Sabotageakte des »tiefen Staates«, der chaotische Zustände provozieren wollte, nicht durch die Stromausfälle, die künstliche Verknappung von Trinkwasser, Bargeld oder Medikamenten, nicht durch technische Pannen in Krankenhäusern oder durch Waldbrände.

Jeder überlegte seine nächsten Schritte. Ein Putsch galt zunehmend als unwahrscheinlich, denn bei einem Wandel hätten die vielen jungen Jahrgänge in der Armee nicht viel zu verlieren gehabt. Zudem hatte die islamische Bewegung aus dem schwarzen Jahrzehnt gelernt, sie agierte gewaltlos und zeigte dennoch klare Kante. Die anderen arabischen Regime waren mit sich selbst beschäftigt, und Europa konnte es sich nicht leisten, am Mittelmeer mit Feuer zu spielen. Auch Frankreich würde eine Machtübernahme des Militärs nicht unterstützen, da ansonsten die mehr als vier Millionen Algerier im Land auf die Straße gehen könnten.

Die Machtbalance hatte sich verschoben. Dem »tiefen Staat« um den Geheimdienst und die Oligarchen war bewusst geworden, dass die Armee ihn nicht mehr unterstützte. Er musste handeln, um den Wandel zu blockieren und das System Bouteflika mit den Pfründen zu retten. Doch sein Versuch, Teile der Armee mithilfe des Geheimdienstes auf seine Seite zu ziehen und die Proteste zu radikalisieren, scheiterte.

Vier Akteure belauerten sich nun: die Generäle um Generalstabschef Gaid Salah; das Präsidialamt mit Said Bouteflika und den Oligarchen; der Geheimdienst, das Netzwerk des entmachteten Mediène und die Generäle, die zum Geheimdienst hielten; schließlich die Protestbewegung des *hirak*, die nicht von der Straße wich. Allein war keiner von ihnen stark genug, sich durchzusetzen.

General Salah übernahm die Führung des Landes. Jede Woche sprach er zum Volk. Am 26. März 2019 forderte er, den Präsidenten nach Artikel 102 der Verfassung für amtsunfähig zu erklären und eine Neuwahl anzusetzen. Dann wandte sich der Generalstabschef gegen die Oligarchenmafia und nannte sie eine »Bande«, die Algerien ins Chaos führe. Er erwähnte nicht, dass er von den Vorgängen gewusst hatte und dass auch er und seine Söhne sich bereichert hatten. Bei einer Rede verunglimpfte er die Demonstranten als »Irregeleitete« und »Verräter mit vergifteten Ideen«, entschuldigte sich am nächsten Tag aber dafür.[37]

Der Wendepunkt war ein Treffen von zwanzig führenden Generälen mit Salah, über das algerische Medien am 30. März berichteten, ohne den Tag des Treffens zu nennen und ohne auf den Inhalt einzugehen. Die Generäle, unter ihnen die Kommandanten der sechs Regionen, forderten Salah in einer Erklärung auf, eine fünfte Amtszeit Bouteflikas zu verhindern, da das Land sonst in Bürgerkrieg und Chaos versinken würde. Salah, der lange gegenüber Bouteflika loyal gewesen war, stellte sich nun gegen ihn.

Um den politischen Prozess zu moderieren, sprach Salah mit der bislang passiven Muslimbruderschaft, die in den Jahrzehnten davor geächtet gewesen war. Da sie jedoch mäßigend auf andere eingewirkt hatte, hatte sie sich seit dem schwarzen Jahrzehnt Respekt verschafft. Sie führte zudem ein Bündnis an, das die verschiedenen islamischen Gruppen seit 2013 bilden, war in der Mittelschicht verankert und hatte Einfluss auf »die Straße«, die Studenten, die Berufsverbände und die Moscheen. Die islamischen Gruppen beauftragten sie, mit Salah zu sprechen, um Algerien aus der Krise zu führen und einen Neuanfang einzuleiten.

Die Demonstranten haben viel erreicht. Am 11. März ließ Bouteflika den Verzicht auf seine Kandidatur für eine fünfte Amtszeit bekanntgeben. Dann forderte General Salah den Verfassungsrat dazu auf, Bouteflika abzusetzen. Dazu kam es jedoch nicht mehr, denn Bouteflika trat am 2. April selbst zurück. Den Demonstranten sei es gelungen, einen Präsidenten abzusetzen, ohne ihn ins Exil zu schicken, ins Gefängnis zu stecken oder zu töten, wie es in Tunesien, Ägypten oder Libyen geschehen sei, sagte einer von ihnen.[38] Und zwölf Wochen nach dem Beginn der Proteste wurden am 4. Mai 2019 Said Bouteflika, der frühere Geheimdienstchef Mediène und mehrere Oligarchen verhaftet.

Über Monate hinweg hielt der *hirak* eine hohe Mobilisierung aufrecht. Er politisierte eine Gesellschaft, die durch Demonstrationsverbote und die Gewalt des Sicherheitsapparats lange von einem bürgerlichen Engagement abgehalten worden war. Dennoch behielt *le pouvoir* am Ende die Oberhand.[39] Bei der schließlich am 12. Dezember 2019 stattfindenden Wahl machten lediglich 40 Prozent der Algerier von ihrem Wahlrecht Gebrauch. Zuvor hatten Oppositionsgruppen zum Boykott aufgerufen, da die Wahl ihrer Ansicht nach zu früh kam und nur dazu diente, das Regime zu stabilisieren. Zum neuen Präsidenten wurde der frühere Ministerpräsident Abd al-Madschid Tebboune gewählt.

Die letzte große Kundgebung des *hirak* fand am 20. März 2020 statt, dann verordnete ihm die Pandemie eine Zwangspause. Weitere Protestaktionen wurden vom Regime untersagt. Zwei prominente Vertreter des *hirak*, Karim Tabbou und Abd al-Wahhab Farsaoui, wurden verhaftet, da sie der »nationalen Einheit« angeblich »Schaden« zugeführt haben sollen.[40] Die Fronten verhärteten sich aber nicht völlig. Zu sehr wirkte das Trauma des schwarzen Jahrzehnts nach. Zusätzliches abschreckendes Anschauungsmaterial bot das Nachbarland Libyen. So entstand der auch von den islamischen Gruppen gestützte Konsens, Tebboune eine Chance zu geben.

Die Menschen schöpften wieder Hoffnung. Tebboune oszilliert jedoch zwischen demokratischen Reformversprechen und autoritärer Kontinuität, sodass sich die Frage stellt, »wer resilienter sein wird, das Regime oder der *Hirak*«, schreiben Isabelle Werenfels und Luca Miehe von der Stiftung für Wissenschaft und Politik.[41] Zwar öffnet sich *le pouvoir* ein wenig und geht auf die Kräfte des Wandels zu. Doch die bekannten Risiken bleiben bestehen: Die um ihre Pfründe besorgte alte Garde kann den Umbruch jederzeit zum Stillstand bringen, und der *hirak* kann bei ausbleibenden Fortschritten die Geduld verlieren.

Das Mittelmeer: Wege nach Europa

Die Algerier leben an der Küste des Mittelmeers. Sie ist für die Migranten aus Afrika das Ziel, um nach Europa zu gelangen. Für die meisten von ihnen ist der Weg aus ihrer Heimat an die Küste jedoch gefährlicher als danach die Etappe mit dem Boot über das Meer.

Agadez ist für viele von ihnen der Ausgangspunkt. Die Stadt liegt in der geografischen Mitte Nigers und ist eine wichtige Schnittstelle afrikanischer Migrationsrouten.[42] Von hier bis zur libyschen Mittelmeerküste sind es 1700 Kilometer. Wer dort angekommen ist, hat noch 300 Kilometer bis zur italienischen Insel Lampedusa vor sich. Diese Route ist für die Schleuser und Flüchtlinge wegen des Zerfalls Libyens die einfachste.

Eine zweite Route von Agadez nach Norden führt durch Algerien. Sie ist bis an die Küste 2000 Kilometer lang. Auf ihr sind weniger Migranten unterwegs, denn in Algerien funktionieren der Staat und die Institutionen. Das Risiko der Flucht und der Preis sind dadurch höher. Von der Küste sind es dann nur noch 180 Kilometer nach Europa, im Osten nach Sardinien und vom Westen des Landes an die spanische Küste.

Die Wüste ist lebensfeindlich, das Wasser verbindet. Die Römer nannten das Mittelmeer daher *mare nostrum*, »unser Meer«. Entlang seiner Küsten hatten die Phönizier, Griechen und Römer ein dichtes Netzwerk von Hafenstädten und Handelsniederlassungen geschaffen. Über das Meer wurden Waren und Wissen ausgetauscht, und so wurde das Mittelmeer die Wiege Europas. Das Mittelmeer war in der Weltgeschichte einer der ersten Räume der Globalisierung. Beeindruckende Ruinenstätten wie Leptis Magna und Cyrene in Libyen sowie die phönizisch-römische Metropole Karthago in Tunesien zeugen von dieser kulturellen Größe, ebenso die antike Küstenstadt Hippo Regius im Osten Algeriens, in der im fünften Jahrhundert der große Kirchenlehrer Augustinus als Bischof wirkte und die Entwicklung des Christentums entscheidend prägte.

Die Identität Europas ist auch in der Rivalität mit dem Islam entstanden. Sie zerriss die Einheit des *mare nostrum*. Als dann die Weltmeere entdeckt und befahrbar wurden, verloren die Hafenstädte des Mittelmeers ihre weltpolitische Bedeutung, und als sich im 20. Jahrhundert rassistische Ideologien durchsetzten, verloren ihre Metropolen auch noch ihre kosmopolitische Ausstrahlung. Der Begriff *mare nostrum* war jedoch bereits mit dem Untergang des Römischen Reichs in Vergessenheit geraten.

Eine neue Bedeutung erhielt er ab dem Jahr 2013, als das Mittelmeer zur Durchgangsstation für Migranten und Flüchtlinge wurde, die nach Europa strebten. Im Herbst 2013 ertranken vor Lampedusa in wenigen Tagen 600 Flüchtlinge, sodass Italien die Marineoperation *Mare Nostrum* auf die Beine stellte. Sie sollte in Seenot geratene Migranten, die überwiegend aus Afrika stammten, retten und den Schleusern das Handwerk legen. In zwölf Monaten retteten die italienischen Schiffe 150 000 Menschen. Am 31. Oktober 2014 endete die Mission. Unter der Führung von Frontex, der Grenzagentur der Europäischen Union, trat die Operation *Triton* an ihre Stelle. Ihre Aufgabe war die Sicherung der EU-Außengrenze vor illegaler Einwanderung, nicht mehr primär die Seenotrettung.

Als die Operation *Triton* begann, pferchten die Schleuser die Migranten noch in seetaugliche, wenn auch überladene Fischerboote. Die Schleuser nahmen Kurs auf Italien, setzten einen Notruf ab und gingen dann von Bord. War das Wetter gut, kamen die Boote weit. Nicht selten gingen sie aber unter. Auf 40 Migranten, die das rettende Ufer in Italien erreichten, kam 2015 ein Ertrunkener. Die militärische EU-Mission *Sophia*, die am 18. Mai 2015 startete, bekam die neue Aufgabe zugewiesen, die Schleuser zu bekämpfen. Mit Schnellbooten, Drohnen und Hubschraubern sollten die Boote der Schleuser angehalten und zerstört werden.

Die Schleuser reagierten, indem sie statt Fischerbooten billige Schlauchboote einsetzten. Darauf zwängten sie mehr als 100 Menschen, von denen jeder 1000 Euro zahlte. Den Notruf an die italienische Küstenwache setzten sie nun bereits ab, sobald sie die libyschen Gewässer verlassen hatten. Nicht mehr die Schleuser brachten die Migranten an die italienische Küste, das taten nun die europäischen Rettungsschiffe. Um das zu beenden, begann die EU damit, die libysche Küstenwache auszubilden und auch in libysche Gewässer einzudringen.[43]

Seit Februar 2017 unterstützt die italienische Regierung die libysche Küstenwache. Mit Erfolg, denn deren Schiffe brachten bald mehr Migranten nach Libyen zurück als nach Italien gelangten. Die meisten Boote der Schleuser legten in der libyschen Küstenstadt Sabrata ab. Daher bot Italien den Schleusern von Sabrata und deren Milizen an, ihnen für das Verhindern des Ablegens von Booten mehr zu zahlen als das, was sie im Schleusergeschäft verdienten. Das reduzierte die illegalen Überfahrten von Libyen nach Italien mehr als alle anderen Maßnahmen. 2018 erreichten nach Angaben der Internationalen Organisation für Migration 23 400 Migranten Italien. Das war nur noch ein Fünftel der Zahl vom Jahr davor.[44]

Sabrata war nun keine Drehscheibe mehr im Schleusergeschäft. Dafür brachen in der Stadt Kämpfe zwischen Warlords und den bisherigen Schmuggelpaten um die Anteile am neuen Kuchen aus. Weiteren Konfliktstoff boten ihre Internierungslager, in die Afrikaner gebracht wurden, die auf ihrem Weg nach Europa abgefangen worden waren. Wiederholt wurden sie als menschenunwürdig beschrieben. Sie seien völlig verdreckt, es gebe nicht genügend zu trinken und zu essen, und Menschen starben an Tuberkulose, kritisierte das UN-Hochkommissariat für Menschenrechte. Migranten würden zu Sklavenarbeit oder Prostitution gezwungen, gefoltert und vergewaltigt. Zudem seien Angehörige der libyschen Küstenwache in das Schleusergeschäft verstrickt.[45]

Afrikanische Migranten, denen Libyen zu gefährlich wurde, weichen seit 2018 auf alternative Routen über Marokko und Algerien aus. Marokko stellt illegal eingereisten afrikanischen Migranten Aufenthaltstitel und Arbeitsgenehmigungen aus, Algerien jedoch greift hart gegen sie durch, steckt sie in Lager und setzt sie im Niemandsland an der Grenze zu Niger und Mali aus.[46] Aufgrund der wirtschaftlichen Not bestiegen aber immer mehr Marokkaner und Algerier die Boote selbst, um nach Europa zu gelangen. Teilweise machten die Marokkaner die Hälfte der in Spanien ankommenden Migranten aus. Die

Algerier orientierten sich eher Richtung Italien. Mit dem Beginn des *hirak* kam dieser Exodus jedoch vorübergehend zum Stillstand.

Selbst wenn es gelingen sollte, alle Routen über das Mittelmeer zu kontrollieren, droht mit dem Bevölkerungswachstum Afrikas ein Migrationsdruck mit völlig neuen Dimensionen. Die Vereinten Nationen rechnen damit, dass sich die afrikanische Bevölkerung bis 2050 von 1,3 Milliarden auf 2,5 Milliarden fast verdoppelt und dass sie bis 2100 auf 4,3 Milliarden anwächst.[47] Allein der Zuwachs von 3 Milliarden Menschen entspricht dem Fünffachen der für 2100 erwarteten Bevölkerung Europas, inklusive Russlands.

Heute lebt jeder sechste Erdbewohner in Afrika, im Jahr 2100 werden es vermutlich vier von zehn sein. Während eine Frau in Afrika im Durchschnitt 4,4 Kinder gebärt – in Niger sogar sieben –, schwankt die Zahl auf den anderen Kontinenten zwischen 1,8 und 2,2 Kindern. Bereits heute sind 62 Prozent der Bevölkerung Afrikas jünger als 25 Jahre. In Europa und Nordamerika liegt ihr Anteil bei einem Viertel.

Das Bevölkerungswachstum frisst das bescheidene Wirtschaftswachstum auf. Der Africa Competitiveness Report des World Economic Forum schätzt, dass auf dem Kontinent von 2015 bis 2035 höchstens 100 Millionen Arbeitsplätze geschaffen werden, obwohl 450 Millionen erforderlich wären, um der Jugendarbeitslosigkeit Einhalt zu gebieten. Als Pull-Faktor wirkt, dass das durchschnittliche Einkommen je Einwohner in der EU mehr als zehnmal so hoch ist wie in Afrika südlich der Sahara.

Das wird gravierende Folgen haben: für die afrikanischen Staaten, in denen Revolten gegen die verantwortungslosen Eliten drohen, und für Europa, wohin sich junge Menschen auf der Suche nach Arbeit auf den Weg machen werden.[48] Vernachlässigt zudem die Politik in Algerien weiterhin den Süden des Landes, wird der für Migranten aus der Sahelzone zu einer mühelosen Transitregion.

Gefährliche Nachbarschaft

Sahelzone: Die neue Front im Kampf gegen den Terror

Was in der Sahelzone 2012 als separatistische Revolte begonnen hat, ist heute eine der wichtigsten Fronten im Kampf gegen den globalen dschihadistischen Terror. Es begann, als Anfang 2012 Söldner, die in den Diensten des libyschen Diktators Gaddafi gestanden hatten, nach Süden in ihre Heimatländer zurückkehrten. Zur gleichen Zeit setzte im Norden Malis ein Aufstand der Tuareg gegen die Zentralregierung ein; sie verbündeten sich mit den schwer bewaffneten Heimkehrern. Ihnen schlossen sich die 2002 in Nigeria gegründeten Boko Haram an. Die von islamistischen Extremisten unterstützten Rebellen eroberten weite Teile Malis, unter anderem die Städte Timbuktu und Gao. Die Terrorgruppe Ansare Din, die al-Qaida nahesteht, übernahm bald die Führung und gründete im Norden Malis einen Terrorstaat nach dem Vorbild des IS in Syrien und im Irak.

Zum Bürgerkrieg in Libyen und dem Staatsversagen in Mali kam als dritter Faktor für das Erstarken der Islamistenszene der lange Krieg in Afghanistan hinzu. Der 1970 geborene Algerier Abd al-Malik Droukdel hatte sich in jungen Jahren dem dortigen Dschihad gegen die Rote Armee angeschlossen. Zurück in Algerien führte er im Bürgerkrieg Selbstmordattentate ein, machte sich als Sprengstoffexperte einen Namen und wurde Emir der Terrorgruppe Salafistische Vereinigung für die Mission und den Kampf (GSPC). Danach leistete er einen Loyalitätseid auf Abu Musab al-Zarqawi, den 2006 getöteten

Gründer des irakischen Ablegers von al-Qaida, und führte nun al-Qaida im Maghreb.[49]

Am 3. Juni 2020 wurde Droukdel in Mali von französischen Soldaten getötet. Frankreich hatte Anfang 2013, als die Allianz aus Dschihadisten, Söldnern und Tuareg auf die Hauptstadt Bamako marschierte, eine Eingreiftruppe nach Mali entsandt. Die Dschihadisten zogen sich in menschenleere Gegenden zurück, und der lange Krieg mit den Dschihadisten in der Sahelzone begann.

Im Rahmen der Militäroperation *Barkhane* hat Frankreich zur Bekämpfung des transnationalen islamistischen Terrors 4500 Soldaten in der Sahelzone stationiert. Zudem sind die Vereinten Nationen durch die Multidimensionale Integrierte Stabilisierungsmission in Mali (Unisma) mit 15 000 Mann präsent, von denen Deutschland ein Zehntel stellt. Deutschland ist auch an der Ausbildung der Armee Malis beteiligt, gibt jedoch in der Sahelzone zivilen Projekten zur Stabilisierung der Region den Vorrang. Bereits seit 2015 unterstützen mehrere europäische Staaten den Aufbau einer Schnellen Eingreiftruppe der fünf Sahelländer. Die Afrikanische Union schätzt die Zahl der Dschihadisten in der Sahelzone auf 15 000, was mehr wären als in jeder anderen Region der Welt.[50] In seiner letzten Videoansprache hatte der im Oktober 2019 getötete Führer des IS, Abu Bakr al-Baghdadi, am 29. April 2019 die Erfolge des IS in Mali und Burkina Faso besonders hervorgehoben.

In der Sahelzone, der Übergangsregion zwischen der Sahara und der Feuchtsavanne, haben die Dschihadisten nach dem Verlust ihrer Territorien in Afghanistan und danach in Syrien und im Irak ein neues Rückzugsgebiet gefunden. Die internationalen Anstrengungen, dem Terror Einhalt zu gebieten, drängten sie zwar in die Wüste hinaus, doch aus diesem gesicherten Umfeld heraus verübten sie Anschläge, töteten in ländlichen Gebieten zur Einschüchterung Vertreter der Staatsmacht, übernahmen dann schrittweise selbst die Macht und weiteten so ihre territoriale Herrschaft in der Sahelzone aus.[51]

Die Dschihadisten profitieren von zwei Fehlentwicklungen. Zum einen sind die Staaten der Sahelzone dysfunktional, sie bieten ihren Bürgern keine Dienstleistungen, und ihre Repräsentanten sind korrupt. Zum anderen geraten die Menschen bei ethnischen Konflikten zwischen die Fronten. Beides verschafft den Dschihadisten, die sich als »Retter« inszenieren, einen fruchtbaren Boden.

Jahr für Jahr verdoppeln sich seit 2015 in Mali, Niger und Burkina Faso die dschihadistischen Anschläge. Sie richten sich sowohl gegen Zivilisten als auch gegen staatliche Einrichtungen. Dabei erweisen sich die Dschihadisten den regulären Armeen gegenüber als ebenbürtig. Am 23. März 2019 griffen Einheiten von Boko Haram den Militärstützpunkt Boma am Tschadsee an und töteten fast 100 Soldaten der tschadischen Armee. Nie hatte sie einen größeren Blutzoll gezahlt. Dabei gilt sie als gut ausgebildet. 2013 hatte sie an der Seite der französischen Eingreiftruppe einen erheblichen Anteil daran, die Revolte im Norden Malis niederzuschlagen. Fast zur gleichen Zeit überfiel ein weiteres Kommando von Boko Haram einen Konvoi der nigerianischen Armee und tötete 70 Soldaten.[52]

Der französische Außenminister Jean-Yves Le Drian sprach im Dezember 2019 erstmals von einem Terrorgürtel, der sich quer durch den Sahel ziehen könne. Die Terrorgruppen haben bereits 2,6 Millionen Menschen zu Binnenflüchtlingen gemacht, 2019 wurden allein in Burkina Faso 2000 Zivilisten ermordet. Die Vereinten Nationen warnen davor, dass Burkina Faso »ein zweites Syrien« werden könne.[53] In Burkina Faso, Niger und Mali sind fünf Millionen Kinder auf humanitäre Hilfe angewiesen. Kinder werden nach Angaben von Unicef getötet oder haben unter sexuellem Missbrauch und anderen traumatischen Erfahrungen zu leiden. Inzwischen sind selbst Staaten an der afrikanischen Westküste wie Benin, Togo, Ghana und die Elfenbeinküste ins Visier der Dschihadisten geraten.

Frankreich will die militärische Aufgabe in der Sahelzone nicht länger allein schultern und hat mit dem Ziel, seine Eingreiftruppe *Barkhane* zu entlasten, die Taskforce *Takuba* ins Leben gerufen, an der sich europäische Partner beteiligen sollen.

Auch Algerien ist für den Kampf gegen den dschihadistischen Terror wichtig. Sollte sich das Land daran beteiligen, wäre er für Frankreich und die Vereinten Nationen leichter zu gewinnen. Die algerische Armee will jedoch weder für eine militärische Intervention noch für eine Friedensmission Soldaten entsenden. Sie folgt damit seit der Unabhängigkeit dem Grundsatz, keine Soldaten außerhalb des Landes einzusetzen.

Tunesien: Gefährdete Demokratie

Jacques Chirac, französischer Staatspräsident von 1995 bis 2007, war ein Bewunderer Tunesiens. Bei einem Besuch in Tunis sprach er 2003 vom »tunesischen Wunder«. Er lobte die politische Stabilität und die florierende Wirtschaft des Landes, das von 1881 bis 1956 französisches Protektorat war. Und auch heute kann man von einem tunesischen Wunder sprechen. Denn am 17. Dezember 2010 hatten hier die Proteste begonnen, die in einer ersten Runde zum Sturz von vier arabischen Machthabern geführt haben. Unter ihnen war am 14. Januar 2011 der tunesische Präsident Zain al-Abidin Ben Ali, der das Land 23 Jahre mit eiserner Faust geführt hatte.

Seither hat sich in der arabischen Welt lediglich Tunesien zu einer funktionierenden Demokratie entwickelt. Das Land ist das Demokratielabor der Region. Bei aller Desillusionierung mit der politischen und wirtschaftlichen Entwicklung hat der Konsens Bestand, weder ein Scheitern der Demokratisierung noch ein Abgleiten des Landes in Gewalt zuzulassen. Und das trotz einer Vielzahl von radikalen Islamisten und radikalen Linken.

Doch die Errungenschaften sind gefährdet. In den ersten zehn Jahren seit dem Sturz von Ben Ali haben sich die Regierungen im Durchschnitt lediglich 17 Monate gehalten. Und je länger spürbare wirtschaftliche Erfolge ausbleiben, desto mehr wächst die Skepsis gegenüber der Demokratie. 2013 hatten noch 61 Prozent der Tunesier angegeben, dass die Demokratie ihre bevorzugte Regierungsform sei; 2018 waren es nur noch 46 Prozent.[54]

Für die einen ist das Glas halb leer, sie sprechen von einem Scheitern der Demokratie. Für die anderen ist es halb voll, denn sie sehen eine positive Entwicklung, die noch nicht abgeschlossen ist. Tatsächlich hat die Revolution vieles erreicht: eine freiheitliche Verfassung, frei gewählte Parlamente, eine aktive Zivilgesellschaft, Menschenrechte und Bürgerfreiheiten. Tunesien ist damit in der arabischen Welt das Referenzland geworden.

Aus schwierigen Situationen fanden die Tunesier immer wieder Auswege.[55] Eine Gefahr war zunächst, dass im Windschatten der Wahlerfolge der islamisch-konservativen Ennahda salafistische Gruppen erstarkten. Sie wollten die Verschleierung der Frauen, die Trennung der Geschlechter und ein Verbot nichtislamischer Kultur durchsetzen. Dann stürzte die bis heute nicht aufgeklärte Ermordung von zwei linken Abgeordneten das Land 2013 in eine Krise.

Um die junge Demokratie zu stabilisieren, gründeten die

linken Gewerkschaften, die Arbeitgeber, die Muslimbruderschaft in Vertretung der Anwaltskammer und die Menschenrechtsliga im Sommer 2013 das Nationale Dialogquartett, das 2015 mit dem Friedensnobelpreis ausgezeichnet wurde. Im Januar 2014 wurde eine Verfassung beschlossen, die in der arabischen Welt ohne Beispiel ist. Sie stärkt das Parlament gegenüber dem Präsidenten, betont die Gleichberechtigung von Mann und Frau, leitet eine Dezentralisierung ein und nennt den Islam als die Religion des Staates, ohne ihn zur Quelle der Rechtsprechung zu machen, wie es in den meisten anderen arabischen Ländern der Fall ist.

Die nächste Phase war vor allem davon geprägt, dass die Anführer der beiden großen Lager, Beji Caid Essebsi von der neu gegründeten säkularen Partei Nidaa Tunus und Rached al-Ghannouchi von Ennahda, konstruktiv und vertrauensvoll zusammenarbeiteten. Bei der Parlamentswahl von 2014 erhielten sie die meisten Stimmen, und sie bildeten eine große Koalition. Ebenfalls 2014 wurde die Instanz für Wahrheit und Würde gegründet, die seither in öffentlichen Sitzungen die dunklen Jahre der Diktatur aufarbeitet.

Tunesien war also auf einem guten Weg. Doch dann erschütterten 2015 drei Terroranschläge das Land, und der Anti-Terrorkampf rückte in den Vordergrund. Der 1926 geborene Essebsi, Präsident von 2014 bis 2019, steuerte das Land durch die Krise, indem er eine Regierung der nationalen Einheit einsetzte und die größten politischen und gesellschaftlichen Gruppen im »Pakt von Karthago« zusammenbrachte. Mit einem breiten Konsens wollte er die großen Themen Tunesiens angehen: den Terror und die Korruption bekämpfen, die Wirtschaft entwickeln und die massiven regionalen Ungleichgewichte abbauen.

Der greise Essebsi konnte aber die Spaltung seiner Partei und die Zersplitterung der Parteienlandschaft nicht aufhalten. Er starb am 25. Juli 2019. Zur Präsidentenwahl im Oktober 2019 traten 26 Kandidatinnen und Kandidaten an, von denen in der ersten Runde kein einziger zehn Prozent der Stimmen erhielt. Der Kandidat von Ennahda, der stellvertretende Parlamentspräsident Abd al-Fattah Morou, kam nicht einmal in die Stichwahl. Die gewann der zuvor unbekannte Politikneuling Kais Saied, ein konservativer Professor für Verfassungsrecht, gegen den schillernden Medienunternehmer Nabil al-Karoui, den Frankreich und die Vereinigten Arabischen Emirate unterstützt hatten. Dass Saied aus dem Nichts zum Präsidenten gewählt wurde, spricht für eine lebendige Demokratie. Eine glückliche Hand bei der Bildung einer Regierung hatte er jedoch nicht.

Bei den Parlamentswahlen, die parallel stattfanden, traten 31 Parteien an, 20 gelang der Einzug ins Parlament. Ennahda blieb die größte Partei, ihr Stimmenanteil halbierte sich aber gegenüber der Wahl von 2011 auf 20 Prozent. Die Wähler rechneten mit den Parteien ab, denn das Parlament hatte sie enttäuscht. Die Abgeordneten kämpften mehr für ihre Privilegien als für das Allgemeinwohl, und sie konnten sich nicht darauf einigen, den Widerstand der alten Eliten zu brechen, die Reformen für eine Liberalisierung der Wirtschaft verhinderten.

Ein Beispiel für das Versagen des Parlaments war über Jahre die Blockade bei der Bildung eines neuen Verfassungsgerichts. Das Parlament reagierte am 25. März 2021 auf die wachsende Ungeduld der »Straße« und verabschiedete endlich ein Gesetz, das die Hürden für die Wahl eines Richters senkt und das bislang starre Verfahren vereinfacht. Zuvor hatten Abgeordnete, beispielsweise die Rechtsanwältin Abir Moussa, die in der Partei des gestürzten Präsidenten Ben Ali groß geworden war, mit Tricks zur Tagesordnung eine Wahl blockiert.

Die alte Oberschicht, die eng mit Frankreich verbunden

ist, kontrolliert auch ein Jahrzehnt nach der Revolution die Wirtschaft, sie schützt ihren Reichtum und behindert den Wandel. So gerät die Entwicklung Tunesiens ins Stocken, die Menschen wenden sich von der Demokratie ab und schwärmen wieder von der Ära des starken Mannes. Die Unzufriedenheit ist sehr groß, wirtschaftlich kommt das Land nicht voran. Damit steigt gleichzeitig die Gefahr, dass enttäuschte Jugendliche wieder Boote besteigen, um ihr Glück in Europa zu suchen.

Die Politiker haben die Erwartungen der Menschen enttäuscht, und die Wahlen vom Oktober 2019 waren ein Warnschuss. Ein Grund für das Scheitern mag das Konsens-Modell sein, das Tunesien nach 2011 zwar stabilisiert, in der Folge aber auch zu einer Lähmung geführt hat.[56] Daher experimentierten die frustrierten Wähler mit neuen Kleinparteien. Eine Verliererin dieser Zersplitterung ist die Partei Nidaa Tunus des früheren Präsidenten Essebsi, die in der Bedeutungslosigkeit verschwand. Die größte Verliererin aber ist Ennahda.

Die islamisch-konservative Partei war von 2011 bis 2019 mit kurzer Unterbrechung an allen Regierungen beteiligt. 2011 hatte sie noch 1,5 Millionen Stimmen erhalten, bei der Präsidentenwahl 2019 war es nur noch ein Drittel davon. Dabei war Ennahda die einzige gut organisierte Partei Tunesiens. Sie hatte während der Diktatur im Untergrund gewirkt, und so konnte sie 2011 aus dem Stand heraus einen Neubeginn anbieten. Als Reformflügel der Muslimbruderschaft wirkte Ennahda über Tunesien hinaus. Die Toleranz und Flexibilität, die die »Bewegung der Wiedergeburt« bei der Teilung der Macht oder bei Themen wie der Rolle der Frau zeigt, gehen weiter als bei anderen Parteien, die sich auf das Gedankengut der Muslimbruderschaft berufen.

Das hat auch damit zu tun, dass Ennahda ihr Profil in Auseinandersetzungen mit linken Bewegungen schärfte, denn sie stand in direkter Konkurrenz zu Gewerkschaften und Berufsverbänden, die für die Rechte von Arbeitern und Bürgerrechte kämpften. Zudem halfen zwei charismatische Personen an ihrer Spitze: der in Tunesien, Damaskus und Paris ausgebildete Philosoph Rached al-Ghannouchi als langjähriger Parteivorsitzender sowie der weltoffene Theologe und Jurist Abd al-Fattah Morou.

Nach den Wahlniederlagen von 2019 und nachdem Ghannouchi keine Regierung unter der Führung von Ennahda hatte bilden können, forderte ihn die junge Generation in der Partei heraus. Sie wollte, dass Ghannouchi nach zwei Amtszeiten nicht für eine weitere kandidiert, so wie es Artikel 31 der Parteisatzung vorschreibt. Im September 2020 verfassten 100 teils führende Mitglieder einen Aufruf an ihn, mit einem Verzicht auf eine weitere Kandidatur das Prinzip des Machtwechsels und die Werte der Demokratie zu respektieren. Dem hielt eine gleich große Gruppe entgegen, dass die Partei in einer kritischen Zeit eines erfahrenen Vorsitzenden bedürfe, weshalb sie eine Änderung der Satzung vorschlug.[57] Ghannouchi könnte dann noch einmal Vorsitzender der von ihm 1981 gegründeten Partei werden.

Als dritte Gefahr kommt neben der Parteienverdrossenheit und der ungebrochenen Macht der alten Oberschicht hinzu, dass die Schwächung von Ennahda ein Vakuum schafft, in das radikalere Kräfte eindringen können. Alle drei Faktoren zusammen könnten die Errungenschaften der Revolution zunichtemachen. Das tunesische Wunder hängt also weiter am seidenen Faden.

Ist Algerien stabil?

In Algerien haben die Proteste acht Jahre später als in den anderen Ländern Nordafrikas eingesetzt. Sowohl das Regime als auch die Demonstranten konnten somit aus den Entwicklungen in den Nachbarländern lernen. Diese bilden die drei Seiten eines Dreiecks: der Staatszerfall in Libyen, die Militärdiktatur in Ägypten und der demokratische Aufbruch in Tunesien sowie ansatzweise auch im Königreich Marokko. Die Stabilität des größten Landes der arabischen Welt und damit der südlichen Mittelmeerküste hängt maßgeblich davon ab, wohin es sich in diesem Dreieck bewegt.

Ein Zerfall wie in Libyen ist äußerst unwahrscheinlich. Das Regime will ihn verhindern, ebenso die Protestbewegung. Das Trauma des schwarzen Jahrzehnts in den 1990er Jahren sitzt nach wie vor tief. Vor allem aber verfügt Algerien, anders als Libyen, über starke staatliche Strukturen und ähnelt damit Ägypten. In beiden Ländern liegt der Staat in den Händen des Militärs und des Sicherheitsapparates, in beiden Ländern haben die Bürokratie und die mit dem Regime verbundenen Unternehmer eine gehobene Stellung. Diese Vormachtstellung wollen sie bewahren, die Demonstranten aber wollen sie brechen und eine Teilhabe erzwingen.

Für sie ist Tunesien, wo eine mit mehr Freiheiten verbundene Demokratisierung eingeleitet wurde, eine Inspiration. In Tunesien war das möglich, weil Militär und Sicherheitsapparat nicht so erdrückend auf der Gesellschaft lasteten wie in Ägypten und Algerien. In Marokko ging der Reformkönig Mohammad VI. auf die Forderungen der Gesellschaft ein und integrierte die oppositionelle Muslimbruderschaft in die Regierung, was stabilisierend wirkte. In Algerien hatte das Regime seit der Unabhängigkeit noch immer jede Opposition ausgeschaltet. Das ist nun nicht mehr möglich.

Algerien ist an einem kritischen Punkt angelangt. Dem Land drohen zwei Gefahren: Eine politische Konfrontation kann das Land lahmlegen, und bei einem Ausbleiben von wirtschaftlichen Strukturreformen kann das Land in eine tiefe Wirtschaftskrise stürzen, in der selbst die großen Öl- und Gasvorkommen nicht mehr helfen. Wie verwundbar Algerien ist, zeigte sich in der Covid-19-Pandemie, als sich die Exporterlöse für Öl und Gas halbierten. Algerien benötigt einen Ölpreis von 157 Dollar pro Barrel, um den Staatshaushalt ohne Kredite zu finanzieren.[58] Sollten die Einnahmen dauerhaft niedrig bleiben, drohen Verteilungskämpfe, die die Stabilität gefährden. Daher sind Strukturreformen, die die Abhängigkeit von den Erlösen des Exports von Öl und Gas reduzieren, äußerst dringlich.

Beide Seiten haben verantwortungsvoll gehandelt, die Demonstranten mehr noch als das Regime. Innerhalb des Regimes erkennt eine junge Generation von Generälen zunehmend, dass die Restauration der alten Ordnung keine realistische Option mehr ist. Dieser zum Wandel bereite Flügel zwang Bouteflika zum Rücktritt und begriff, dass es kein Nullsummenspiel mehr gibt und Algerien nur dann stabil bleibt, wenn alle gewinnen. Ihm gegenüber stehen die, die um ihre Pfründe und Privilegien fürchten. Zu ihnen gehören die zu Abd al-Aziz Bouteflika loyalen Generäle, die Unternehmer um Said Bouteflika und die korrupten Bürokraten.

Sie widersetzen sich Reformen und einer Öffnung der Wirtschaft. Obwohl die Weltbank Algerien in der Liste des *Doing Business* im Jahr 2020 lediglich auf Platz 157 von 190 Ländern führt.[59] Private Initiativen scheitern weiterhin an der Bürokratie, in den Genuss günstiger Bankkredite kommen nur Leute des Regimes; die Landwirtschaft wird nicht umstrukturiert, weil einige wenige gut an Agrarimporten verdienen. So aber können sich neue Wirtschaftszweige kaum entwickeln.

Das Regime ist wegen der wirtschaftlichen Kosten der Pandemie geschwächt, aber nicht von einem Kollaps bedroht. Ihm gegenüber steht eine Protestbewegung, die größer ist und einen längeren Atem hat als alle früheren Proteste. Sie bleibt friedlich und erfreut sich einer breiten Popularität. Zusätzliche Sympathien hat sie erworben, weil sie seit Beginn der Pandemie auf Proteste verzichtet und stattdessen besonders von der Pandemie betroffenen Bürgern hilft.

Anders als in Ägypten können sowohl das Regime wie auch der *hirak* Erfolge für sich beanspruchen. Das baut Spannungen ab, selbst wenn Algerien noch weit von einem fairen Kompromiss entfernt ist, der das Land nachhaltig stabilisieren könnte. Denn die neue Verfassung vom 1. November 2020 ändert nur wenig an der politischen Struktur. Würden die Forderungen des *hirak* verwirklicht, etwa die Erneuerung der politischen Klasse und eine Armee, die sich aus der Politik heraushält, stünde das Überleben des Regimes auf dem Spiel. Die Verfassung erfüllt aber auch Forderungen des *hirak*. So wird eine unabhängige Wahlbehörde und eine unabhängige Anti-Korruptionsbehörde eingeführt und die Versammlungsfreiheit garantiert.[60] Einen ehrlichen politischen Dialog sieht die Crisis Group dennoch nicht.[61]

Die neue Verfassung ist der Versuch, den Wandel nicht auf revolutionärem Weg herbeizuführen, sondern auf der Grundlage neuer Gesetze, die das Parlament verabschieden soll. Um das zu ermöglichen, erweitert sie zwar die Kompetenzen des Präsidenten, stärkt jedoch vor allem die des Parlaments, auch gegenüber dem Präsidenten. Politische Parteien können leichter gegründet werden, Nichtregierungsorganisationen und Medien können freier agieren.

Verantwortung für ein Gelingen tragen auch externe Akteure, insbesondere Frankreich. Die alte Kolonialmacht hat in der Vergangenheit ihre Interessen gewahrt, indem sie eng mit dem Regime und dem »tiefen Staat« in Algerien zusammengearbeitet und einen Wandel blockiert hat. Dabei stehen zwei Ziele im Vordergrund: der ungehinderte Zugang zu wichtigen Bodenschätzen und die Sicherheit südlich des Mittelmeers. Der Schlüssel dazu ist Algerien mit seinen Nachbarstaaten Mali und Niger. Einen großen Einfluss wird daher haben, ob Frankreich weiterhin nur seine eigenen Vorteile im Blick hat oder auch die Zukunft Algeriens.

Letztlich aber hängt alles am Zusammenspiel von Armee, Präsident, politischen Kräften und *hirak*. In der Armee sorgt der neue Generalstabschef Said Chengriha, der seit Dezember 2019 im Amt ist, dafür, dass die Streitkräfte einem friedlichen Wandel verpflichtet sind und dazu an einem Strang ziehen; potenzielle Unruhestifter in der Armee kommen nicht zu Wort. Chengriha, der neue starke Mann Algeriens, lässt jedoch keinen Zweifel daran, gegebenenfalls militärisch ein Abgleiten in Instabilität zu verhindern.

Für das Gestalten des Wandels müsste der Präsident eine treibende Kraft sein. Zwar setzte Präsident Tebboune vorgezogene Parlamentswahlen für den 12. Juni 2021 fest. Die Handlungsfähigkeit Tebbounes, wie Chengriha 1945 geboren, wird jedoch dadurch eingeschränkt, dass er keine Hausmacht hat und über kein Charisma verfügt. Es ist nicht zu erkennen, dass er seine Vollmachten ausschöpfen würde. Ein Handicap im Erneuerungsprozess Algeriens ist daher der Präsident, den überdies eine schwere Covid-19-Erkrankung geschwächt hat.

Noch schwächer als der Präsident sind die mehr als ein Dutzend politischen Parteien. Ob sie sich für oder gegen das Regime ausgesprochen haben, war bislang unerheblich. Das könnte sich aber ändern, wenn sich die Annäherung von islamischen und säkularen Parteien fortsetzt und sie zusammen ein politisches Gewicht bekommen. Ein wichtiger Mediator dabei ist die Muslimbruderschaft, was den Vereinigten Arabischen Emiraten nicht gefällt.

Die Protestbewegung hat sich unabhängig von den Parteien entwickelt, und sie lehnt diese ab. Die Parteien adoptieren zwar nicht den *hirak*, übernehmen aber dessen Forderungen. Anders als sie kann der *hirak* jedoch jederzeit viele Menschen mobilisieren. Denn die Gründe, weshalb er entstanden ist, sind nicht verschwunden. Offen bleibt, wie hart das Regime auf eine solche revolutionäre Herausforderung reagieren würde. Schließlich will der *hirak* mehr Wandel als das Militär, und er hat bisher wenig getan, um *le pouvoir* versöhnlich zu stimmen.

Positiv schlägt zu Buche, dass die Akteure weiterhin der Konsens eint, dem friedlichen Wandel eine Chance zu geben. Das Regime, also die Streitkräfte und der Präsident, haben das Heft des Handelns in der Hand. Mit Zugeständnissen (und der Hilfe der Pandemie) hat es eine Destabilisierung durch die revolutionäre Kraft der »Straße« vorerst abgewendet. Die Unzufriedenheit im Land ist indes unverändert groß. Die wirtschaftliche Lage vieler Menschen verschlechtert sich, und dem *hirak* gehen die politischen Zugeständnisse nicht weit genug. Die Stabilität des größten Landes der arabischen Welt hängt also maßgeblich davon ab, ob die einflussreichen Akteure auch in Zukunft auf Konsens setzen.

DIE LEVANTE: STAATSZERFALL
IM SCHIITISCHEN HALBMOND

Der Fruchtbare Halbmond erstreckt sich vom Persischen Golf bis an die Mittelmeerküste. Hier wurden die Menschen sesshaft, hier haben sich die ersten städtischen Kulturen entwickelt. In seinem weiten Bogen liegen die Ursprünge der menschlichen Zivilisation, und auch die der monotheistischen Weltreligionen, die entstanden sind, um das neue sesshafte Leben zu organisieren und ihm einen Sinn zu geben.

Aus dem Fruchtbaren Halbmond wurde in den vergangenen Jahrzehnten der schiitische Halbmond, der von Iran über den Irak und Syrien bis in den Libanon reicht. Der jordanische König Abdullah II. hat diesen Begriff geprägt, als der Irak nach dem Sturz des Diktators Saddam Hussein im Jahr 2003 als Bollwerk gegen die Expansion der Islamischen Republik Iran weggefallen war. Es war ein Vakuum entstanden, und Iran füllte es.

Die Expansion Irans begann, als der Irak 1980 einen Krieg gegen das Land anzettelte und der syrische Diktator Hafez al-Assad eine taktische Allianz mit Iran einging, um seinen Erzfeind Saddam Hussein in die Zange zu nehmen. Beide beanspruchten für sich, die Araber zu vereinen. Und keiner wollte sich dem anderen unterordnen. 1982 fasste Iran mit der Gründung der Hizbullah durch die Revolutionswächter im Libanon Fuß; als Miliz ist die Hizbullah stärker als die libanesische Armee, als politische Partei ist sie die Veto-Macht, die dem Libanon bis heute ihren Stempel aufdrückt.

In der Folge gerieten der Irak, Syrien und der Libanon, die

drei arabischen Länder des Fruchtbaren Halbmonds, Schritt für Schritt in die Einflusssphäre Irans. Beharrlich baute Iran mit den Revolutionswächtern und lokalen Milizen seine militärische Präsenz aus, und der Halbmond wurde zu einem breiten Korridor. Das Vordringen Irans schwächt die arabische Welt. Denn Syrien und der Irak, zwei der vier traditionellen Regionalmächte, stehen nicht länger als Ordnungsmächte bereit, und die beiden anderen, Saudi-Arabien und Ägypten, sind zu schwach, um ihren Platz einzunehmen.

Allein Saudi-Arabien hat, wenn auch nur mit mäßigem Erfolg, versucht, den schiitischen Iran einzudämmen. Wiederholt und frustriert stellte das Königreich jedoch seine Unterstützung für die Sunniten im Libanon ein; in Syrien finanzierte es islamistische Söldner, die den iranischen Revolutionswächtern nicht gewachsen waren; auch im Irak unterstützte es sunnitische Aufständische, und erst 2019 eröffnete Saudi-Arabien in Bagdad wieder ein Konsulat.

Heute ist der Fruchtbare Halbmond die am stärksten zerstörte Region des Nahen Ostens. Wo die arabische Hochkultur einst in ihrer Blüte gestanden hat, erstreckt sich heute ein Trümmerfeld, das in Teilen dem des Dreißigjährigen Krieges in Europa gleicht. Keine andere Region im Nahen Osten und in Nordafrika hat sich in den vergangenen Jahren in diesem Maße zum Schlechten verändert wie die Länder der Levante.

Im Libanon hat Iran den letzten Resten von Staatlichkeit den Todesstoß versetzt, als die Hizbullah 2005 Rafik al-Hariri ermordete. Den Irak trieb die konfessionalistische Politik des pro-iranischen Ministerpräsidenten Nuri al-Maliki, der von 2006 bis 2014 regierte, in einen Bürgerkrieg. Und in Syrien, wo sich Iran mit Waffenfabriken, Handelsniederlassungen und Milizen eingenistet hat, ist Iran nicht an einem funktionierenden Staat interessiert, weil ihm ein gescheitertes Land als Plattform für sein aggressives Machtstreben von größerem Nutzen ist.

Syrien: Die Beute wird zerlegt

Zu dem dramatischen Verfall hat beigetragen, dass im Jahr 2000 Hafez al-Assad starb und sein Sohn Baschar al-Assad auf ihn folgte. Hafez al-Assad hatte Syrien 30 Jahre mit harter, blutiger Hand regiert. An die Macht war der in der Sowjetunion ausgebildete Kampfpilot 1970 durch einen Putsch gekommen. Seither hatte die Armee das Sagen, die politische Fassade bildete die panarabische, sozialistische Baath-Partei. Die Assads gehören der Religionsgemeinschaft der Alawiten an, die – am Rande des schiitischen Islams angesiedelt – über Jahrhunderte von den sunnitischen Muslimen verfolgt worden sind. Ein sozialer Aufstieg war ihnen verwehrt geblieben, bis ihnen die Armee eine Chance dazu eröffnete. Von da an waren sie es, die über die Mehrheit der machtlos gewordenen Sunniten herrschten.

Mit großem taktischen Geschick und strategischem Weitblick verwandelte Hafez al-Assad das ressourcenarme Syrien in eine Regionalmacht, die den Nahen Osten mitgestaltete. Ein solcher Meister ist sein Sohn Baschar nicht. Er hat die Zeichen der Zeit nicht erkannt und sein Land mit erschreckenden Fehlentscheidungen zu einem Schlachtfeld für externe Akteure verkommen lassen.

Anstatt die Protestbewegung durch politische Manöver zu neutralisieren, setzte er früh auf militärische Gewalt; anstatt andere Länder von einer Einmischung in Syrien durch politische Schachzüge abzuhalten, forderte er Iran und Russland auf, seine Herrschaft zu retten, und setzte damit einen Teufelskreis in Gang. Der russische Präsident Wladimir Putin ließ sich nicht lange bitten. Er erkannte die Chance, von Syrien aus die *Pax Americana* über den Nahen Osten auszuhöhlen und den hegemonialen Anspruch Russlands wiederherzustellen, der mit dem Ende der Sowjetunion untergegangen war. Mit seiner Präsenz in Syrien empfahl sich Russland anderen Regimen als verlässlicher Partner.[1]

Auch Iran war schnell im Kampfmodus. Die Teheraner Führung hatte begriffen, dass Syrien durch die Proteste aus ihrer »Achse des Widerstands« wegbrechen könnte, die sich gegen den Westen im Allgemeinen sowie gegen Israel und die Vereinigten Staaten im Besonderen richtet. Daher rief Iran einen »heiligen Krieg« aus, vorgeblich um die heiligen schiitischen Stätten in Syrien zu beschützen, etwa das Grabmal der Prophetenenkelin Zainab. Die sunnitischen Länder Türkei, Saudi-Arabien und Qatar reagierten, indem sie sunnitische Extremisten für einen ebenso »heiligen Krieg« gegen Iran mobilisierten.

Bereits im Januar 2012 bildete sich Dschabhat al-Nusra als Ableger des Islamischen Staats im Irak. An der Spitze der Terrorgruppe stand Ahmad al-Scharaa aus Daraa im Süden Syriens mit dem Kampfnamen Abu Muhammad al-Dschaulani. 2003 hatte das syrische Regime ihn und andere Extremisten in den Irak geschickt, um gegen die amerikanischen Besatzer zu kämpfen. Acht Jahre später waren diese dschihadistischen Zellen noch immer intakt. Sie wurden reaktiviert, kämpften nun aber gegen das Regime in Damaskus. Zulauf erhielten sie durch eine Amnestie, bei der im Mai 2011 Tausende Kriminelle aus syrischen Gefängnissen entlassen wurden. Ausländische Kämpfer strömten erst später ins Land, da waren die Anführer des friedlichen Protests bereits in den Kerkern des Regimes verschwunden und sunnitisch-islamistische Extremisten hatten ihren Platz eingenommen.[2] Je mehr sunnitische Extremisten in Syrien kämpften, desto mehr Hilfe für das Regime schickten Iran und Russland. So wurde aus einem Feuer, das hätte gelöscht werden können, ein selbstzerstörerischer Flächenbrand.

Der Krieg war entschieden, als sich Russland und Iran in Syrien festsetzten, während die Unterstützer der Opposition sich allmählich zurückzogen. Die Türkei war ab Juli 2016 mit dem gescheiterten Putschversuch und der Verfolgung der Dissidenten im eigenen Land beschäftigt, das Interesse Saudi-Arabiens verschob sich auf den Krieg im Jemen, Qatar kämpfte seit Juni 2017 gegen die Folgen des Boykotts der anderen Golfmonarchien und in der EU absorbierte der Brexit die meiste Energie. Immer mehr Staaten zogen die Fortsetzung der Herrschaft Assads einer vollständigen Implosion Syriens vor.

Noch Anfang 2013 schien Assads Ende bevorzustehen. Er fühlte sich wieder stark, als Russland im September 2015 Kampfflugzeuge nach Syrien verlegte. Mit russischer und iranischer Hilfe setzte er zur Rückeroberung verlorener Regionen an und schließlich auch der letzten Rebellengebiete. Im Sommer 2017 sagte er in einer Rede in Damaskus: »Wir haben die besten unserer jungen Leute verloren, aber eine gesündere und homogenere Gesellschaft gewonnen.«[3] Homogener bedeutet, dass Syrer, die gegenüber dem Regime kritisch eingestellt sind, nicht länger erwünscht sind. Das schließt eine Rückkehr vieler Flüchtlinge aus.

Militärisch ist der Krieg entschieden. Jetzt geht es um die Zerlegung der Beute, das Ummünzen der militärischen Erfolge in politischen Einfluss und Aufträge für den Wiederaufbau. Das führt zu neuen Konflikten. Denn Syrien ist in vier Einflusssphären zerfallen: Im Nordosten Syriens halten die Vereinigten Staaten ihre Hand über eine kurdische Selbstverwaltung; im Nordwesten baut die Türkei eine parallele Staatlichkeit mit einem türkischen Gouverneur auf; Iran kontrolliert die Grenze zum Libanon, sichert Gegenden um Aleppo und ist in Damaskus präsent; Russland ist Herr über die restlichen Teile Syriens.

Formal bestehen die alten Grenzen fort, sie sind aber nicht länger relevant. Denn Syrien hat aufgehört, ein souveräner Staat zu sein. Zwar bezahlt die Regierung in Damaskus, soweit es ihr möglich ist, weiter die Gehälter ihrer Bediensteten. Der Arm ihrer Institutionen reicht aber nicht mehr in alle Landesteile. Was auf dem Boden Syriens geschieht, bestimmen die externen Akteure, und ihre Interessen decken sich nicht.

Russland und Iran haben den Krieg gemeinsam gewonnen, verfolgen aber konträre Ziele. Iran will das Regime mit einem hörigen Assad erhalten, Russland hingegen ist lediglich an einem moskaufreundlichen Regime interessiert. Um zu verhindern, dass Iran Assad umgarnt, setzt Putin den russischen Botschafter in Damaskus direkt auf Assad an, um ihn zu kontrollieren. Denn Putin will für Russland wichtige Pfründe sichern, etwa die Flughäfen und Autobahnen. Das schränkt aber die Möglichkeiten Irans ein, das Zugang zum Mittelmeer haben und an die Grenze zu Israel vorstoßen will. Letzteres verhindert Russland.[4]

Russland braucht als Modell für sein Wirken im Nahen Osten ein stabiles Syrien, Iran ist aber weder an Frieden noch an einem funktionierenden Staat interessiert. Daher hat es, mit Assads Unterstützung, die von Moskau ausgehandelten Deeskalationszonen und die lokalen »Versöhnungsabkommen« unterlaufen. Zudem werden iranische Einheiten in die syrische Armee integriert, und die syrischen Milizen wurden nach dem Vorbild der iranischen Bassidsch-Milizen aufgebaut. Um Irans Einfluss zurückzudrängen, will Russland eine Reform der syrischen Streitkräfte anstoßen, wogegen sich Iran natürlich wehrt.[5] Syrien ist die wichtigste Front im Konflikt zwischen Iran und Israel. Denn Iran nutzt das Land als Aufmarschgebiet gegen Israel, das seinerseits die iranischen Stellungen angreift, was die russische Luftabwehr zulässt.

Für Russland und Iran sind die Türkei und die Vereinigten Staaten gleichermaßen ein Stachel. Ankara und Washington kontrollieren im Norden die großen Ölfelder und Getreidekammern Syriens. Die Türkei hält seit 2018 die kurdische Provinz Afrin und seit 2019 eine 120 Kilometer lange Sicherheitszone zwischen den Städten Tall Abyad und Ras al-Ain besetzt. In der Rebellenprovinz Idlib bildet sie aber auch das militärische Schutzschild für zwei Millionen Zivilisten, die sich vor einem Angriff der syrischen Armee fürchten. Den verhindert bislang Russland. Denn der Kreml nutzt Syrien, das zum Spielball der Türkei und Russlands wurde, auch, um die Türkei langsam aus der NATO herauszulösen.

Im Oktober 2019 sagte Außenminister Mevlüt Çavuşoğlu: »Wir haben bekommen, was wir wollten.«[6] Der Satz bringt den *negativen Frieden* in Syrien auf den Punkt, wie ihn der norwegische Friedensforscher Johan Galtung formuliert hat.

Die Konflikte sind eingefroren, und die organisierte militärische Gewalt ruht weitgehend. Die Türkei hat erreicht, was sie wollte, indem sie einen eigenständigen Kurdenstaat verhindert hat; Iran hat sich einen Korridor ans Mittelmeer erkämpft und Syrien als Teil seiner »Achse des Widerstands« militarisiert; Russland ist die neue Macht am Mittelmeer, mit der zusammenarbeiten muss, wer mitreden will; die Vereinigten Staaten können ihren Rückzug aus der Region fortsetzen und dennoch einen Teilerfolg, den vorübergehenden Sieg über den Islamischen Staat, vermelden; und auch Assad hat erreicht, was er wollte, er sitzt weiter in seinem festungsartigen Palast über Damaskus. Allein noch im Amt zu sein, ist für ihn ein Sieg.

Über das syrische Volk hingegen ist eine große Tragödie

hereingebrochen. Aus keinem anderen Land der Welt sind so viele Menschen geflohen wie aus Syrien. Von 2011 bis 2020 haben 6,7 Millionen Syrer ihre Heimat verlassen. In Syrien selbst sind von den verbliebenen 19,5 Millionen Einwohnern 6,7 Millionen Binnenflüchtlinge. Jeder dritte von ihnen ist wiederholt vertrieben worden. Die Türkei nahm 3,6 Millionen Flüchtlinge auf, der Libanon 930 000. Nach Europa sind seit 2011 etwa eine Million Syrer geflohen, von denen sich 780 000 in Deutschland niedergelassen haben.[7]

Die Kosten des materiellen Wiederaufbaus werden auf mindestens 400 Milliarden Dollar geschätzt. Zum Vergleich: Im Jahr vor dem Beginn der Proteste hatte Syrien eine Wirtschaftsleistung von 60 Milliarden Dollar.[8] Russland und Iran können die Gelder für den Wiederaufbau nicht aufbringen. Der Westen wiederum knüpft ein Engagement an eine Öffnung des Regimes, die eine Versöhnung einleiten und so künftige Konflikte verhindern soll. Er sieht keinen Anlass, seine Politik zu ändern und auf Assad zuzugehen. Das Regime sieht sich aber als Sieger und schließt Reformen kategorisch aus.

An Änderungen der politischen Ordnung ist es nicht interessiert. So gibt es bei den Gesprächen über eine neue Verfassung, die seit September 2019 unter der Schirmherrschaft der Vereinten Nationen in Genf mit der Opposition stattfinden, keinerlei Fortschritte. Das Regime benutzt sie lediglich als Feigenblatt, um eine internationale Anerkennung vorzutäuschen. Die Gespräche sind gescheitert, das Format erwies sich als eine weitere Sackgasse in dem Bemühen, den Krieg zu beenden.

Nach einem Jahrzehnt des Krieges ist das Land zerstört, die Bevölkerung ist ausgeblutet. Die Gesellschaft ist militarisiert, und für lange Zeit wird es kein Gewaltmonopol eines verantwortungsvoll handelnden Staates geben. Syrien ist um

Jahrzehnte zurückgeworfen. Die Wahrscheinlichkeit, dass die Regierung in Damaskus große Landesteile auch weiterhin nicht kontrollieren kann und nichtstaatliche Akteure nach Belieben agieren, bleibt für die absehbare Zukunft sehr hoch.

Der Irak: Die Mutter aller Konflikte

Syrien ist das größte Schlachtfeld im Nahen Osten, alle bedeutenden Auseinandersetzungen werden hier ausgetragen: darunter der Konflikt der Araber mit Iran, der zwischen Iran und Israel, der zwischen dem sunnitischen und dem schiitischen Islam und auch der Kampf gegen den islamistischen Terror. In Syrien entscheidet sich damit die Ordnung der Region. Die Ursachen vieler dieser Konflikte liegen jedoch im Irak. Dort haben sie begonnen, und von dort sind sie weitergezogen.

Schon seit Jahrtausenden prallen Araber und Perser im Zweistromland aufeinander. Dabei hatten die indoeuropäischen Perser zunächst leichtes Spiel. Sie ritten aus dem geschützten Hochland hinab in das flache, fruchtbare Mesopotamien, wo die semitischen Araber siedelten. Das drehte sich im Jahr 636 um, als die muslimischen Araber im südirakischen Qadissiyah das persische Sassanidenreich besiegten und die Perser die Religion der Araber annahmen. Ebenfalls im Irak wurde im Jahr 680 in der Schlacht von Kerbela das Schisma zwischen dem sunnitischen und dem schiitischen Islam besiegelt.

Bagdad war von 750 bis 1258 Sitz des Kalifen. Länger hat sich in der Geschichte des Islams kein Reich gehalten. In der Moderne konnte die Region aber nicht an ihre große Vergangenheit anknüpfen. Zunächst schufen die Briten aus drei osmanischen Provinzen den Kunststaat Irak und setzten 1921 Faisal aus der Dynastie der Haschemiten in Mekka als König ein. Dann putschte sich 1968 die sozialistische Baath-Partei an die Macht. Die Diktatur von Saddam Hussein, der mit eisern-blutiger Hand regierte, dauerte von 1979 bis 2003.

Seit Beginn seiner Herrschaft ist der Irak in Kriege verwickelt, die das Land aufgezehrt haben: der Krieg gegen Iran von 1980 bis 1988; der zweite Golfkrieg nach dem Einmarsch in Kuwait 1990 und 1991; der Aufstand gegen die Besatzer und das Blutvergießen zwischen den Bevölkerungsgruppen nach 2003; der Terror des IS ab 2014. Während die Menschen in Algerien ihr Leben in einem 130 Jahre während Befreiungs-krieg gelassen haben, töteten und töten sich die Iraker gegenseitig.

Der erste folgenschwere Eingriff des Westens war 1921 die Gründung des Königreichs, der zweite 2003 der Sturz von Saddam Hussein durch eine von den Vereinigten Staaten an-geführte Koalition. Die siegreichen Amerikaner lösten die ira-kische Armee und die Baath-Partei auf, wodurch ein Vakuum entstand, das die einzigen Institutionen füllten, die im Un-tergrund oder im Exil überlebt hatten: die schiitischen Aya-tollahs in den religiösen Seminaren (*hauza*) und die schiiti-schen Milizen. Zudem verordneten die Besatzer dem Land, dass es nach dem Vorbild des Libanon entlang konfessioneller und ethnischer Linien regiert werden solle.

Dahinter stand die Hoffnung, so die Konflikte zwischen den verschiedenen Gruppen managen zu können. Die Grä-ben wurden aber nur noch tiefer. Denn die Schiiten arbeiteten eng mit Iran zusammen, das immer verhasster wurde, und die Sunniten gingen einen Pakt mit dem IS ein, der sie letztlich diskreditierte. Die Kurden wiederum glaubten, sich bei ihrem Streben nach Unabhängigkeit auf den Westen verlassen zu können, und wurden bitter enttäuscht.

Die Iraker sind Araber, dennoch stellen die Schiiten zwei Drittel der Bevölkerung. In nur zwei anderen arabischen Ländern, dem Libanon und in Bahrain, sind sie ebenfalls die größte Bevölkerungsgruppe. Über sie setzte sich Iran nach dem Sturz von Saddam Hussein im Irak fest. Die Herzen der Menschen hat die Islamische Republik aber nie erreicht, und so muss sie das Land mit Milizen kontrollieren, die aus Teheran gesteuert werden. Zudem scheiterte ein wichtiges Projekt Irans: Die irakischen Schiiten lehnen die Regierungsform der Islamischen Republik, die Ayatollah Khomeini entworfen hat, ab. Er hatte mit dem *Velayat-e faqih* seine Antwort auf die Frage gefunden, wie die Zeit bis zur Ankunft des Messias, des *Mahdi*, überbrückt werden solle. Khomeini proklamierte, der am besten qualifizierte Gelehrte solle die Welt auf das Erscheinen des *Mahdi* vorbereiten und auch politisch führen. Entwickelt hatte er die Lehre von 1965 bis 1978 im Exil in der den Schiiten heiligen Stadt Nadschaf im Südirak.

Mit dieser Lehre brach Khomeini die Annäherung zwischen den Sunniten und den Schiiten ab. Auch unter den schiitischen Arabern findet sie nur wenige Anhänger. Die führenden schiitischen Gelehrten im Irak lehnen sie ebenso ab wie sie Musa al-Sadr, der frühere Führer der Schiiten im Libanon, verworfen hat. Die von Sadr gegründete Schiitenorganisation Amal erkennt die Lehre bis heute nicht an, anders als die iranhörige Hizbullah. In Iran dagegen verhalf ihr die Revolution von 1979 zum Durchbruch. Dabei hatten sie nur die wenigsten Demonstranten gekannt. Sie wollten den Schah stürzen, nicht eine Islamische Republik gründen. Deren Führer allerdings praktizieren Khomeinis Lehre und setzen den Schiismus mit den Mitteln staatlicher Macht von oben herab durch; das verschafft ihnen die Möglichkeit, ihre Ideologie auch außerhalb Irans zu verbreiten. Die arabischen

Iraker folgen der klassischen schiitischen Lehre, bei der die religiösen Autoritäten (*marjaʿiyya*) in der Zeit des Wartens auf den *Mahdi* in die Gesellschaft wirken. Im Libanon wiederum eignen sich die Schiiten die staatlichen Institutionen von unten her an, indem die Hizbullah ihre militärische Macht in politische Herrschaft ummünzt.

Nach Jahrzehnten des arabischen Sozialismus, nach den Kriegen und unmenschlichen Sanktionen stand der Irak am Abgrund. 2003 sollte der Konfessionalismus einen Neubeginn einleiten. Wer dem Staat nicht mehr vertraut, so der Gedanke, vertraut seiner Religionsgemeinschaft. Aber der Plan ging schief, und die Erosion der Mittelschicht nahm alarmierende Ausmaße an.

2007 gehörten noch 61 Prozent der Iraker zur Mittelschicht, sie hatten also am Tag sechs bis zehn Dollar zur Verfügung. Im Jahr 2020 betrug ihr Anteil an der Bevölkerung nur noch 30 Prozent. Parallel dazu hat sich der Anteil der Unterschicht von 23 Prozent auf 60 Prozent fast verdreifacht. Auch die kleine Oberschicht schmolz von 16 Prozent auf zehn Prozent. Von der Verarmung sind insbesondere die schiitischen Provinzen im Südirak betroffen, die dann zum Zentrum der Proteste gegen die Regierung wurden, aber auch arabisch-sunnitische Provinzen nördlich von Bagdad.[8]

Die Ursachen für die Verarmung sind neben den Kriegen und Sanktionen vor allem die grassierende Korruption und das fehlende Verständnis für die Privatwirtschaft. Über Jahrzehnte hatte der Staat mit den Öleinnahmen, die 94 Prozent zum Staatshaushalt beitragen, Arbeitsplätze geschaffen. So gut wie jeder fand Arbeit, eine Privatwirtschaft entstand jedoch nicht. Im Sozialismus war sie nicht erwünscht, und später hat es sich nicht gelohnt, Unternehmer zu werden. Selbstständige müssen sich gegen billige iranische Produkte behaupten, die den Irak überschwemmen, da es für sie keinen anderen Absatzmarkt gibt. Die Kosten der Selbstständigen werden außerdem in die Höhe getrieben, weil sie an Milizen Schutzgeld und an Beamte Schmiergeld zahlen müssen. Die Arbeitsplätze, die zur Beschäftigung der jungen Iraker benötigt werden, werden so nicht geschaffen.

Der Staat ist der größte Arbeitgeber und zugleich die größte Korruptionsmaschine. Im Korruptionsindex von Transparency International landet der Irak auf Platz 167 von 183 Rängen. Der Fisch stinkt vom Kopf, die Korruption beginnt ganz oben, die politischen Ämter sind teuer. So wurde 2018 der Posten des Verteidigungsministers für 30 Millionen Dollar angeboten, ein Parlamentssitz kostete zwei Millionen Dollar.[10] Bezahlt werden die Parteivorsitzenden, die so ihr Vermögen im Ausland mehren. Wer für einen Posten viel bezahlt, will aus diesem noch mehr herausholen.

Die Korruption hat im Irak eine lange Geschichte. Das Programm *Oil for Food*, das die Vereinten Nationen 1995 lancierten, um im Irak trotz der Sanktionen den Grundbedarf zu decken, war eine Einladung an die herrschende Klasse, sich maßlos zu bereichern. Die nächste Einladung, Gelder abzuzweigen, bestand im konfessionalistischen System, das 2003 eingeführt wurde. Denn seither werden Gelder nach einem konfessionalistischen Schlüssel verteilt, nicht nach Bedarf. So wurden die großen Hoffnungen enttäuscht, die mit dem Neubeginn verknüpft waren. Das schlägt sich auch auf die Wahlbeteiligung nieder. Bei der ersten Parlamentswahl 2005 machten 80 Prozent der Iraker vom Wahlrecht Gebrauch, 2018 waren es nur noch 45 Prozent.

Der dysfunktionale Staat bereichert Einzelne, stellt kaum Dienstleistungen bereit und schafft keine Sicherheit. So wurden die Milizen wichtig. Sie werden entweder von Iran gesteuert oder von Stämmen gestellt. Nach dem Staat sind sie inzwischen der zweitgrößte Arbeitgeber. Um sich zu finanzieren, erpressen sie nach Mafia-Art Schutzgelder, vorwiegend von Irakern, bei denen sie Geld vermuten. Die Milizenführer setzen sie auch als Schlägertrupps nach dem Vorbild der ägyptischen *baltagiya* gegen ihre politischen Widersacher ein.

Die Missstände sind also gravierend: der Staat versagt, die staatlichen Versorgungsleistungen werden nur noch schlechter, die Korruption ist systemisch, der Lebensstandard sinkt, die Milizen durchkämmen die Straßen. Die ersten Demonstrationen dagegen begannen im Juli 2018 in Basra. Seit Oktober 2019 finden sie in weiten Teilen des Landes statt, vor allem in den schiitischen Provinzen. Die Demonstranten machen vor allem das konfessionelle System und den Einfluss Irans für die Missstände verantwortlich. Die iranischen Konsulate in Basra, Nadschaf und Kerbala wurden in Brand gesetzt. Die staatlichen Sicherheitskräfte, insbesondere aber die Milizen, gehen mit äußerster Brutalität gegen die Demonstranten vor.

Die Proteste sind mehr als eine vorübergehende Jugendrevolte. Viele zivilgesellschaftliche Gruppen haben sich ihnen angeschlossen. Mehr als ihre konfessionelle Identität eint sie ein irakisches Nationalgefühl, sie rufen: »Wir wollen unser Land zurück.« Die Lektion für Teheran ist, dass eine schiitische Identität nicht mehr ausreicht, um die Macht Irans in der Region zu konsolidieren. Immer mehr Iraker wollen ein neues Kapitel aufschlagen. Sie wollen einen funktionierenden Staat und keine islamische, sondern eine freiheitliche Republik.

Libanon: Der Staat als Mittel der Patronage

In keinem anderen Land zeigen sich die Krise und das Scheitern des Staats so deutlich wie im Libanon. Dabei war der Libanon einst der Bankenplatz der arabischen Welt und als solcher relativ wohlhabend. Lange schmückte sich das Land mit dem Prädikat »Schweiz des Nahen Ostens«, und Beirut galt vielen als das »Paris des Orients«.

Solche Vergleiche haben eine Illusion erzeugt und falsche Hoffnungen geweckt. Denn der Libanon hatte in seiner Geschichte nie einen modernen Staat, der diesem Begriff gerecht geworden wäre. Der libanesische Staat ist bloße Fassade, er dient nicht der Bevölkerung, sondern den mehr als 200 Familien, deren Patronage-Netzwerke seit Langem die Abläufe des Landes regeln.

Trotz ihres modernen Äußeren blieben die Führer dieser Familien ihren vormodernen Herrschaftsmethoden treu. An der Spitze steht der *za'im*, der als *power broker* die Interessen seiner Klientel vertritt, notfalls mit Gewalt. Der *za'im* vererbt sein Amt an einen Sohn. So entstanden über die Zeit mächtige Dynastien, die das Land unter sich aufteilen und dabei auch für Religionsgemeinschaften sprechen. Die libanesische Verfassung erkennt 18 namentlich an und garantiert ihnen eine politische Vertretung. Dazu trug auch die französische Mandatsmacht bei, der im Auftrag des Völkerbundes die Verantwortung für den Libanon zugesprochen wurde. Frankreich führte über die Führer der Religionsgemeinschaften einen politischen Konsens herbei, beispielsweise um Regierungen zu bilden. Große Patronate sind die Familien Gemayyel und Chamoun bei den Maroniten, die Familie Sulh bei den Sunniten und die Familie Dschumblatt bei den Drusen. Viele ihrer Führer wurden ermordet, etwa Bechir Gemayyel 1982, Dany Chamoun 1990 und Kamal Dschumblatt 1977.

Jeder von ihnen und jeder ihrer Nachkommen war ein Patron mit der Verantwortung für ein Netzwerk von Familien. Zusammen bilden sie eine soziale Organisation mit dem Patron als dem Mittelpunkt des Netzwerks. Er verteilt Arbeit und Aufträge, schützt die Seinen und vermittelt bei Konflikten. Im Gegenzug genießt er Respekt und erwartet von seinen Klienten, dass sie zu ihm stehen und seine Machtstellung, von der sie profitieren, sichern.

Als Frankreich den Libanon 1943 in die Unabhängigkeit entließ, wurden die Patronate die tragenden Säulen des neuen Staats. Der Staat war nun die Organisationsform der Patronate, und die sicherten ihre Macht über ihre politische Vertretung. Zwar stellt der Staat ein Mindestmaß an Verwaltung bereit, seine wesentliche Aufgabe besteht aber darin, die Pfründe an alle Patronate mehr oder minder gerecht zu verteilen – von einflussreichen Posten und lukrativen Aufträgen bis hin zu einfachen Jobs. Die Justiz darf natürlich nicht gegen die Interessen der Patronate Recht sprechen. So wurde der Staat nicht allein die Organisationsform der Patronate, sondern auch der Korruption.

Drei Jahrzehnte nach der 1943 erlangten Unabhängigkeit geriet das System ins Wanken. Palästinensische Flüchtlinge veränderten die Demografie, und das Dienstleistungszentrum Beirut büßte seine regionale Bedeutung langsam ein. Ein Kampf um Macht und Ressourcen begann, der sich zu einem Krieg zwischen den Patronaten entwickelte. Im Bürgerkrieg von 1975 bis 1990 wurden viele Patrone zu Warlords, die Milizen befehligten. Schmuggel und Kriminalität wurden noch wichtiger, als sie es zuvor schon waren. So führte etwa die Miliz der Forces Libanaises von Samir Geagea zwischen 1987 und 1988 16 000 Fass hochgiftigen Industriemüll aus Italien ein, vergrub ihn und verdiente gut daran.[11]

Um den Bürgerkrieg zu beenden, vermittelte Saudi-Arabien zwischen den Akteuren. Das Königreich hatte erkannt, dass die fehlende Staatlichkeit die Wurzel aller libanesischen Probleme war. Der 1989 in Taif abgeschlossene Vertrag beendete dann zwar nicht gänzlich das System, das den Patronen ermöglichte, den Staat zur Versorgung ihrer Klientel zu plündern, stärkte aber einige staatliche Institutionen, insbesondere die Armee. Sie genoss von da an den Ruf einer überkonfessionellen Institution und wurde von Saudi-Arabien mit modernen Waffen ausgestattet.

Der Kampf um den Staat ging in eine neue Phase. Bei der Volkszählung von 1943 waren die Schiiten nach den Christen und Sunniten noch die kleinste der drei großen Religionsgemeinschaften gewesen. Inzwischen stellten sie die größte Bevölkerungsgruppe. Historisch hatten sie den Süden des Landes besiedelt, der israelische Einmarsch 1982 hatte viele von ihnen aber nach Norden in die Hauptstadt Beirut vertrieben. Im selben Jahr gründete Iran die Hizbullah, die nicht als klassisches Patronagesystem funktioniert. Die Schiiten wollten nun mehr Macht.

So fordert die Hizbullah nach dem Vorbild der Islamischen Republik Iran einen funktionierenden Staat, der aber auf die konfessionelle Vielfalt des Landes Rücksicht nehmen soll. Die Patronate wollten jedoch am alten System festhalten. Was als Kampf um den Staat begonnen hatte, wurde nach dem Mord an dem früheren Ministerpräsidenten Rafik al-Hariri am 14. Februar 2005 ein Kampf um die Ausrichtung des Landes. Denn die Hizbullah will den Libanon in das antiwestliche Lager Irans führen, das Lager der Patronate sieht sich hingegen im Westen verankert. Und dieser Westen muss sich vorhalten lassen, das Konstrukt des libanesischen Staates nie infrage gestellt zu haben.

Seit 2005 formiert sich aber auch Widerstand bei einer jungen Generation, die liberal denkt und sich zivilgesellschaftlich organisiert. Sie will eine libanesische Nation von Staatsbürgern, die ihre Identität nicht länger aus der Zugehörigkeit zu einer Religionsgemeinschaft ableiten. Sie sind nicht mehr bereit, für externe Akteure einen Stellvertreterkrieg zu führen, und kritisieren die Staatsidee der Hizbullah ebenso wie jene der Patronate, bei der der Souverän, so formuliert es der Islamwissenschaftler Reinhard Schulze, nicht mehr als »die Summe aller Patronate« ist.[12]

Parallel zu dieser Debatte wurde das Staatsversagen immer sichtbarer, etwa bei der Müllkrise des Jahres 2015 oder bei der Versorgungskrise des Jahres 2020. Das Land, das nie Nennenswertes selbst produziert hat, das über keine Bodenschätze verfügt und nahezu alles importieren muss, hat lange gut von den Überweisungen der Libanesen in aller Welt gelebt. Wie ein Tanz auf dem Vulkan wirkt im Rückblick das System, bei dem die Zentralbank zu absurd hohen Zinssätzen immer mehr Geld zur Finanzierung des Staats aufgenommen hat, bis niemand mehr bereit war, dem Land mit einer Staatsschuld von 170 Prozent am Bruttoinlandsprodukt neuen Kredit zu geben.

Auch die Golfstaaten standen nicht mehr bereit, weil sie einem Land, in dem die Hizbullah eine Veto-Macht geworden war, nicht länger helfen wollten, und so implodierte der libanesische Staat: Die Stromversorgung brach zusammen, das Gesundheitswesen hielt der Pandemie nicht stand, Gehälter und Renten wurden nicht mehr ausbezahlt. Im Jahr 2020 verlor das Libanesische Pfund 80 Prozent seines Werts. Dennoch setzte bei den politischen Führern des Landes kein Umdenken ein. Weiterhin sperren sie sich gegen jedwede Reform.

In dieser düsteren Stimmung explodierten am 4. August 2020 im Hafen von Beirut, über den die Hizbullah auch ihre Waffen einführt, 2750 Tonnen Ammoniumsulfat. Sie waren über Jahre fahrlässig mitten in der Millionenstadt gelagert worden. Mehr als 200 Menschen wurden getötet, mehr als 300 000 Menschen wurden obdachlos. Libanesen klagten daraufhin gegenüber arabischen Nachrichtensendern, ihr Land sei zu einem Mafiastaat verkommen. Die politische Klasse blieb jedoch ungerührt. Die Ermittlungen, die ein mit Parlamentssprecher Nabih Berri verwandter Richter führte, verliefen im Sande.

Ohne einen radikalen Neubeginn, wie ihn jetzt die Demonstranten fordern und der mit guter Regierungsführung, Rechtsstaatlichkeit und starken Institutionen verknüpft sein muss, wird der Libanon nicht wieder auf die Beine kommen. Doch die Wahrscheinlichkeit ist gering, dass er verwirklicht wird.

Derzeit konkurrieren drei Modelle um die Zukunft des Landes. Die schiitische Hizbullah arbeitet an einem starken Staat mit islamischen Vorzeichen. Israel würde einen solchen Staat an seiner Nordgrenze jedoch nicht zulassen. Die zivilgesellschaftlich organisierte Jugend will einen demokratisch verfassten Staat. Sie setzt auf den Druck von unten, auf den demografischen Wandel und auf die 1,5 Millionen syrischen Flüchtlinge, von denen viele im Land bleiben werden. Doch ihre Bewegung ist zu schwach, um das Beharrungsvermögen der alten Patronage-Ordnung zu durchbrechen.

Die Patronate selbst hoffen, dass der Zusammenbruch des Staats wieder den Nutzen der klassischen Patronage für die Sicherheit des Einzelnen erkennen lässt. Das würde jedoch auf die dauerhafte Selbstzerstörung des Landes hinführen. Der Libanon droht daher in einen weiteren Bürgerkrieg hineinzuschlittern. Vielen Libanesen bliebe dann keine andere Wahl, als mit den Füßen abzustimmen und ihr Land zu verlassen.

Kehrt der IS zurück?

Am 4. Juli 2014 rief Abu Bakr al-Baghdadi in Mossul das Kalifat des Islamischen Staats aus. Vorübergehend kontrollierten die Dschihadisten ein Territorium, das so groß war wie Großbritannien. Um ihn militärisch zu besiegen, bedurfte es eines koordinierten Einsatzes der Staatengemeinschaft. Im Oktober 2017 wurde der IS aus Mossul vertrieben, im März 2019 verlor er die letzte Ortschaft in Syrien, Baghuz, und im Oktober 2019 wurde Baghdadi bei einer Operation amerikanischer Spezialkräfte getötet.

Der IS besteht aber auch nach dem Ende seines Kalifats weiter. Seine Ideologie lebt fort, und im Untergrund bereitet er seine Rückkehr vor.[13] Die Faktoren, die zu seinem Aufstieg geführt haben, sind nicht verschwunden. So treibt ihm in Syrien der Krieg des Assad-Regimes gegen die Zivilbevölkerung weiter Sympathisanten zu, und im Irak nutzt ihm die Benachteiligung der sunnitischen Iraker durch die von Schiiten dominierte Zentralregierung.

Zwei weitere Faktoren begünstigen sein Erstarken. Erstens: der Teilrückzug der amerikanischen Truppen. In Syrien unterstützen nur noch 900 Soldaten das von Kurden angeführte Bündnis der Syrischen Demokratischen Kräfte, und im Irak sind die auf 3000 Soldaten reduzierten Einheiten als Folge der Angriffe proiranischer Milizen auf nur noch zwei Militärbasen stationiert. Zweitens: die Corona-Pandemie. Sie hat dazu geführt, dass die westlichen Staaten die Ausbildung irakischer Sicherheitskräfte eingestellt haben und Armee und Polizei für andere Aufgaben als den Anti-Terrorkampf eingesetzt werden.[14]

Bereits 2018 haben in der syrisch-irakischen Wüste mehrere Tausend Dschihadisten begonnen, sich als Untergrundorganisation neu zu formieren und neue Finanzquellen zu erschließen. Der IS hat jedoch keine Zentrale mehr, von der aus große Terroranschläge vorbereitet werden könnten wie jene am 13. November 2015 in Paris, bei denen 130 Menschen getötet wurden.[15]

Daher begnügte sich der IS zunächst mit kleineren Anschlägen in Syrien und im Irak. Er verzichtete darauf, Gebiete zu beherrschen, die ein leichtes Angriffsziel sein könnten. Stattdessen besannen sich die Dschihadisten auf den Guerillakrieg, wie sie ihn bis 2014 geführt hatten, und verfolgten die Strategie, in Regionen, die sie verloren hatten, Unruhe zu erzeugen. Dadurch wollten sie in der Zivilbevölkerung Zweifel säen, dass die irakischen Sicherheitskräfte oder die Syrischen Demokratischen Kräfte in der Lage seien, für Sicherheit zu sorgen. Dazu verübten sie gezielt Attentate auf Repräsentanten des Staats, etwa auf Bürgermeister und lokale Sicherheitskräfte. Daneben steckten sie Getreidefelder in Brand, entführten Menschen und erpressten Lösegeld, sie verbreiteten ihre Ideologie und rekrutierten neue Kämpfer.[16] Mit diesem Vorgehen hat der IS seit April 2020 in Syrien wie im Irak die Frequenz und Qualität seiner Anschläge und Aktivitäten gesteigert.

Um flexibel und weniger angreifbar zu sein, hat der IS seine Kommandostrukturen stark dezentralisiert. Die lokalen Zellen handeln weitgehend autonom. Im Irak hat sich der IS in den Provinzen Salaheddin, Anbar und Kirkuk sowie im Nordwesten von Mossul neu organisiert, ebenso um die Stadt Hawidscha nördlich von Bagdad. In Syrien erstarkt der IS in der Wüstenprovinz Deir al-Zor, ferner in der Region um Homs und um die südsyrische Stadt Suwaida, also in Gegenden, die offiziell vom Assad-Regime kontrolliert werden.

Die Zahl der Kämpfer im Dienst des IS wird von 4000 bis 18000 geschätzt. Beide Zahlen könnten stimmen, je nachdem, ob lediglich die aktiven Kämpfer gezählt werden oder auch vermutete Schläferzellen und nichtmilitärisches Personal. Vor allem irakische und syrische Staatsbürger treiben die Reorganisation voran. Die ausländischen Kämpfer, deren Zahl auf maximal 3000 geschätzt wird, spielen in diesem Prozess kaum eine Rolle.

Einen großen Schub könnte der IS erhalten, sollte es ihm gelingen, ein Gefängnis zu stürmen und inhaftierte Kämpfer zu befreien. Allein in den Gefängnissen der syrischen Kurden befinden sich mehr als 10 000 IS-Angehörige. Bereits während des türkischen Einmarsches in das kurdische Nordsyrien konnten im Oktober 2019 IS-Kämpfer aus solchen Lagern und Gefängnissen entkommen. Im Frühjahr 2020 kam es erneut zu kleineren Ausbruchsversuchen.

Die syrischen Kurden haben die Staatengemeinschaft wiederholt gebeten, sie dabei zu unterstützen, die Gefängnisse ausbruchsicher zu machen, und ihre Staatsbürger zurückzuholen. Doch nichts ist geschehen, die syrischen Kurden sind weiter auf sich allein gestellt. Diese Verweigerung könnte schwerwiegende Folgen haben. Sollten mehrere Tausend IS-Kämpfer fliehen, würden sie den bewaffneten Kampf wiederaufnehmen und ihn auch nach Europa tragen.[17]

Denn der IS beschränkt sich nicht auf Syrien und den Irak. Er sieht sich vielmehr als weltumspannende Bewegung. Ein neues Zentrum des Terrors ist die Sahelzone, wo sich der IS und al-Qaida einen Bruderkrieg liefern. Und auch in Afghanistan erstarkt der IS. Dort könnte er von einem amerikanischen Abzug profitieren, wenn danach die Taliban die Kontrolle über das Land übernehmen und dem IS eine Basis einräumen, wie sie es vor 2001 bereits bei al-Qaida getan haben. Sollte der IS zudem auf einige Tausend Kämpfer der Taliban zurückgreifen können, wäre Afghanistan als Zentrum des Terrors gefährlicher als Syrien und der Irak.[18]

In Europa verfügte der IS Ende 2020 über keine organisierten Strukturen. Terroristen handelten nicht im Auftrag des IS, wohl aber in seinem Geist und im Namen seines Narrativs. Vom 21. Oktober bis zum 2. November 2020 haben in Paris, Dresden, Nizza und Wien Einzeltäter neun Menschen getötet und viele verletzt. Wenn sich der IS in seinen Rückzugsgebieten weiter erholen und neu aufstellen kann, wird man auch in Europa wieder mit größeren Terroranschlägen rechnen müssen. Die externen Akteure sind auch deshalb im Nahen Osten militärisch präsent, um das zu verhindern.

DIE BEGIERDEN EXTERNER AKTEURE

Der *Nahe Osten* ist keine eindeutig definierte Region. Im Deutschen fallen unter diese geografische Bezeichnung die Länder des Fruchtbaren Halbmonds sowie Ägypten und die Arabische Halbinsel. Die Angelsachsen verwenden für diese Region jedoch den Begriff *Middle East*. Der deutsche Begriff *Mittlerer Osten* bezeichnet hingegen Länder wie Iran und Afghanistan, möglicherweise auch solche, die noch weiter im Osten liegen. In den Vereinigten Staaten wird zudem der Begriff *Greater Middle East* verwendet, der einen weiten Bogen von Pakistan am Hindukusch bis Mauretanien am Atlantik zieht.

Welcher Begriff auch immer verwendet wird: Die Region spielte in der Globalisierung schon früh eine bedeutende Rolle. Davon zeugen die historischen Seidenstraßen, die sie mit China verbunden haben und über die jahrhundertelang Waren und Ideen ausgetauscht worden sind. Der Handelsreisende Marco Polo (1254 bis 1324) brachte die Kunde dieser den Europäern bis dahin weitgehend unbekannten Welt zurück in die Heimat, und so entstand ein Bewusstsein vom Nahen Osten als einem Bindeglied zwischen den Kontinenten Europa und Asien.

In der Moderne kam eine folgenschwere Entdeckung hinzu. Im frühen 20. Jahrhundert wurden am Persischen Golf und auf der Arabischen Halbinsel Erdöl und Erdgas entdeckt, deren Vorkommen sich rasch als die größten überhaupt erwiesen. Erst diese Entdeckung weckte das Interesse der westlichen Industriestaaten an der Region. Kurz zuvor hatte bereits der britische Geograf Halford John Mackinder die überragende geopolitische Bedeutung des Nahen Ostens hervorgehoben.[1] In einer 1904 erschienenen Schrift schrieb er, die Region, in der die Landmassen Europas, Asiens und Afrikas zusammenstoßen, sei das »Herzland«. Wer es beherrsche, halte den Schlüssel zur Weltherrschaft in Händen.

Seitdem befeuert ihre zentrale Lage als geografische Mitte der Welt die Begehrlichkeiten externer Akteure. Vier Faktoren verleihen dem Nahen Osten seine herausragende Bedeutung: Er versorgt die Welt mit Energie, er ist ein Drehkreuz des globalen Handels, von ihm aus kann militärische Macht projiziert werden und er ist die Heimat der drei großen monotheistischen Weltreligionen.

Die Vereinigten Staaten: Ein Ende der langen Kriege?

Zwei Jahrzehnte, nachdem britische Ingenieure bei Bohrungen in Iran fündig geworden waren, stießen auch amerikanische Firmen auf der Arabischen Halbinsel auf Ölquellen, zuerst 1929 in Bahrain, dann 1938 in Saudi-Arabien. Nach dem Zweiten Weltkrieg gingen die Vereinigten Staaten mit den konservativen Monarchien am Persischen Golf eine Sicherheitspartnerschaft ein. Das hatte zwei Gründe: Zum einen galt es, das für die amerikanische Wirtschaft so wichtige Erdöl zu sichern. Zum anderen wollten die USA im Wettbewerb der Systeme ein weiteres Vordringen der Sowjetunion verhindern, die bereits in Ägypten, im Irak und in Syrien Fuß gefasst hatte.

Die »langen Kriege« im Nahen Osten begannen für die Vereinigten Staaten allerdings erst nach dem Ende des Kalten Kriegs. Davor waren ihre Truppen stets nach kurzen Kampfeinsätzen wieder in die Heimat zurückgekehrt. Das änderte sich 1990, als Präsident George H. W. Bush eine internationale Militärkoalition zusammenstellte, um Kuwait nach dem irakischen Einmarsch zu befreien. Die Intervention gelang, doch seither sind die USA ohne Unterbrechung im Nahen Osten militärisch präsent.

So startete Präsident George W. Bush nach den Anschlägen vom 11. September 2001 seinen »Krieg gegen den Terror« in Afghanistan. 2003 weitete er ihn aus, um den irakischen Diktator Saddam Hussein zu stürzen. Die Vereinigten Staaten mussten jedoch erkennen, dass es einfach war, einen Krieg zu beginnen, nicht aber, ihn zu beenden. Die Präsidenten Barack Obama (2009 bis 2017) und Donald Trump (2017 bis 2021) haben es versucht. Erfolglos. Denn nun erforderte die Bekämpfung des Islamischen Staats, der erst als Folge des Sturzes von Saddam Hussein entstanden war, ein fortgesetztes starkes militärisches Engagement.

Als im Jahr 2011 in fast allen arabischen Ländern Menschen aus Protest gegen die Regime auf die Straße gingen und zudem Iran aggressiver auf die arabische Welt ausgriff, zeigte sich die Abhängigkeit der bedrohten Regime von den Vereinigten Staaten. Sie investierten nun massiv in die Modernisierung ihrer Armeen und Sicherheitsapparate und bestellten dazu umfangreich Waffen, überwiegend bei amerikanischen Rüstungskonzernen.

Gleichzeitig drehte sich in den USA jedoch die öffentliche Stimmung gegen ein fortgesetztes Engagement im Nahen Osten. Was zum einen damit zusammenhing, dass die »langen Kriege« in Afghanistan und im Irak eine Kriegsmüdigkeit erzeugt hatten. Zum anderen hatte die Abhängigkeit von Ölimporten aus dem Nahen Osten abgenommen, und die Vereinigten Staaten orientierten sich nun verstärkt in Richtung Asien und China.[2]

Dennoch ist nach wie vor kein anderer externer Akteur

stärker im Nahen Osten vertreten als die Vereinigten Staaten. Das US Central Command unterhält neben dem Hauptquartier in Tampa, Florida, eine Kommandobasis in Qatar, von wo aus mehr als 20 amerikanische Stützpunkte in der arabischen Welt betreut werden, dazu weitere in Ostafrika und Zentralasien sowie die Fünfte Flotte der amerikanischen Marine, die seit 1995 in Bahrain stationiert ist.

Was sich aber verändert, ist die Qualität der amerikanischen Militärpräsenz. Um die Sicherheit der Vereinigten Staaten vor Terrorgefahren aus dem Nahen Osten zu erhöhen, soll ein »langes Engagement« an die Stelle »langer Kriege« treten.[3] Amerikanische Truppen sollen künftig nicht mehr auf jedes Sicherheitsrisiko angesetzt werden, schreibt der amerikanische Militärstratege Anthony Cordesman. Es könne nicht mehr darum gehen, einen gescheiterten Staat oder eine gescheiterte Regierung zu retten, und auch nicht mehr darum, mit massivem Einsatz von Truppen ein Land zu verteidigen, das aufgrund einer korrupten und ineffizienten Regierung dazu selbst nicht in der Lage ist.

Ziel soll vielmehr sein, mit begrenzten Land- und Luftstreitkräften, mit relativ niedrigem Aufwand und hoher Trefferpräzision Extremisten daran zu hindern, eine Gefahr zu werden. Dabei müsse die Bewilligung eines amerikanischen Militäreinsatzes in einem fremden Land an eine effiziente zivile Regierung und an eine Reformbereitschaft geknüpft werden. Sind diese Bedingungen nicht erfüllt, werde es keinen Militäreinsatz geben. Die Erfolgsaussichten eines solchen Ansatzes schätzt Cordesman im Irak höher ein als in Afghanistan.

In den kommenden Jahren werden die Vereinigten Staaten ihre militärische Präsenz weiter abbauen, um sich den Bedrohungen aus Russland und China zuzuwenden, erwartet Cordesman. Die strategischen Partner Amerikas im Nahen Osten fürchten daher nicht ohne Grund, dass sich die Vereinigten Staaten nicht mehr wie in der Vergangenheit zur Sicherung der Region verpflichtet fühlen. Genährt wird diese Befürchtung durch das passive amerikanische Verhalten in den Konflikten in Libyen, Syrien, im Irak und im Jemen.[4] Dabei müssen sich die USA auch im Nahen Osten auf einen schärferen Wettbewerb mit Russland und China einstellen.

Russland: Prestigeerfolge trotz Schwäche

Wenn sich die Vereinigten Staaten in einem Land engagieren, übernehmen sie eine langfristige Verpflichtung für dessen Sicherheit. Sie verbinden damit, wenn auch nicht immer in ausreichendem Maß, Werte wie die Achtung von Menschenrechten und Rechtsstaatlichkeit. Um Verstöße dagegen etwa in Ägypten und Bahrain zu ahnden, hielten sie Waffenlieferungen zurück. Die Regime reagierten darauf, indem sie die Waffen in Russland bestellten – und auch bekamen. Damit signalisierten sie Washington, dass die USA nicht mehr die einzige Option sind.

In Moskau stießen sie auf offene Ohren, weil die russische Nahostpolitik unter Präsident Wladimir Putin auf kurzfristige transaktionale Erfolge zielt, um so im Nahen Osten mit den Vereinigten Staaten wieder auf Augenhöhe zu sein, wie es die Sowjetunion während des Kalten Kriegs war. Russland hat den Vorteil, dass es sich in der Region nicht wie die USA militärisch überdehnt hat, sondern lediglich einzelne Gelegenheiten nutzt, die von vornherein Erfolg versprechend sind.[5]

Russland kehrte mit großen Fanfarenklängen als Schlüsselakteur in den Nahen Osten zurück, als Präsident Putin im September 2015 so viele Kampfflugzeuge und Militärberater nach Syrien entsandte, wie erforderlich waren, um das bedrängte Regime von Baschar al-Assad zu retten. Zudem trug die Operation dazu bei, die Isolierung aufzubrechen, die der Westen nach der russischen Annektierung der Krimhalbinsel gegen Moskau verhängt hatte.

Neben dem Prestige, das mit dem Erfolg in Syrien verbunden war, hatte Putin mit seinem Engagement auch innenpolitische Ziele im Blick: Besiegte man die islamistischen Terroristen in Syrien, müsste man sie, vor allem die aus dem Kaukasus, später nicht in Russland bekämpfen. Außerdem boten sich dadurch Möglichkeiten, russische Waffen zu exportieren und auf dem Schlachtfeld zu testen, sowie mit den Golfmonarchien in einen Dialog über die Stabilisierung des Ölpreises zu treten.

Mit den nahöstlichen Regimen teilt Russland ferner das Ziel, den Status quo zu erhalten und eine weitere Destabilisierung zu verhindern. Damit konnte der Kreml jene Regime für sich gewinnen, die der amerikanischen Politik unterstellen, für die Destabilisierung der Region verantwortlich zu sein. Dadurch war es Russland sogar möglich, Beziehungen mit Ländern aufzubauen, die sich sonst feindlich gegenüberstehen. So unterhält Moskau in einem Balanceakt gute Kontakte sowohl zu Iran als auch zu Saudi-Arabien und Israel. Da Russland inzwischen die syrische Grenze zu Israel kontrolliert, hat Moskau – zumindest teilweise – sogar Israels Sicherheit in der Hand.

Putin empfiehlt sich den Regimen als verlässlicher Partner, der andere nicht im Stich lässt, wie es der amerikanische Präsident Obama 2011 beim Sturz des ägyptischen Machthabers Mubarak getan hat. Höchste Priorität haben für den Kreml Syrien und Iran, zu denen die engsten militärischen und politischen Beziehungen bestehen. In Syrien wurden mit geringem Aufwand wichtige Ziele erreicht: Das Regime wurde gerettet, der Status quo gewahrt, ein Übergreifen des Terrors nach Russland verhindert. Und Moskau hatte sich als ernstzunehmender Akteur zurück auf die Weltbühne geschoben.

Russland stößt dabei an Grenzen und respektiert sie auch. So versucht der Kreml nicht, seinen syrischen Erfolg in anderen Ländern zu wiederholen. Lediglich in Libyen engagiert sich Russland, abermals um Nutzen aus einem Vakuum zu ziehen. Moskau gelingt es jedoch nicht, Länder, die wie Ägypten oder der Irak früher im Einflussbereich der Sowjetunion waren, davon zu überzeugen, die amerikanischen Sicherheitsgarantien aufzugeben und sich Russland zuzuwenden. Der Kreml kann seinen Einfluss auch deswegen nicht über einen kurzfristigen Horizont hinaus ausweiten, weil er wirtschaftlich, ausgenommen in den Bereichen Energie und Rüstung, im Nahen Osten keine Interessen verfolgt. Außerdem muss Putin damit rechnen, früher oder später Partei ergreifen zu müssen, entweder für die Islamische Republik Iran, die die Golfmonarchien und Israel bedroht, oder für Letztere.

Nicht zuletzt wegen seiner wirtschaftlichen Schwäche kann Russland seinen Partnern keine langfristige Perspektive bieten und damit keine Gewissheit, die Region nachhaltig zu gestalten. Russland trägt zwei Prozent zur weltweiten Wirtschaftsleistung bei. Die Vereinigten Staaten hingegen erwirtschaften 24 Prozent, bei China sind es 16 Prozent. Mehr als Russland sind daher die USA und zunehmend auch China in der Lage, als externe Akteure im Nahen Osten gestaltend einzugreifen.[6]

China: Öltanker und Kriegsschiffe

China nutzt bereits das schwindende amerikanische Interesse und die geringe russische Kraft. Eine geotektonische Verschiebung hat eingesetzt, in der China wieder einen Kulturraum an sich bindet, mit dem es bereits durch die historische Seidenstraße verbunden war. Je mehr China seinen Einfluss systematisch und mit langem Atem ausweitet, desto deutlicher werden die Umrisse eines neuen eurasischen Blocks, der Ostasien über den Nahen und Mittleren Osten mit Europa verbindet. Das entspricht dem Selbstverständnis der Kommunistischen Partei Chinas, in einer auf Peking ausgerichteten neuen Ordnung die Vereinigten Staaten als führende Weltmacht abzulösen. Dazu muss China zwei Regionen unter seine direkte Kontrolle bekommen: den Pazifik und das, was Mackinder das »Herzland« der Welt nannte, den Nahen und Mittleren Osten.

Das wichtigste Instrument dafür ist die neue Seidenstraße, oder wie China das Megaprojekt nennt: *One Belt, One Road.* Anders als die Vereinigten Staaten setzt China bei seiner Rückkehr zu imperialer Größe weniger auf militärische Macht als auf kommerzielle Anreize und wirtschaftlichen Druck. Dabei verfolgt China das Ziel, die kapitalistische Ordnung, die auf die Vereinigten Staaten ausgerichtet ist, zu brechen und an ihre Stelle eine chinesische Dominanz zu setzen. Das soll nicht mit einem militärischen Konflikt erreicht werden, zumindest nicht im Nahen und Mittleren Osten, sondern durch ein allmähliches Hinausdrängen der USA.

Um seinen Anspruch zu untermauern, baut China ein militärisches Drohpotenzial auf. So hat die Volksrepublik von 2000 bis 2019 ihr jährliches Verteidigungsbudget von 43 Milliarden auf 266 Milliarden Dollar aufgestockt.[7] Das ist eine deutliche Botschaft an die Verbündeten Amerikas, künftig auf die Interessen Chinas umso mehr Rücksicht zu nehmen, da die Vereinigten Staaten ihre Präsenz abbauen.

Vordergründig geht es der Volksrepublik um die Sicherung ihrer Energieversorgung und den Export ihrer Waren. Im Jahr 2020 war sie der weltweit größte Importeur von Erdöl, und 40 Prozent davon bezog sie aus den Ländern am Persischen Golf. Um den Aufstieg zur führenden Wirtschaftsmacht zu flankieren, muss die Führung in Peking alle Phasen von der Förderung des Erdöls bis zur Verarbeitung zu Produkten unter ihre Kontrolle bekommen. In diesem Zuge wird sie zunehmend auch die Preispolitik beeinflussen.

China ist bereits der größte Handelspartner der Länder am Persischen Golf. Im Jahr 2000 addierte sich das bilaterale Handelsvolumen mit ihnen noch auf zehn Milliarden Dollar, im Jahr 2018 waren es schon 163 Milliarden Dollar. Seit der Ankündigung des Megaprojekts *One Belt, One Road* im Jahr 2013 hat China im Nahen und Mittleren Osten 123 Milliarden Dollar investiert und wurde damit der größte ausländische Investor.[8] China spielt dabei in die Karten, dass es aus den autoritär regierten arabischen Ländern mit weniger Widerspruch rechnen muss als aus den Demokratien Asiens und in Australien, gegen die es immer häufiger zur Peitsche greift.

Ein Schlüsselprojekt beim Vorstoß in den Nahen Osten ist die Verbindung der chinesischen Provinz Xinjiang mit dem pakistanischen Hafen Gwadar am Indischen Ozean. Entlang dieses Korridors sollen Eisen- und Autobahnen gebaut sowie Pipelines verlegt werden, durch die das Erdöl schneller als über den Seeweg nach China gelangen soll. China will Gwadar zum großen Umschlagsplatz für seinen Handel ausbauen. In Gwadar bietet sich zudem die Gelegenheit, eine Militärbasis unmittelbar vor der Haustür Indiens, des wichtigsten geopolitischen Rivalen in Asien, zu unterhalten. Um dieses Projekt nicht zu gefährden, stellt in Xinjiang ein lückenloses Überwachungsregime sicher, dass die von muslimischen Uiguren bewohnte Provinz ruhig bleibt.

Der Hafen von Gwadar fügt sich in ein Netzwerk von Häfen ein, die China erworben hat oder betreibt. Die Kette reicht von Hongkong über Gwadar bis nach Djibouti und Port Sudan am Roten Meer. Jeder dieser Häfen markiert einen wichtigen strategischen Punkt. Gwadar etwa liegt nahe an der Straße von Hormuz, durch die jeden Tag ein Viertel des international verkauften Erdöls transportiert wird, und Djibouti wird von Schiffen passiert, die durch die Meerenge Bab al-Mandab mit Kurs auf den Suezkanal ins Rote Meer fahren.

In den Häfen werden allerdings nicht nur chinesische Waren umgeschlagen. In Djibouti beispielsweise sind zur Bekämpfung der Piraterie am Horn von Afrika bereits chinesische Kriegsschiffe stationiert. China fordert damit auch auf See die bisherige amerikanische Dominanz heraus. Mit diesen Militärbasen werden der Golf von Oman und das Rote Meer zum »Chinesischen Meer«, schreiben die amerikanischen Politikwissenschaftler Michael Doran und Peter Rough.[9]

Die chinesische Expansion geschieht dabei nicht auf Kosten des wirtschaftlich wesentlich schwächeren Russland. Beide eint das Ziel, die amerikanische Vorherrschaft zu brechen. Sichtbar wird das in Iran und Syrien, wo sich beide stillschweigend ergänzen und festsetzen. Im Dezember 2019 hielten iranische, russische und chinesische Kriegsschiffe im Golf von Oman erstmals ein gemeinsames Manöver ab. In Syrien kann allein China mit seinen gewaltigen Handelsbilanzüberschüssen einen Wiederaufbau finanzieren. Denn ohne politische Reformen wird sich der Westen daran nicht beteiligen.[10] Auch die libanesische Hizbullah wirbt um chinesische Investitionen.

Chinas wichtigster Partner könnte Iran werden. Am 27. März 2021 unterzeichneten die beiden Staaten ein langfristiges Kooperationsabkommen.[11] Erstmals hatte die *New York Times* am 12. Juli 2020 von einem geplanten Abkommen berichtet, in dem China Iran in einem Zeitraum von 25 Jahren Investitionen von 400 Milliarden Dollar zusichern werde. Es sieht außerdem verbilligte Öllieferungen nach China und eine vertiefte militärische Zusammenarbeit vor, gemeinsam wollen sie den iranischen Hafen Bandar-e-Dschask in der Einfahrt in die Straße von Hormuz ausbauen.[12]

Lange profitierte China als Trittbrettfahrer von der militärischen Präsenz der Vereinigten Staaten. Etwa im Irak. Den USA wird oft unterstellt, sie hätten den Krieg zum Sturz von Saddam Hussein geführt, um sich das irakische Erdöl zu sichern. Nach 2003 hat aber China mehr als jedes andere Land von der Vergabe der irakischen Förderlizenzen profitiert. Und auch die größten Projekte zum Wiederaufbau des Landes wurden an chinesische Unternehmen vergeben.[13]

Nun will die Volksrepublik selbst mehr für die Wahrung ihrer Interessen tun. Dafür dringt sie auf breiter Front in den Nahen und Mittleren Osten ein. Und darüber hinaus: Der nächste Schritt ist Europa. Im östlichen Mittelmeer hat China bereits in sechs Ländern zehn Häfen gepachtet oder betreibt sie. Darunter die beiden größten griechischen Häfen Piräus und Thessaloniki, Häfen in Genua und Haifa, in Marseille und Malta. In der Türkei hat China den drittgrößten Containerhafen Ambarli nahe Istanbul gekauft. Am 4. Dezember 2020 startete in Istanbul der erste Güterzug, der die knapp 9000 Kilometer lange Strecke nach China ohne Unterbrechung zurücklegte. In der Türkei stößt die Volksrepublik auch politisch auf Sympathien. Denn in der türkischen Armee gibt es schon lange ein starkes eurasisches Lager, das die Zukunft des Landes nicht im demokratischen Europa sieht, sondern in den autokratisch regierten Ländern Asiens.

Türkei: Das imperiale Gedächtnis erwacht

Das Osmanische Reich ging 1918 unter. Als Nachfolgestaat ist die Republik Türkei aber nur noch ein Schatten der einstigen imperialen Großmacht. Das Osmanische Reich hatte mehr als 600 Jahre Bestand, über 400 Jahre lang war Istanbul Sitz des Kalifats und damit das Zentrum der islamischen Welt. Nie hatte ein islamisches Reich eine größere Ausdehnung, nirgendwo hatte ein islamisches Reich mehr Pracht entfaltet. Doch lange war das imperiale Gedächtnis der Republik ausgeschaltet. Unter Präsident Tayyip Erdoğan ist es wieder aktiviert worden. Und nicht nur aus bloßer Nostalgie. Es befeuert imperiale Ambitionen.[14]

Nach dem Untergang des islamisch legitimierten osmanischen Vielvölkerstaats baute Mustafa Kemal Atatürk die neue Republik auf dem verbliebenen anatolischen Rechteck als einen laizistischen türkischen Nationalstaat wieder auf. Sein Hauptaugenmerk galt der inneren Entwicklung. Daher gab Atatürk die Devise *Yurtta sulh, cihanda sulh* aus, »Friede zu Hause, Friede in der Welt«.

Später, während des Kalten Kriegs, hätte es für das Nato-Mitglied Türkei ohnehin keine Chance gegeben, militärisch in anderen Ländern zu intervenieren. Doch das hat sich mit dem Fall des Eisernen Vorhangs geändert. Bewohner aus einstigen Provinzen des Osmanischen Reichs orientierten sich wieder an Istanbul als ihrem kommerziellen und kulturellen Zentrum. Zunächst wirkte die Türkei als *soft power* über ihre Grenzen hinaus. Doch als dann ab 2011 Massenproteste in der arabischen Welt Regime herausforderten und Herrscher stürzten, bot sich für die Türkei die Gelegenheit, ihren Einfluss auch mit *hard power* auszuweiten.

Die Grundlagen dazu legte Ahmet Davutoğlu, der von 2003 bis 2016 als außenpolitischer Chefberater Erdoğans, als Außenminister und Ministerpräsident die Abkehr von Atatürks Leitspruch formulierte. Die Türkei wurde eine etablierte Handelsnation, und Davutoğlu entwarf das Konzept der Türkei als einer Regionalmacht, die ihren Einfluss ausbaut, indem sie mit ihren Nachbarstaaten konstruktiv zusammenarbeitet. Die Türkei sah sich als eine Macht auf dem Balkan, am Mittelmeer, im Nahen Osten und in Nordafrika sowie in den Turkrepubliken Zentralasiens, und sie verhielt sich auch so. Die Türkei war wieder eine relevante geopolitische Größe.

Ein Vorteil ist für sie, dass sie knapp ein Jahrhundert nach der Auflösung des Kalifats wieder als führende islamische Nation und als Stimme der Muslime wahrgenommen wird. Denn trotz der autoritären Politik Erdoğans ist die politische Ordnung der Türkei für viele Muslime attraktiver als die Militärdiktatur in Ägypten, und der türkische Islam ist toleranter als der wahhabitische Islam Saudi-Arabiens. Erdoğan zeigt offen seine Sympathien für die Muslimbruderschaft, die von Ägypten und Saudi-Arabien als Terrororganisation verfolgt wird. Ferner ist die sunnitische Türkei attraktiver als die Islamische Republik Iran, die sich in erster Linie für die Interessen der schiitischen Muslime einsetzt.

Die Türkei schöpft derzeit den außenpolitischen Spielraum erfolgreich aus, der sich durch die Veränderungen in der internationalen Ordnung ergeben hat, vor allem durch die Implosion von Staaten am Mittelmeer und den Rückzug der Vereinigten Staaten. Mit einer Mischung aus aktiver Diplomatie und militärischer Gewaltandrohung hat sie ihren Einflussbereich erheblich ausgeweitet.[15] In Afrika wurde die Türkei innerhalb eines Jahrzehnts zu einem der wichtigsten Akteure. Von 2009 bis 2020 stockte sie die Zahl ihrer Botschaften von zwölf auf 39 auf, in 38 Ländern ist sie mit Handelsbüros vertreten. Turkish Airlines fliegt 48 Destinationen in 31 afrikanischen Ländern an, mehr als jede andere Fluggesellschaft. Zudem ist die Türkei in Afrika an sieben internationalen Friedensmissionen beteiligt.

Erdoğan, Präsident seit 2014, begnügt sich nicht mehr mit dem Instrumentarium, das Davutoğlu entwickelt hat. Der Wendepunkt war das Jahr 2016. Seitdem setzt er auch die türkische Armee ein, um Druck auszuüben. Die Türkei verhält sich nun nicht länger wie eine *soft power*, sondern pflegt eine konfrontative Außenpolitik und handelt zunehmend selbstständig. Denn seit dem gescheiterten Putschversuch von 2016 wirft sie ihren Verbündeten einen Mangel an Solidarität vor.[16]

Die imperiale Politik verläuft erfolgreicher, als Skeptiker, auch in der Türkei selbst, vermutet hatten. Im Irak, in Syrien und in Libyen nutzte die Türkei ein Machtvakuum, das auch deshalb entstanden war, weil andere Akteure nicht militärisch handeln wollten. Die türkische Regierung mobilisierte Söldner und entsandte auch die reguläre Armee in den Norden Syriens und nach Libyen. Ausgestattet ist sie mit in der Türkei produzierten modernen Waffen, insbesondere Kampfdrohnen, die die neue Leistungsfähigkeit der türkischen Rüstungsindustrie demonstrieren und wiederholt kampfentscheidend waren.

Die politische und militärische Führung in Ankara hatte den Umfang der Operationen und die Risiken so gut kalkuliert, dass sie ihre Ziele mit relativ geringen Opfern erreichte und die Zustimmung in der Bevölkerung hoch blieb. Die türkische Armee bewies, dass sie Kriege auch ohne amerikanische Unterstützung führen und gewinnen kann. Sie ging keine unkontrollierbaren Risiken ein und steckte zurück, wenn sich ein Akteur als stärker erwies, etwa Frankreich an der Seite Griechenlands im Konflikt im östlichen Mittelmeer.

Dennoch ist dieser Konflikt ein Beispiel für das gewachsene Selbstvertrauen der Türkei. Um das Jahr 2010 formulierte

Konteradmiral Cihat Yaycı die Doktrin des »Blauen Vaterlandes«: Er forderte eine Ausweitung der türkischen Seerechte im östlichen Mittelmeer, wodurch die Türkei in Hoheitszonen vordringen würde, die von Griechenland und der Republik Zypern beansprucht werden. Die Doktrin ist heute fester Bestandteil der türkischen Außenpolitik.

Der Konflikt im östlichen Mittelmeer offenbart aber auch die Schwäche der militärisch untermauerten Außenpolitik. Denn die türkische Führung verlässt sich bei der Durchsetzung ihrer Interessen zu sehr auf die Feuerkraft ihrer Armee und vernachlässigt die Bildung von Koalitionen mit anderen Staaten. Ankaras Kontrahenten schließen sich jedoch zu Allianzen zusammen. So sieht sich die Türkei im Mittelmeer einem feindlichen Bündnis gegenüber, dem Frankreich, Griechenland, Zypern und Israel angehören und bis März 2021 auch Ägypten angehört hat.

Trotz allem ist die Türkei noch immer eine europäische Macht. Wegen des Flüchtlingsthemas steht sie mit der Europäischen Union in Kontakt, und als Nato-Mitglied ist sie in die westliche Allianz eingebunden. Allerdings wird die Türkei immer weniger als Partner der EU, sondern zunehmend als geopolitischer Rivale wahrgenommen. Dazu tragen auch EU-Staaten bei. So hat sich etwa Frankreich, um seine wirtschaftlichen Interessen zu schützen, in Libyen mit Russland und den Vereinigten Arabischen Emiraten gegen die Türkei zusammengeschlossen.

Seit für die Türkei die Beitrittsperspektive entfallen ist, hat die EU keinen Hebel mehr, um auf Ankara einzuwirken. Auch verfolgt die EU keine gemeinsame Türkeipolitik, denn die einzelnen Staaten haben bei Themen wie Migration und Energie, bei Syrien und Libyen nationale Interessen im Blick, die teilweise weit auseinanderliegen.

Die Folge davon ist, dass sich die Türkei von Europa entfernt und sich als selbstbewusste Regionalmacht nur noch ihren eigenen Zielen verpflichtet fühlt. Es besteht jedoch die Gefahr, dass sie sich militärisch überdehnt und ihre kriselnde Wirtschaft nicht länger die Ressourcen bereitstellen kann, um große Operationen erfolgreich durchzuführen. Mit einer Nebenrolle wird sich die Türkei aufgrund ihres reaktivierten imperialen Gedächtnisses aber nicht mehr begnügen.

EINE DEKADENAUFGABE FÜR EUROPA

Politische Übergänge vollziehen sich nicht in Wochen oder Monaten. Sie sind die Aufgabe einer ganzen Generation. Was sich im Jahr 2011 auf dem Kairoer Tahrir-Platz und auf anderen Plätzen und Straßen der arabischen Welt ereignet hat, war lediglich der Anstoß zu einem langen Prozess, der den Nahen Osten in den kommenden Jahrzehnten grundlegend verändern und auch Europa viel abverlangen wird.

Der Nahe Osten rückt näher an Europa

Eine fragile und instabile Region

Die ersten Protestwellen hatten mit dem Sturz einiger Machthaber und Regierungen nur vordergründig Erfolg. An den politischen Ordnungen der allermeisten Länder haben sie nichts verbessert. Unverändert klammern sich die alten Regime an ihre Herrschaft und verschanzen sich in ihren Wagenburgen. Zu den Reformen, die die Missstände in ihren Ländern beseitigen könnten, sind sie nicht bereit. Auf die ersten Protestwellen werden daher weitere und größere Eruptionen folgen. Der Druck im Kessel nimmt zu.

Denn die Wirtschaft wächst langsam, die Bevölkerung aber schnell, und so schwindet bei der Jugend, die in allen diesen Ländern eine große Mehrheit stellt, die Aussicht auf Arbeit und ein Leben in Würde. Das Vertrauen in ihre Staaten hat sie verloren, und sie fordert die Regime offen heraus.

Zur Ruhe werden die Gesellschaften erst kommen, wenn sich die politische Ordnung grundlegend verändert und neue Gesellschaftsverträge jedem und allen eine politische und wirtschaftliche Teilhabe ermöglichen.

Das bedeutet, dass die Länder des Nahen Ostens in den kommenden Jahren (und möglicherweise Jahrzehnten) anfällig und instabil bleiben werden – unabhängig davon, ob sich die Demonstranten durchsetzen. Zwei neue Faktoren beschleunigen den Prozess: Erstens trifft die Pandemie alle Länder mit voller Wucht; mehr Menschen verarmen, und schlechte staatliche Gesundheitssysteme beschädigen die Legitimation der Herrschenden. Ausgenommen davon sind lediglich die reichen Golfmonarchien. Zweitens wird der Wechsel im Weißen Haus Folgen haben, selbst wenn der amerikanische Einfluss in der Region abnimmt. Denn Joe Biden tritt mit dem Anspruch an, die demokratischen Werte wieder hochzuhalten, womit er sich gegen die repressiven Regime stellt und die Demonstranten stärkt.

Der Tahrir-Platz hat Menschen in aller Welt inspiriert. Noch immer ist er das Symbol für den Mut junger Menschen, sich nicht mit ihren Regimen abzufinden. Ihren naiven Glauben an einen schnellen Erfolg haben sie nach den bitteren Erfahrungen im Epochenjahr 2011 aber aufgegeben. Damals wurden Risse in den Regimen sichtbar, die schlugen jedoch mit großer Brutalität zurück. Seither verharren beide Seiten in einem labilen Schwebezustand. Auf kurze Sicht sind die Regime im Vorteil; den Schwebezustand kann eine neue Energie aber jederzeit aufheben.

Das erste Jahrzehnt war von großer staatlicher Repression geprägt, von Krieg und Zerfall. Einige Staaten sind krachend implodiert, bei anderen vollzieht sich das Scheitern allmählich. Es ist jedoch unausweichlich, sollte unter ihren Häusern nicht ein neues, tragfähiges Fundament eingezogen werden.

Am weitesten ist der Zerfall in der Levante fortgeschritten. Syrien und der Irak, die nach dem Ende des Osmanischen Reichs und der europäischen Kolonialherrschaft als säkulare Nationalstaaten entstanden waren, sind von Krieg und Zerstörung gezeichnet. Zahllose Bewohner wurden Binnenflüchtlinge, viele brachten sich in Europa in Sicherheit. Der Libanon knickt unter der Last der Flüchtlinge, vor allem aber unter seiner überholten politischen Ordnung, ein. Der ungelöste Konflikt zwischen Israel und den Palästinensern kann jederzeit wieder Feuer fangen. Denn die Deals, mit denen der amerikanische Präsident Donald Trump einigen arabischen Staaten die Normalisierung der Beziehungen mit Israel schmackhaft gemacht hat, sind keine Friedensabkommen.

In Nordafrika sind, mit Ausnahme Libyens, die staatlichen Institutionen stabiler als in der Levante. Diese Stabilität ist aber gefährdet. Im Bogen vom Nil bis an den Atlantik leben 250 Millionen Menschen. Jedes Jahr drängen Millionen Jugendliche auf den Arbeitsmarkt. Viele von ihnen sind aufgrund des schlechten Bildungssystems jedoch nur mangelhaft vorbereitet. Und ohnehin entstehen zu wenige neue Arbeitsplätze, und nur wenige Branchen sind zukunftsfähig. Gerade in diesen Ländern drohen neue Massenproteste.

Aber auch in den reichen Golfmonarchien nimmt der Druck zu. Die Einnahmen aus dem Export von Öl und Gas gehen zurück, die Ansprüche der oft gut gebildeten jungen Menschen, auch auf eine politische Teilhabe, wachsen hingegen. Nach und nach werden sie die Stellen besetzen, auf denen heute noch Fremdarbeiter aus der arabischen Welt das Geld verdienen, das sie in ihre Heimat schicken können. Zudem wird das Kapital der Golfstaaten, das bisher in anderen arabischen Ländern investiert wurde, künftig in ihren eigenen Volkswirtschaften benötigt. Das stabilisiert die Golfmonarchien auf Kosten anderer Regime. Um diese trotz der zurückkehrenden Fremdarbeiter und ausbleibenden Investitionen zu stützen und den Status quo aufrechtzuerhalten, führen die Vereinigten Arabischen Emirate und Saudi-Arabien eine Konterrevolution an, die Proteste im Keim ersticken soll.

Es ist nur eine Frage der Zeit, bis dieser Damm bricht. Zu groß sind die ungelösten Probleme. Im zweiten Jahrzehnt seit dem Epochenjahr 2011 dreht sich der Krisenzyklus der arabischen Welt weiter, und mit jedem Jahr werden die Krisen größer.

Die Ursachen von Flucht, Migration und Terrorismus

Der Nahe Osten ist Produzent von politischen Flüchtlingen, Wirtschaftsmigranten und Terror. Daran wird sich nichts ändern, solange die Ursachen fortbestehen. Die Ursachen sind Kriege, repressive Staaten und ihre Wirtschaftsordnungen.

Kriege. Auch Jahre nach ihrem Ausbruch sind die Bürgerkriege in Syrien, im Jemen und in Libyen von einer Lösung weit entfernt. Auch wenn sie vorübergehend erkalten, bleiben sie für Europa ein Sicherheitsproblem. Reste der staatlichen Armeen, Milizen und Söldner kämpfen weiterhin gegeneinander. Externe Akteure mischen mit, sie liefern Waffen, stellen Kämpfer und versuchen, sich auf militärischen Stützpunkten langfristig festzusetzen.

Selbst wenn in Syrien Baschar al-Assad an der Macht bleibt, ist die Regimefrage nicht entschieden. Die Ursachen, die den Aufstand gegen sein Regime angestoßen haben, bestehen fort. Hinzu kommen neue Ursachen wie die iranische Präsenz, die Syrer zur Seite drängt, und eine noch brutalere Folter in den Kerkern des Regimes. Zudem besteht die Aufteilung des Landes in die Einflusszonen von vier externen Akteuren fort. Im Jemen und in Libyen kann sich keine der

Konfliktparteien durchsetzen, auch nicht mit Unterstützung von außen. Solange sich die externen Akteure nicht auf eine politische Lösung verständigen, verharren diese Länder in einem »Gleichgewicht der Machtlosigkeit«[1].

Jederzeit kann zudem der schwelende Konflikt zwischen Israel und den Palästinensern eskalieren; sollte Israel das Westjordanland annektieren, würde das eine neue *Intifada* auslösen. Wann immer die Hamas aus dem Gazastreifen oder die libanesische Hizbullah Israel angreift, sind längere Kriege möglich. Bisher haben sie aber noch nie zu einem Flächenbrand geführt.

Der würde drohen, sollten sich die Spannungen zwischen Saudi-Arabien und Iran in einem Krieg entladen. Der Konflikt zwischen dem sunnitischen Königreich Saudi-Arabien und der schiitischen Islamischen Republik Iran ist »die zentrale machtpolitische Auseinandersetzung des Nahen Ostens«[2], als Systemkonflikt wird sie erbittert geführt. Saudi-Arabien will die regionale Ordnung mit Amerika als Schutzmacht erhalten, das revolutionäre Iran setzt aber auf eine Revision der Machtverhältnisse mit einer Ordnung, in der Teheran der Hegemon ist. Der Konflikt wird in mehreren Ländern als Stellvertreterkrieg ausgetragen, aber auch als asymmetrisch hybrider Krieg mit Sabotageakten und mit Provokationen auf den Meeren.

Iran hat seit dem Sturz von Saddam Hussein seine Macht über den Osten der arabischen Welt Schritt für Schritt ausgebaut. Schiitische Milizen, ballistische Raketen und Drohnen treiben die Expansion voran, das Atomprogramm unterstreicht den Hegemonialanspruch, und vom Jemen aus kann Iran den Erzfeind Saudi-Arabien jederzeit angreifen. Als Reaktion haben sich mehrere Golfmonarchien zu einem antiiranischen Bündnis zusammengeschlossen, sie normalisieren zudem ihre Beziehungen mit Israel, der stärksten Militärmacht in der Region. Saudi-Arabien drängt nun auf ein eigenes Atomprogramm. Sollte das Königreich damit ernst machen, würde das die Rüstungsspirale am Persischen Golf gefährlich in Bewegung setzen.

Europa bekommt diese Kriege zu spüren. Vor ihnen sind in den vergangenen Jahren Millionen Menschen geflohen. Zudem leistet Europa den größten Beitrag zur Linderung der menschlichen Not in den Kriegsgebieten. Das Vakuum, das Kriege erzeugen, und die Not der Menschen sind für islamistische Terrororganisationen ideale Voraussetzungen, um Anhänger und Kämpfer zu rekrutieren, die sich auch gegen Europa richten.

Repressive Regime. Begonnen haben die jüngsten Kriege, als autoritäre Regime die berechtigten Proteste mit militärischen Mitteln niederschlugen und externe Akteure die Implosion schwacher Staaten für Interventionen nutzten. Wer Kriege verhindern will, muss daher funktionierende Staaten mit stabilen Institutionen schaffen. Das wird nur gelingen, wenn sie die Anliegen der Demonstranten berücksichtigen.

Die Proteste von 2011 waren ebenso »Brotunruhen« wie demokratische Aufstände. Die Regime können aber auf die sozioökonomischen und politischen Forderungen der Demonstranten nicht eingehen. Sie wollen es auch nicht und ersticken den Ruf nach besseren Lebensbedingungen und Teilhabe mit Staatsterror, der in Ägypten ins Maßlose ausufert.

Ein Regime, das Teilhabe verwehrt, das foltert und korrupt ist, fördert den Terror und treibt die, die nicht in den Kerkern enden wollen, als politisch Verfolgte in die Flucht. Die Regime verteidigen sich mit der Behauptung, ihre Gesellschaften seien zur Demokratie gar nicht fähig. Damit stoßen sie im Westen erstaunlicherweise auf Verständnis. Dabei war auch in Deutschland der erste Versuch, die Demokratie einzuführen, früh gescheitert. Und auch in Osteuropa führten die ersten Aufstände nicht zum Erfolg, nach 1989 hat Westeuropa sie dennoch tatkräftig unterstützt. Eine Unterstützung für die arabische Welt bleibt aber aus.

Westliche Regierungen hofieren vielmehr die Machthaber und übernehmen deren Narrativ. Dazu gehört, islamische und islamistische Parteien pauschal als »Terrororganisationen« zu disqualifizieren. Die Regime fürchten sie, weil sie eine Alternative zu ihrer Herrschaft bieten. Der ermordete saudische Journalist und Dissident Khashoggi hatte in einer seiner Kolumnen für die *Washington Post* geschrieben, in keinem arabischen Land könne es politische Reformen und Demokratie geben, solange der politische Islam ausgeschlossen sei. Und umgekehrt könne der politische Islam nur mit einem bewussten Verzicht auf Demokratie daran gehindert werden, in der Politik eine Rolle zu spielen.[3]

Khashoggi war überzeugt, dass sich eine islamische Demokratie entwickeln könne. Belege dafür fand er in den Ländern, in denen die Muslimbruderschaft in den Parlamenten vertreten und an Regierungen beteiligt ist. Für diese Überzeugung wurde er ermordet.

Wirtschaft. Es wandern auch Menschen aus, die weder politisch verfolgt werden noch vor einem Krieg fliehen. Ihre Zahl wird zunehmen, da die Volkswirtschaften den jungen Menschen keine Aussicht auf Arbeit bieten. Allein um die heutige Arbeitslosigkeit konstant zu halten, müssten in der arabischen Welt jedes Jahr zehn Millionen neue Arbeitsplätze entstehen, schätzt der für den Nahen Osten und Nordafrika zuständige Vizepräsident der Weltbank, Ferid Belhaj.[4] Das ist unerreichbar.

Wieder einmal erweist sich das Erdöl als Fluch. Lange haben die Förderländer vom Ölreichtum profitiert, und Millionen Gastarbeiter fanden Arbeit und konnten Geld in ihre Heimatländer schicken. Doch diese Blütezeit machte die Länder träge, sie hatten keine andere Zukunft im Blick. Nun aber ist das Ende des Schlaraffenlands eingeläutet. Denn der Ölpreis ist weit unter das Niveau gefallen, das für die Aufrechterhaltung der Wohlfahrtsstaaten benötigt wird, und er wird weiter sinken. Es genügt nicht mehr, Renteneinkünfte zu verteilen und im Gegenzug Teilhabe zu verwehren. Die Gesellschaftsverträge müssen neu ausgehandelt werden. Das wäre einfacher, wären die Volkswirtschaften dynamisch und innovativ. Doch um funktionierende Marktwirtschaften zu sein, fehlen ihnen Wettbewerbsregeln, Rechtssicherheit und ein fairer Zugang zu den Kapitalmärkten. Davon kann keine Rede sein, weil die Regime nur so ihre Pfründe abschöpfen können. Eine Reformagenda, die den Namen verdient, verfolgen nur wenige Regierungen.

Entstehen dennoch Arbeitsplätze, können sie oft nicht mit qualifizierten Bewerbern besetzt werden. Die Schulen und Hochschulen sind mangelhaft aufgestellt, analytisches Denken wird nicht gefördert, zu groß scheint die Befürchtung, es könnte politisch gefährlich werden. Wenig Freiheit bedeutet aber auch wenig Kreativität. Als dritter Faktor neben der Wirtschaftsordnung und dem Bildungssystem bremst eine Investitionslücke die wirtschaftliche Entwicklung. Dabei wären die Mittel in vielen Fällen durchaus vorhanden, nur sind sie oft am falschen Ort angelegt – im sicheren Westen, aus Angst vor der rechtlichen Unsicherheit im eigenen Land. Weshalb aber sollten ausländische Geldgeber in einem Land investieren, wenn selbst einheimische Investoren der Lage nicht trauen?

Zu den wirtschaftlichen und politischen Gründen für die Auswanderung kommt bald als weiterer Grund der Klimawandel hinzu. Bis zum Jahr 2050 werden weltweit 250 Millionen Menschen ihre Heimat infolge des Klimawandels verlassen. In Form von Dürren und Hitzewellen ist auch der

Nahe Osten betroffen. In einem Jahrhundert wird das Nildelta, in dem die Hälfte der ägyptischen Bevölkerung lebt, überflutet sein. In der gesamten Region wird das Trinkwasser noch knapper, das Grundwasser wird versalzen, die Wüste weiter in die Lebensräume der Menschen vordringen. Der Klimawandel wirkt wie ein Brandbeschleuniger[5] – er heizt bestehende gesellschaftliche Probleme an und gefährdet die innere Sicherheit. Europa, der Nachbar nördlich des Mittelmeers, muss handeln. Aber wie?

Wie mit den Ländern im Nahen Osten umgehen?

Eine neue Politik

Der Nahe Osten ist mehr als nur ein Objekt unserer Außenpolitik, die geografische Nähe macht ihn zu unserem Nachbarn. Diesen Nachbarn zu ignorieren, ist nicht länger möglich. Was dort geschieht, betrifft auch uns, und was wir tun, hat Folgen auch in den Ländern jenseits des Mittelmeers.

Das Mittelmeer zieht eine Grenze zwischen zwei Welten. Wer im reichen Norden auf den Süden blickt, nimmt Gefahren wahr: eine gescheiterte Region, Ströme von Migranten, die Heimat des Islams. Wer indes im Süden auf den Norden blickt, sieht Chancen, die ihm seine Länder nicht bieten. Seit 2010 leben erstmals in der Geschichte mehr Menschen entlang der Südküste des Mittelmeers als an den Küsten im Norden. Das Wohlstandsgefälle nimmt zwar zugunsten des Nordens zu, das demografische Gefälle jedoch zugunsten des Südens. Denn in der arabischen Welt sind bereits heute zwei von drei Einwohnern jünger als 26 Jahre. Solange sich im Krisenbogen vom Persischen Golf bis zum Atlantik nichts ändert, wird es weiter eine Abstimmung mit den Füßen geben, und sie wird an Stärke zunehmen. Ein instabiles Nordafrika ist auch ein offener Korridor für die Migration aus dem Schicksalskontinent Europas, aus Afrika.

Europa ist herausgefordert. Ein Dekadenprojekt ist gefragt. Drei Aufgaben stehen dabei im Vordergrund: Staaten stabilisieren, funktionierende Volkswirtschaften schaffen, Kriege verhindern. Die Aufgaben hängen zusammen, sie bauen aufeinander auf. Fortschritte bei einer Aufgabe erleichtern Fortschritte bei den anderen. Lösungen sind erforderlich, die beiden Seiten helfen. Nicht Fregatten stoppen die Migration, sondern wirtschaftliche Erfolge.

Einen Staat zu stabilisieren bedeutet, dass er nach außen die territoriale Integrität seines Staatsgebiets verteidigen kann, dass nach innen die Staatsgewalt dem Gemeinwohl und der Rechtsstaatlichkeit verpflichtet ist und dass sich die Bevölkerung mit ihm identifiziert. Stabilisieren bedeutet: in Tunesien das Erreichte zu konsolidieren und im Sudan die bescheidenen Anfangserfolge auszubauen; in Ländern, die wie Ägypten und Algerien scheitern können, eine demokratische Teilhabe einzuführen; im Libanon und im Irak die Konflikte beizulegen, indem nicht länger Religionsgemeinschaften die Herrschaft legitimieren; in Syrien und in Libyen einen starken Zentralstaat zu errichten, der nicht wie in der Vergangenheit wieder zur Diktatur wird.

Die Destabilisierung der arabischen Staaten ist eine Folge davon, dass auch die postkolonialen Herrscher jahrzehntelang geglaubt haben, wie Kolonialherren auftreten zu können. Und davon, dass sie dabei vom Westen, der von Menschenrechten sprach, sich aber nicht für ihre Umsetzung einsetzte, nicht in die Schranken gewiesen wurden. Mehrfach versuchten zudem arabische Staaten, die regionale Ordnung durch Eingriffe in andere Staaten zu stabilisieren, indes ohne nachhaltigen Erfolg. Die Vermittlung Saudi-Arabiens beendete 1989 den Bürgerkrieg im Libanon, leitete aber keinen Neuanfang ein. Auch hat die blutige Restauration in Ägypten durch die Golfstaaten im Jahr 2013 dem Land weder Frieden noch Stabilität gebracht.

Der Nahe Osten braucht daher nichts weniger als das, was nach dem Zweiten Weltkrieg der Marshallplan für Europa geleistet hat. Ein großer Anteil am wirtschaftlichen Aufschwung Europas und am Zusammenwachsen des Kontinents ist auf ihn zurückzuführen. Die USA gaben Staaten und Unternehmen Kredite, sie lieferten Rohstoffe, Lebensmittel und Industriegüter. Entscheidend für den Erfolg war, dass die Hilfen an Bedingungen geknüpft waren: an marktwirtschaftliche Reformen, eine zwischenstaatliche Zusammenarbeit und den Abbau von Handelshemmnissen.

Dadurch legte der Marshallplan eine wichtige Grundlage für den Wohlstand in Europa, für eine der längsten Friedensperioden in der Geschichte des Kontinents und auch für die westliche Allianz. Er stabilisierte die Demokratien und verhinderte das Vordringen der kommunistischen Herrschaft.

Heute benötigt die Region von Mesopotamien bis an den Atlantik ein vergleichbares Großprojekt, das den wirtschaftlichen Wiederaufbau mit einer demokratischen Ordnung verknüpft. Eine nachhaltige Stabilisierung und Befriedung lässt sich nicht über militärische Interventionen erreichen, auch nicht mit Planspielen, Grenzen neu zu ziehen und neue Staaten zu schaffen. Der einzig erfolgversprechende Ansatz ist die Aussicht auf verbesserte sozioökonomische Bedingungen. Denn danach streben alle Menschen, ob sie einer säkularen Agenda folgen oder einer religiösen, ob sie zur Unterschicht gehören oder zur Mittelschicht, ob sie gebildet sind oder nicht.

In den meisten arabischen Länder gab es bis nach dem Zweiten Weltkrieg Wirtschaftssysteme mit vielen familiengeführten kleineren Unternehmen. Sie hätten organisch wachsen und Arbeitsplätze schaffen können. Doch erst haben sozialistische Wirtschaftsordnungen diese Vielfalt zerstört; die Betriebe wurden verstaatlicht, die Wirtschaftsabläufe an den Menschen vorbei geplant. Dann leiteten die Regime den Wohlstand auf ihre Konten und blendeten das Gemeinwohl aus.

Für den Aufbau funktionierender Marktwirtschaften sind nun intelligente Investitionen gefragt. Dabei müssen sie gar nicht einmal so groß sein, um das Bildungswesen zu verbessern, Fortbildungen zu ermöglichen, kleine und mittelständische Betriebe sowie Start-ups zu fördern und Industrieanlagen zu modernisieren.[6] Diese Ausgaben sind unumgänglich. Im Gegenzug entsteht dadurch eine breite Mittelschicht und mit ihr eine stabile Basis für die Demokratisierung. Eine Einbindung islamischer Parteien würde zudem dem extremistischen Islam den Wind aus den Segeln nehmen.

Allerdings: In Europa waren die Voraussetzungen für den Marshallplan günstiger als sie es heute im Nahen Osten sind. Denn in dem ideologischen Vakuum nach dem Zweiten Weltkrieg gab es weder gegen die Marktwirtschaft noch gegen die Demokratie ernsthaften Widerstand. Darüber hinaus konnte Europa an eine Industrialisierung anknüpfen, die Menschen waren gebildet, die Technologien waren vorhanden. Sicherheit war kein Thema, Geld musste dafür nicht ausgegeben werden. Im Nahen Osten dagegen steht kein bloßer Wiederaufbau an, sondern die Schaffung von etwas gänzlich Neuem, das gegen den Widerstand der bisherigen Repräsentanten der Macht durchzusetzen ist. Auch muss in der Anfangsphase viel in Sicherheit investiert werden.

Eine Nation allein kann eine solch gewaltige Aufgabe nicht schultern. Dazu bedarf es eines multilateralen Kraftakts, und für den ist Europa der erste Adressat. Viele EU-Staaten unterhalten enge bilaterale Beziehungen mit den arabischen Staaten. Eine integrierte Strategie wie für Zentralasien oder gar die Arktis hat die EU für den Nahen Osten aber nie formuliert. Im Mai 2011 verabschiedete sie zwar eine an eine Menschenrechtsklausel geknüpfte »neue und ehrgeizige europäische Nachbarschaftspolitik«[7], die konnte die in sie gesetzten Erwartungen jedoch nicht erfüllen. Aus dem Umgang der EU mit der arabischen Welt spricht noch immer Ratlosigkeit. Den bilateralen Beziehungen der EU-Staaten mit arabischen Ländern ist die EU jedoch in einem Punkt voraus: Denn sie knüpft Projekte an eine Menschenrechtsklausel.

Die Hilfen und Projekte der EU in der arabischen Welt sind so gering, dass sie wenig bewirken und sich bei den Menschen Enttäuschung über den Westen breitmacht. Der Wurf muss größer sein. Er kann nur gelingen, wenn Deutschland und Frankreich an einem Strang ziehen, wenn sie gemeinsam Druck auf die autoritären Regime ausüben und nicht zu deren Komplizen werden. Das aber war der Fall, als der französische Präsident Emmanuel Macron dem ägyptischen Staatschef Sisi im Dezember 2020 das Großkreuz der französischen Ehrenlegion verlieh, die höchste Auszeichnung der Republik, um so Ägypten, den wichtigen Abnehmer französischen Waffen und den Verbündeten in Libyen, enger an sich zu binden. Das Ansehen Deutschlands in der Region ist indes gewaltig. In den drei Maghrebstaaten und in Libyen wird Deutschland bei den Zustimmungswerten nur noch von der Türkei übertroffen. Beide werden weit positiver gesehen als die Vereinigten Staaten, Frankreich, China und Russland.[8]

Allein von außen können grundlegende Änderungen freilich nicht durchgesetzt werden. Dazu bedarf es Partner in den Ländern selbst. Die Regierungen dort kann sich niemand aussuchen. Europa kann aber Anreize setzen, auf die die Regierungen reagieren. Dazu gehört das Konditionieren bedeutender wirtschaftlicher Hilfen, die es nur bei der Umsetzung von Reformen geben darf. Druck lässt sich dann ausüben, wenn man einen ausgearbeiteten Plan in der Tasche hat, der alle Instrumente bündelt.

Die Chance, dass die Regime darauf eingehen, ist nicht gering. Denn auch die Eliten leiden unter der wirtschaftlichen Stagnation, und die Regime sind schwächer, als sie nach außen hin scheinen. Das motiviert einige Akteure, über Angebote nachzudenken. Ansprechpartner, die sich einem Wandel nicht verschließen, gibt es in jedem Regime. Um die Durchschlagskraft zu erhöhen, kann die Einbindung der Türkei in den Ländern, in denen die türkische Politik und Wirtschaft Vertrauen genießen, vorteilhaft sein. Noch mehr Wirkung entsteht, wenn sich die Vereinigten Staaten, die reichen Golfstaaten und die Vereinten Nationen das Projekt zu eigen machen.

Ein Marshallplan

Der Marshallplan hatte in Deutschland, das zehn Prozent der amerikanischen Hilfsleistungen für Europa erhalten sollte, auch deswegen Erfolg, weil Ludwig Erhard am 20. Juni 1948, einen Tag, nachdem das Ende der Zwangsbewirtschaftung verkündet worden war, den Mut hatte, den Alliierten zu widersprechen. Der amerikanische Militärgouverneur Lucius D. Clay hatte ihn, den Direktor der Verwaltung für Wirtschaft des Vereinigten Wirtschaftsgebietes, im Frankfurter Hauptquartier zur Rede gestellt, weshalb er die Besatzungsvorschriften für eine verwaltete Wirtschaft eigenmächtig abgeändert habe. Erhard erwiderte: »Herr General, ich habe die Vorschriften nicht abgeändert, ich habe sie abgeschafft.« Dem lag die Einsicht zugrunde, dass viel Geld ohne eine Öffnung der Wirtschaft nur wenig nützt. Der Grundstein für das deutsche Wirtschaftswunder war gelegt.

Die Wirtschaft. Auch in der arabischen Welt liegt die Lösung nicht in Milliardenbeträgen für Staaten und Prestigeprojekte, sondern in konditionierten Hilfen. Die Mittel müssen an Reformen geknüpft und in die Entwicklung investiert werden; nur über innovative kleine und mittelständische Unternehmen entstehen in der Breite die Arbeitsplätze, die gebraucht werden.

Noch nie ist Wohlstand allein mit Nahrungsmittelhilfen, Investitionen in die Infrastruktur oder Projekten von Nichtregierungsorganisationen geschaffen worden. Immer hat das Wachstum der einheimischen Wirtschaft einem Land Wohlstand gebracht. Die Befreiung aus der Armut ist daher eine Illusion, solange es Menschen erschwert wird, sich selbstständig zu machen und mit ihren Unternehmen zu wachsen. Doch das ist in vielen Ländern der arabischen Welt der Fall. Damit es anders wird, bedarf es Maßnahmen in drei Bereichen mit großen Defiziten.

Erstens: Humankapital bilden. Humankapital ist einer der wichtigsten Motoren für nachhaltiges Wachstum und die Bekämpfung der Armut. Der Begriff fasst die erworbenen Fähigkeiten eines Menschen und seine Gesundheit zusammen. Mit der Größe des Humankapitals in einer Gesellschaft nimmt auch deren Zusammenhalt zu.

Wie groß der Nachholbedarf im Nahen Osten und in Nordafrika ist, offenbart der Human Capital Index der Weltbank vom September 2020. Demnach kann ein Kind, das heute im Nahen Osten oder in Nordafrika geboren wird, lediglich 57 Prozent der Produktivität erreichen, die bei einer guten Bildung und gesicherten Gesundheit möglich wäre. Für andere Regionen mit einem vergleichbaren Einkommen pro Kopf hat die Weltbank höhere Humankapitalwerte errechnet.[9]

Gefragt sind daher gezielte Investitionen in die Bildung, in Grundschulen wie Sekundarschulen. In vielen Ländern ist es eine Bankrotterklärung, dass die Eliten ihre Kinder in private Schulen schicken, wo sie mit der Komplexität der globalisierten Welt vertraut gemacht werden. Der allergrößte Teil der Kinder und Jugendlichen wird dagegen auf staatlichen Schulen in viel zu großen Klassen, in denen nach überholten Lehrplänen und mit antiquierten Methoden unterrichtet wird, nicht auf die Herausforderungen des Arbeitsmarktes vorbereitet. Deutschland leistet dahingehend in vielen Ländern mit der Vermittlung der dualen Ausbildung bereits einen wichtigen Beitrag zur Reform des Bildungswesens.

Humankapital zu bilden bedeutet, was der englischsprachige Begriff *empowerment* beinhaltet: ein Individuum in einen Zustand zu versetzen, in dem es selbstbestimmt und in eigener Verantwortung handeln kann. Das gilt insbesondere für Frauen. In den Schulen und an den Universitäten schneiden sie meist besser ab als die Männer, in die Arbeitswelt sind sie jedoch so wenig integriert wie in wenigen anderen Regionen. Die arabische Welt verzichtet damit auf starke Impulse. Ein *empowerment* der Frauen würde zudem das verantwortungslos hohe Wachstum der Bevölkerung drosseln. Wer eine Befreiung aus der Armut will, muss also Hilfen an eine Politik der Familienplanung knüpfen und dafür auch die Unterstützung der religiösen Autoritäten gewinnen.

Zweitens: wirtschaftliche Dynamik erzeugen. Im öffentlichen Dienst können die Regierungen keine weiteren Arbeitsplätze schaffen. Es fehlt ihnen das Geld dazu, und die Verwaltungen sind bereits genügend aufgebläht. Die Lösung ist, jungen Unternehmern und Innovatoren Freiraum zu geben, um sich zu entfalten. Die Geberländer können dazu Programme auflegen, die Managementwissen vermitteln, und sie können junge Selbstständige zu Lehrgängen in ihre Staaten einladen. Nicht Begegnungen an der Staatsspitze sind das Entscheidende, sondern die Kontakte an der Basis.

Die Geberländer können zudem mit Programmen, die Risikokapital bereitstellen, die Startbedingungen für Neugründungen verbessern und den Einstieg in neue Branchen erleichtern, beispielsweise in erneuerbare Energien oder in exportorientierte Agroindustrien. Sie können ferner mit einem Investitionsschutz Unternehmen aus ihren Ländern zu Engagements im Nahen Osten und in Nordafrika ermuntern. Sie können erfolgreiche Mittelständler mit Unternehmen aus der Region zusammenbringen, und sie können ihre Märkte für Produkte aus diesen Ländern weiter öffnen.

Wer mehr Privatinitiative will, muss das Geschäftsklima verbessern. Die Länder müssen also gedrängt werden, ihre Bürokratie zu vereinfachen, damit Vorhaben nicht bereits im Gestrüpp unsinniger Vorschriften enden. Dazu gehört auch, die großen und unrentablen Staatsbetriebe, die viel Geld verschlingen und den Wettbewerb verzerren, umzustrukturieren.

Auf den Prüfstand gestellt werden muss das teure System für den Schutz der sozial Schwachen. Bislang werden sie durch staatlich festgelegte Preise und Subventionen »geschützt«. So wollen sich die Regime gesellschaftlichen Frieden erkaufen. Wirtschaftlich vernünftiger wäre es, die Staatshaushalte zu entlasten und die Menschen über Sozialversicherungssysteme abzusichern.

Drittens: Rechtsstaatlichkeit schaffen. Gelingen kann Privatinitiative nur, wenn vor dem Gesetz alle gleich sind, es einen funktionierenden Rechtsstaat gibt und niemand mehr aufgrund des Schutzes durch Mächtige gegenüber anderen im Vorteil ist. Dadurch würde auch soziale Mobilität ermöglicht und selbstverständlich. Rechtsstaatlichkeit schränkt die Möglichkeiten der Korruption ein, und eine Dezentralisierung zügelt die Macht von oben.

Politik und Diplomatie. Wie also mit autoritären Regimen umgehen? Die Geberländer können sich ihre Partner für eine zwischenstaatliche Zusammenarbeit nicht aussuchen. Arbeiten die Regime nicht mit, ist ein friedlicher Wandel ausgeschlossen. Den Regimen muss daher klar gemacht werden, dass sie entweder grundlegenden Reformen, von denen letzten Endes auch sie profitieren würden, zustimmen können oder dass sie, wenn sie sich diesem Wandel verschließen, mit dem Rest des Landes hinweggerissen werden. Die Regime haben die Wahl zwischen einem friedlichen Wandel und einer nicht steuerbaren Implosion.

Wann immer sie die Gelegenheit dazu haben, instrumentalisieren die Regime Treffen mit europäischen Staats- und Regierungschefs plump für ihre Zwecke. Besuche im Kanzleramt, dem Élysée-Palast oder in der Downing Street 10 dienen der Propaganda zu Hause und der Legitimation ihrer Herrschaft. Gewiss muss man mit ihnen sprechen, darf sie aber nicht hofieren, will man seine Glaubwürdigkeit nicht verlieren. Gerade die Muslime in Europa verfolgen sehr genau, wie die Regierungen mit den Regimen in ihren Herkunftsländern umgehen, und sie messen sie daran.

Der politische Dialog muss also an die gesellschaftliche Verantwortung der Mächtigen appellieren und sie auf das Gemeinwohl verpflichten. Das ist ein schwieriger Prozess. Denn die Regime können auf Partner wie China setzen, die ihnen bei den Menschenrechten keine Steine in den Weg legen. Andererseits ist Europa gegenüber China so lange im Vorteil, wie der Kontinent wissenschaftlich und technologisch mehr zu bieten hat als die Volksrepublik.

Frieden und Abrüstung. Die Wirtschaft soll Wohlstand schaffen, die Politik Freiheit ermöglichen. Als drittes Element müssen bewaffnete Auseinandersetzungen, die noch die Regel sind, zur Ausnahme werden. Europa kann dabei zum Friedensstifter werden.

Erstens: Rüstungsexporte einstellen. Wer die Region stabilisieren will, darf keine Waffen mehr in sie exportieren. Die arabischen Regierungen geben sechs Prozent des Bruttoinlandsprodukts für Rüstung aus. Von 2015 bis 2019 sind auf den Nahen Osten 35 Prozent aller weltweiten Rüstungsimporte entfallen. Dabei importierte kein anderes Land mehr Waffen als Saudi-Arabien, 73 Prozent davon stammten aus den Vereinigten Staaten, 13 Prozent aus Großbritannien.[10] Diese Waffen haben die Region aber keinesfalls sicherer gemacht.

Die Waffen sind nicht die Ursachen der Kriege, heizen sie aber an und verlängern sie. Ohne den Nachschub aus den Vereinigten Staaten und Europa hätte Saudi-Arabien seinen Krieg im Jemen einstellen müssen, und die Türkei hätte nicht Teile Nordsyriens besetzen können. Die Bundesregierung und andere europäische Regierungen haben zwar ein Exportverbot für die Länder verhängt, die am Krieg im Jemen beteiligt sind. Sie setzen dieses Verbot aber nicht konsequent um, und Rüstungsfirmen sind erfinderisch, wenn es um seine Umgehung geht.[11]

Zweitens: den Terror bekämpfen. Der dschihadistische Terror kann nur mit einem Bündel von Maßnahmen bekämpft werden. Würden die Staaten funktionieren, würde der Rekrutierung von Kämpfern langfristig der Boden entzogen. Mittelfristig müssen islamische Religionsgelehrte die dschihadistische Terrorideologie entzaubern, kurzfristig müssen robuste militärische Einsätze Terrormilizen zurückdrängen und neutralisieren.

Das geht nicht ohne internationale Hilfe. Die Bundesrepublik Deutschland leistet seit Jahren wichtige Beiträge: in Afghanistan im Rahmen der Nato-Mission *Resolute Support*, im Irak im Verbund mit der Anti-IS-Koalition sowie in Mali durch die UN-Stabilisierungsmission *Minusma* und die Ausbildungsmission EUTM Mali. Für den Kampf gegen den IS im Nordirak war von 2014 bis 2018 die Lieferung von Panzerabwehrsystemen, Maschinengewehren und Jeeps an die kurdischen Peschmerga gerechtfertigt.

Drittens: Iran eindämmen. Die Islamische Republik Iran ist nicht die alleinige Ursache der Konflikte im Nahen Osten. Mit ihrer aggressiven Regionalpolitik feuert sie die Destabilisierung aber maßgeblich an. Vorrangig ist daher, Iran einzudämmen. Ziel muss sein, zu deeskalieren und die Schraube des Rüstungswettlaufs zurückzudrehen.

Zum einen kann auf Iran diplomatisch eingewirkt werden. Bei einer Neuverhandlung des Atomabkommens von 2015 könnte Iran mit wirtschaftlichen Anreizen dazu gebracht werden, sein Programm zur Entwicklung ballistischer Raketen einzufrieren und darauf zu verzichten, in arabischen Ländern als Hegemon aufzutreten. Iranische Spitzendiplomaten haben wiederholt eine Abrüstungs- und Friedenskonferenz für den Persischen Golf nach dem Vorbild der OSZE vorgeschlagen. Nichts spricht dagegen. Sollte Iran nach der Atomwaffe greifen, dürfte die Welt dem nicht tatenlos zusehen. Das müsste um jeden Preis verhindert werden. Zu einem Einlenken wird Iran nur bei einer glaubhaften Drohkulisse bereit sein.

Viertens: die Aussöhnung mit Israel fördern. Die israelische Siedlungspolitik steht einer Annäherung zwischen Israel und den Palästinensern im Weg. Anfang 2021 lebten innerhalb der Grenzen des Gebiets, auf dem ein Staat Palästina entstehen sollte, bereits 441 000 jüdische Siedler.[12] Frieden in der Region setzt voraus, dass die Jerusalem-Frage gelöst wird und dass die Palästinenser und alle Araber mit Israel Frieden schließen. Ein Instrument dazu ist das 2002 gegründete Nahost-Quartett, dem die Vereinigten Staaten, Russland, die EU und die Vereinten Nationen angehören. Eine Revision der Siedlungspolitik hat es bislang nicht erreicht.

Die Türkei könnte mäßigend auf die Hamas, zu der sie gute Beziehungen unterhält, einwirken. Die Ablehnung des Staates Israel durch viele Muslime kann erst beendet werden, wenn sich auch ranghohe Religionsgelehrte für die Anerkennung der Existenz Israels aussprechen. Vorsichtige Ansätze gibt es in Äußerungen des einflussreichen Religionsgelehrten Ahmad al-Raisuni, dem Vorsitzenden der Internationalen Union der muslimischen Religionsgelehrten.[13] Auch hier könnte die Türkei für Bewegung sorgen.

Fünftens: Staaten und ihre Institutionen stabilisieren. Kriege werden auch dann verhindert oder neigen sich zu Ende, wenn ein Staat stabil genug ist und kein Vakuum zulässt. Dazu muss die Herrschaft legitimiert sein, und ein Sicherheitsapparat ist erforderlich, der sich nicht gegen die eigene Bevölkerung wendet, sondern das Land gegen äußere Bedrohungen schützt.

Deutschland kann man nicht vorwerfen, die Gefahren im Nahen Osten zu ignorieren und nichts zu tun. Deutschland, Frankreich und Großbritannien haben mit den Vereinigten Staaten, Russland und China das Atomabkommen mit Iran verhandelt. Auf deutsche Initiative begann im Januar 2020 in Berlin der politische Prozess zur Lösung des Konflikts in Libyen. Die Bundeswehr ist an internationalen Friedensmissionen in Afghanistan, im Irak und in Mali beteiligt. Deutschland ist zudem in der bilateralen Entwicklungszusammenarbeit ein geschätzter Partner. Die Palette reicht von den Projekten staatlicher Institutionen bis zur Förderung der Arbeit der politischen Stiftungen und von Nichtregierungsorganisationen.[14]

In der Summe muss aber mehr getan werden, um einen

Wandel herbeizuführen. Darüber hinaus ist Deutschland auch im Innern stark herausgefordert.

Wie in Deutschland den gesellschaftlichen Frieden sichern?

Eine gemeinsame Wertebasis

Die Krisen, Konflikte und Kriege im Nahen Osten wirken sich bereits auf Deutschland aus. 2015 kamen 890 000 Schutzsuchende ins Land, überwiegend aus Syrien, Afghanistan und dem Irak.[15] Die Wohnbevölkerung Deutschlands stieg nach Angaben des Statistischen Bundesamts um 978 000 Einwohner auf 82,18 Millionen. Das hat zwei Folgen: Die ausländische Bevölkerung wächst, und die Zusammensetzung der Muslime verändert sich.

Die ausländische Bevölkerung nahm 2015 von 8,2 Millionen auf 9,1 Millionen zu. Bis Ende 2019 stieg sie weiter auf 11,2 Millionen. Das entspricht einem Anteil von 13,5 Prozent an der Gesamtbevölkerung, jeder zweite von ihnen ist Bürger eines anderen EU-Landes. Zur ausländischen Bevölkerung kommen noch 21,2 Millionen deutsche Staatsbürger mit Migrationshintergrund, das sind weitere 26 Prozent.[16]

Unter den Muslimen wächst das Gewicht des arabischen Islams und das des türkischen nimmt ab. Vor 2015 stammten noch zwei von drei Muslimen aus der Türkei, aus dem Nahen Osten (ohne Nordafrika) gerade mal 7,5 Prozent. Heute ist nur noch jeder zweite Muslim Türke oder deutscher Staatsbürger türkischer Abstammung, bereits 17 Prozent stammen aus dem Nahen Osten (ohne Nordafrika). Im April 2021 schätzte das Bundesamt für Migration und Flüchtlinge in der jüngsten Studie zu dem Thema die Zahl aller Muslime auf 5,3 bis

5,6 Millionen. Das waren 6,4 bis 6,7 Prozent an der gesamten Bevölkerung.[17] Da der Islam nicht wie eine Kirche organisiert ist, aus der man austreten kann, schließen diese Zahlen die »Pass-Muslime« ein, die nicht religiös sind.

Wenn es nicht gelingt, den Großraum Naher Osten zu stabilisieren, werden noch viel mehr Flüchtlinge und Migranten nach Europa strömen und damit nach Deutschland. Kann die Integration gelingen? Schließlich kommen nicht wenige mit einem patriarchalischen Weltbild, mit antisemitischen Einstellungen und einem muslimischen Glauben, der hierzulande vielen nach wie vor fremd ist und defensive Reflexe auslöst.

Vielen Flüchtlingen und Migranten ist dagegen die Vorstellung fremd, dass die Geschlechter gleichberechtigt sind. Sie sind in einer Kultur aufgewachsen, in der Frauen die Aufgabe zugewiesen wird, für den Haushalt und die Erziehung der Kinder zu sorgen, und in der sie sich den Männern unterordnen müssen. In solch einem Weltbild ist für das Selbstbestimmungsrecht der Frau kein Platz. Zu diesem Recht gehört auch, dass sich eine Frau kleiden kann, wie sie will.

Dieses Rollenverständnis äußert sich in Kitas und Schulen, wenn ein Junge Erzieherinnen und Lehrerinnen ablehnt. Es zeigt sich im Alltag, wenn ein Mann einer Frau den Handschlag verweigert. Auch eine Willkommenskultur darf an der Gleichberechtigung der Geschlechter und am Selbstbestimmungsrecht der Frau keine Abstriche machen. Wer in Deutschland leben will, muss sich von dem herabwürdigenden Rollenverständnis frauenfeindlicher Normen lösen. Frauen, die sich emanzipieren wollen, dürfen nicht alleingelassen werden.

Über Jahrzehnte haben die arabischen Regime Muslime wie Christen zu einem Hass auf Israel erzogen. Das Bildungswesen und die staatliche Propaganda vermittelten ein ausschließlich negatives Bild von Israel und dessen Bewohnern.

Mit diesem Bild kommen viele Flüchtlinge und Migranten zu uns. Der aus Israel stammende Politikwissenschaftler David Ranan führt diesen Antisemitismus unter Muslimen nicht auf religiöse Traditionen zurück, sondern auf den territorialen Konflikt um Palästina. Dazu hat er 70 junge Muslime in Deutschland und Großbritannien interviewt und kam zu dem Schluss, dass ihr Antisemitismus keine Feindseligkeit gegen Juden als Juden sei, sondern vielmehr eine Feindseligkeit gegen Juden als Zionisten, die den Staat Israel gegründet haben und ihn vergrößern. Religiöse Begründungen und Passagen aus dem Koran hätten seine Gesprächspartner nicht ins Feld geführt. Ranan sieht durch diesen Antisemitismus der Muslime den gesellschaftlichen Frieden in Deutschland zwar nicht gefährdet. Aber auch für diese Form des Antisemitismus darf es keinen Platz geben.[18]

Ein bürgerlicher Islam

Die Muslime, die zu uns kommen, haben bisher in muslimischen Mehrheitsgesellschaften gelebt. Nun stehen sie vor der Herausforderung, in einem Land zurechtzukommen, in dem sie in der Minderheit sind. Welchen Islam bringen sie mit? Und welche Auswirkungen hat das auf das Leben und Zusammenleben in Deutschland?

Muslime haben sich seit den 1960er Jahren in wachsender Zahl in Deutschland niedergelassen. Zunächst waren es »Gastarbeiter« mit geringer Bildung, die unter Tage und am Fließband gearbeitet haben. Mit den Migranten und Flüchtlingen von heute hatten sie gemeinsam, dass sie nun in einem Land lebten, das ihnen fremd war. Eine Schutzreaktion war, von der Mehrheitsgesellschaft zunächst lange gebilligt, die Flucht in Parallelgesellschaften. Dort bewahrten sie sich, was sie aus ihrer Heimat mitgebracht hatten: ihre Religion, ihre Sprache, ihre Familie, ihre Küche. Integration, Mitwirkung an der Gesellschaft und Staatsbürgerschaft waren zunächst keine Themen. Erst allmählich näherten sie und die Mehrheitsgesellschaft sich einander an.

Das wiederholt sich bei den neu eingereisten Migranten und Flüchtlingen. Sie haben ein positives Bild von Deutschland. Die Politik bietet ihnen Schutz, und die Gesellschaft nimmt sie auf. In dem Land, das ihnen fremd ist, müssen sie sich aber auch mit Fragen auseinandersetzen, die neu für sie sind. Wer dauerhaft in einem Land lebt, muss sich zu ihm bekennen, zu ihm loyal sein und sich als Teil seiner Gesellschaft fühlen. Damit es zu einer aktiven Integration kommt, müssen sie überzeugt davon sein, dass sie nicht im Widerspruch zu ihrem Glauben steht und dass sie sogar eine Pflicht ist.

Die in Frankreich forschende und lehrende türkische Soziologin Nilüfer Göle hat gezeigt, dass dies im Alltag gelingt.[19] In vier Jahren hat sie Muslime in 21 europäischen Städten befragt und festgestellt, dass sich der Islam in Europa in die europäische Kultur hineinbewegt. Die Muslime in Europa setzen sich dabei von den Interpretationen des Islams in ihren Herkunftsländern ab. Weil in ihrem sozialen Umfeld das Verhältnis zur Religion nicht mehr von vornherein festgelegt ist, eignen sie sich ihre Religion bewusster an.

Während sich ältere Muslime mit dem »Verbotenen« (*haram*) beschäftigten, stehe bei den jüngeren das »Erlaubte« (*halal*) im Vordergrund, was ihre Möglichkeiten zu leben erweitere. Sie halten sich an islamische Regeln, nehmen dennoch am europäischen Leben teil und wollen gewöhnliche Staatsbürger sein. Göle unterschlägt dabei nicht den Konfliktstoff: So prallen etwa das Sakrale und die Satire aufeinander. Den Muslimen ist die Religion heilig, den Europäern die Meinungsfreiheit.

Was Nilüfer Göle im Alltag herausgefunden hat, lässt sich auch theologisch ableiten. Wichtig hierfür ist die Koransure 7, Vers 199. Sie nennt in einer schwer übersetzbaren Kürze die drei im Islam zentralen Begriffe der zwischenmenschlichen Beziehungen (*mu'amalat*) als Bedingungen für ein friedliches Miteinander der Menschen und auch dafür, dass ein Mensch beim Jüngsten Gericht in das Paradies eingehen kann.

Die zweite der drei Aufforderungen lautet: »Gebiete, was *'urf* ist.« Der koranische Begriff *'urf* steht für nichtislamisches Gewohnheitsrecht, also das, was als Recht außerhalb des Islams entstanden ist. Zudem fordert Sure 5, Vers 1 den Muslim auf, Verträge und Vereinbarungen ausnahmslos einzuhalten. Wer in ein Land einreist, so die traditionelle Auslegung, schließt einen Vertrag mit diesem und akzeptiert somit dessen Rechtsordnung und Gesetze.

Das hat zur Folge, dass beispielsweise die ungleiche erbrechtliche Behandlung der Geschlechter aufgehoben wird. Die wird im Islam damit begründet, dass der Mann für den Unterhalt einer Familie aufkommen muss, nicht die Frau. Da das deutsche Unterhaltsrecht aber keinen Unterschied zwischen den Geschlechtern macht, verliert damit die erbrechtliche Benachteiligung der Frau ihre Grundlage.[20]

Dem Islam verleiht Flexibilität, dass die meisten Offenbarungen des Korans einen konkreten örtlichen und zeitlichen Anlass hatten. So können vier Fünftel des Korans nach Zeit und Ort neu interpretiert werden, und die Auslegung ist dann nicht mehr an den Buchstaben gebunden. So konnten die frühen Muslime, die im siebten Jahrhundert von der Arabischen Halbinsel kommend in Syrien und dann in Andalusien andere Kulturen, Ethnien und Ideen vorfanden, sich mit diesen verschmelzen und sie zu neuen Hochkulturen weiterentwickeln.

Flexibilität ist für den Muslim die Voraussetzung, in jeder Zeit und an jedem Ort leben zu können. So haben sich in den 1400 Jahren Geschichte des Islams viele Traditionen und Wirklichkeiten herausgebildet. Für die Toleranz gegenüber anderen und die Akzeptanz einer Vielfalt an Meinungen hat der Münsteraner Islamwissenschaftler Thomas Bauer den Begriff *Ambiguitätstoleranz* geprägt. Dass diese historisch gelebte Vielfalt oft bekämpft wird und vielfach verloren ging, ist ein Zeichen für die Krise des Islams in der Gegenwart.

Das theologische Fundament ist aber vorhanden, um an diese Toleranz und Flexibilität anzuknüpfen. Ein Beispiel für die Fortentwicklung traditioneller Auslegungen ist die Koransure 49, Vers 14, die den Abfall vom Islam zum Thema hat. In der Vergangenheit wurde mit dieser Stelle die Tötung einer Person begründet, die sich vom Islam losgesagt hat. Mit der Freiheit der Religionsausübung ist das nicht vereinbar. Taha Dschabir al-Alwani (1935 bis 2016) war einer der islamischen Rechtsgelehrten, die diese alte Auslegung ablehnen. Denn Religion, so al-Alwani, sei eine Angelegenheit zwischen dem Einzelnen und Gott. Weitere Beispiele für die flexible Weiterentwicklung von Rechtsvorschriften sind Fatwas, die etwa Ärzten, Fernfahrern oder Bauarbeitern wegen der extremen Belastung in ihren Berufen und der nachlassenden Konzentration beim Fasten dieses im Ramadan untersagen.

In Deutschland sind knapp sieben Prozent der Bevölkerung Muslime. Sie haben Anspruch auf Artikel 4 des Grundgesetzes: »Die Freiheit des Glaubens, des Gewissens und die Freiheit des religiösen und weltanschaulichen Bekenntnisses sind unverletzlich. Die ungestörte Religionsausübung wird gewährleistet.« Anders als im laizistischen Frankreich, das Religion von Staat, Politik und Zivilgesellschaft fernhält und lediglich privatrechtlich zulässt, haben Muslime im säkularen Deutschland wie Angehörige anderer Religionsgemeinschaften einen verfassungsrechtlichen Anspruch, ihre Religion frei

zu praktizieren, auch im öffentlichen Raum. Die Voraussetzung dafür ist die Einhaltung der staatlichen Rechtsordnung.
Sie allein legt die Regeln für den gesellschaftlichen Interes-
senausgleich fest. Sie ermöglicht Vielfalt, lässt aber keine Be-
liebigkeit zu, sondern bindet jede Religion an diesen Rahmen.

Der säkulare Rechtsstaat ist religionsneutral, aber nicht,
was in muslimisch geprägten Ländern oft unterstellt wird,
religionsfeindlich. Er trennt nicht Politik und Religion, denn
das religiöse Argument hat in der politischen Debatte seinen
Platz; Religionen sind aus dem öffentlichen Raum nicht ver-
bannt, ihnen wird sogar eine stabilisierende Rolle in der Gesellschaft zugeschrieben. Jedoch schließt der säkulare Rechtsstaat die Religionen von der Ausübung politischer Macht aus.
Eine Folge davon ist, dass er alle Religionen gleich behandeln
muss und sich nicht in die innerreligiösen Debatten einmi-
schen darf.[21]

In der arabischen Welt ist das anders. Dort bedienen sich die
Herrscher der Religionsgelehrten, um ihre Herrschaft zu legitimieren, wodurch letztere ihre Glaubwürdigkeit verlieren und
sich unzufriedene Muslime extremistischem Gedankengut
zuwenden. Säkularisierung schwächt Religion nicht, sondern
befreit sie. Umfragen in Deutschland bestätigen, dass Muslime
die Demokratie in gleichem Maße für eine gute Regierungsform halten und ihr vertrauen wie der Rest der Gesellschaft.[22]
Sie schätzen, dass Wahlen einen friedlichen Machtwechsel
herbeiführen können, was sie so aus Ländern mit einer muslimischen Bevölkerungsmehrheit oft nicht kennen.

In den Muslimen der zweiten oder dritten Generation ste-
cke mehr Deutschland als in der Generation ihrer Eltern, sagt
der an der Azhar-Universität ausgebildete und in Deutschland tätige Religionsgelehrte Taha Amer. Sie stellten fest,
dass zwischen ihrer Identität als Muslime und ihrer Loyalität
zur Bundesrepublik Deutschland kein Widerspruch bestehe,

denn sie könnten die Grundpflichten ihres Glaubens hier mit Leben füllen. Zudem verglichen sie das Leben in Freiheit und Wohlstand und die funktionierenden Bildungs- und Gesundheitssysteme mit den Missständen in den Ländern, aus denen sie oder ihre Vorfahren kommen. Das Urteil falle eindeutig aus.

Dennoch bleiben (zu) viele Muslime auf Distanz zur Mehrheitsgesellschaft, wodurch sie sich aber nicht von nichtmuslimischen Gruppen in muslimischen Mehrheitsgesellschaften unterscheiden. Sie suchen im Umfeld von Moscheen Gleichgesinnte, sie heiraten untereinander, ihre Kinder spielen miteinander, sie treffen sich in Berufszirkeln, betreiben gemeinsam Sport, sammeln für soziale Projekte. Dieses Verhalten kann unterschiedliche Gründe haben. Dazu gehört auch, dass sich Menschen treffen, die eine gleiche Lebensauffassung teilen.

Die Distanz zwischen Muslimen und der Mehrheitsgesellschaft wird sichtbar, wenn etwa Schülerinnen, die als Musliminnen erkennbar sind, über Sozial-Mobbing klagen. Abträglich ist zudem die stets wiederkehrende Unterstellung, Muslime verfolgten eine *hidden agenda*, sie zielten in Wirklichkeit also darauf, mit ihrer vermeintlichen Herrschaftsideologie einen Gottesstaat zu errichten. Der Islam kennt jedoch keinen Begriff »Gottesstaat«. Er gibt auch keine politische Ordnung vor, sondern ist mit vielen Regierungsformen vereinbar. Mohammad ließ seinen Staat nicht von Religionsgelehrten führen, sondern stützte sich auf Technokraten. Erst mit der Revolution 1979 in Iran schufen die Schiiten, zu denen weniger als ein Zehntel der Muslime gehören, eine Theokratie. Der Islam ist politisch, das unterscheidet ihn aber nicht von den anderen monotheistischen Weltreligionen, die ebenfalls einen politischen Gestaltungswillen haben.[23]

Als Kampfbegriff in der Auseinandersetzung um den Islam

hat in jüngster Zeit der »politische Islam« den »Salafismus« abgelöst. Der neue Modebegriff weicht die bisherige klare sprachliche Unterscheidung zwischen dem Islam als Religion und dem Islamismus als politischer Ideologie auf. Damit verschwimmt die Grenze zwischen legitimer Politik und extremistischer Gewalt. Einem Muslim, der sich im Rahmen der Demokratie politisch engagiert, wird nun indirekt unterstellt, er könne ja gewaltbereit sein. Muslime, die politisch handeln, werden so stigmatisiert und unter Generalverdacht gestellt.

Religiöse Menschen haben ebenso Anspruch auf politische Betätigung wie säkulare Atheisten und Agnostiker. Handeln aus einem gelebten Glauben heraus darf und kann in einem säkularen Staat gesellschaftlich wirken. Ist es nun Ausdruck einer Herrschaftsideologie, wenn Muslime aus ihrem Glauben heraus islamische Positionen zum ungeborenen Leben formulieren oder zum Umweltschutz? Oder ist es nicht doch legitim, den Islam als politische Kraft so einzubringen wie es auch die christlichen Kirchen tun?[24]

Als Synonym zum »politischen Islam« und oft im selben Kontext taucht auch der Begriff »legalistischer Islamismus« auf. In ihm schwingt noch deutlicher die Unterstellung mit, unter dem Deckmantel der Gesetzestreue einen Systemwechsel herbeiführen zu wollen. So heißt es in den Verfassungsschutzberichten einzelner Bundesländer, Organisationen wie die Islamische Gemeinschaft Milli Görüş (IGMG) und die Deutsche Muslimische Gemeinschaft (DMG) als Zweig der Muslimbruderschaft strebten eine Ordnung mit Zügen eines totalitären Herrschaftssystems an, in dem Gott und nicht das Volk der Souverän sei.[25]

Dem entgegneten Vertreter dieser Organisationen gegenüber dem Autor, die Behörden würdigten nicht den Wandel, den sie in den vergangenen Jahrzehnten vollzogen hätten. So habe sich die IGMG in Deutschland von der Bewegung Milli Görüş des früheren türkischen Islamistenführers Necmettin Erbakan gelöst. Die DMG argumentiert, viele Denker der frühen Muslimbruderschaft hätten für sie keine Relevanz mehr, da sie nicht die Lebensrealität der in Deutschland lebenden Muslime widerspiegelten. Denn hier sichere die freiheitlich-demokratische Grundordnung, wie sie das Grundgesetz ermögliche, das friedliche Zusammenleben der Menschen, und sie stehe im Einklang mit den Erfordernissen eines islamischen Lebens.

Neu ist für die Muslime, dass sie in einem Land leben, in dem der Islam, anders als es in den Ländern mit muslimischen Mehrheitsgesellschaften der Fall ist, nicht zur nationalen Identität gehört. Dort war der Islam erst im Kampf gegen die koloniale Fremdherrschaft zu einer politischen Kraft geworden und damit zum »politischen Islam«.[26] Vor allem in Marokko, Tunesien und Jordanien haben die jungen Generationen der Muslimbrüder den Gedanken an einen islamischen Staat auf der Basis der Scharia aber aufgegeben. Stattdessen sprechen sie von einem demokratischen System mit gleichem Bürgerrecht für alle und mit islamischem kulturellen Hintergrund.[27] Wo es mehr oder minder freie Wahlen gibt, sind sie in den Parlamenten und Regierungen vertreten. Zudem sind sie ein wirksames Immunsystem gegen den Salafismus und dschihadistische Ideologien.

In Europa sind nur wenige Prozent der Bevölkerung Muslime, und von ihnen ist ein Teil nicht religiös. Die Muslime fügen sich, wie Göle gezeigt hat, in ihre neue Lebensrealität ein, sie werden zu gesellschaftlichen Akteuren und wachsen mit der Gesellschaft. Das geht nicht ohne Friktionen. Mit ihren oft konservativen Werten, etwa in Bezug auf Homosexualität, Abtreibung oder die Evolutionslehre, reiben sie sich an der Mehrheitsgesellschaft, stehen damit aber nicht allein.

Eine missbräuchliche Ausnutzung des Rechtsrahmens sei zwar nicht in jedem Fall auszuschließen, sagt die Islamwissenschaftlerin Gudrun Krämer. Sie hält die deutsche Gesellschaft aber für stark genug, dagegenzuhalten, wenn Muslime, etwa beim Schulunterricht für Mädchen, konservative Vorstellungen durchsetzen wollten.[28]

Viele Muslime kommen aus Regionen zu uns, in denen Bürgerkriege wüten oder Autokraten herrschen. Zu dem Wenigen, was sie aus ihrer Heimat mitbringen, gehört ihre Religion. Gelingen kann ihre Integration nur, wenn sich Islamverbände und staatliche Behörden gemeinsam um sie kümmern.

Deutschland erwartet, dass sich auch die Muslime an Recht und Gesetz halten. Wenn das geschieht, dürfen wir es nicht einfach herabwürdigend mit dem Etikett »legalistisch« beiseitewischen. Der säkulare Rechtsstaat kann Anreize für ein erwünschtes Handeln setzen. Letztlich sind es aber die Muslime, die ihre Religion gestalten. Denn der säkulare Rechtsstaat kann sich nicht selbst zum Religionsstifter aufschwingen.

DAS ALTE ARABIEN IST GESCHICHTE

Das alte Arabien, in dem der Autor studiert hat, das er als Student bereiste und über das er vor einem Vierteljahrhundert als Journalist zu berichten begann, ist Geschichte. Damals war es leicht, der Faszination der arabischen Kultur zu erliegen. Zu sehen, wie in den Städten die Geschichte weiterlebte, wie die Menschen stolz waren auf ihre Baumeister und Handwerker, auf ihre Dichter und die lebendige Vielfalt ihrer Gesellschaften.

Kairo zehrte von seinem Beinamen »Mutter der Welt«, in der historischen Altstadt von Damaskus lag wie selbstverständlich der Keim des arabischen Nationalismus, von der Handelsstadt Aleppo hatten die Wege bis nach China geführt, und nirgendwo sonst gibt es diese Fülle archäologischer Stätten früher Hochkulturen wie in Mesopotamien.

Künftige Generationen werden von einem anderen Arabien sprechen. Der Verfall ist dramatisch. Probleme wurden zwar nach und nach erkannt, aber nicht gelöst, und so türmten sie sich immer weiter auf. Auch dem Autor fehlte die Fantasie, sich das Ausmaß des Verfalls, wie er eingetreten ist, vorzustellen. Vor einem Jahrzehnt genügte ein Tropfen, um das Fass zum Überlaufen zu bringen. Heute kann beim nächsten großen Unwetter der ganze Damm brechen.

Die südliche Nachbarschaft Europas ist in Aufruhr. Die Krisen und Konflikte in der arabischen Welt verschärfen und verstärken sich gegenseitig. Jederzeit können sie außer Kontrolle geraten. Jeder dritte junge Araber ist arbeitslos, jeder zweite Jugendliche denkt an Auswanderung, vier der zehn korruptesten Länder liegen in der arabischen Welt, zwei der gefährlichsten Terrororganisationen agieren im Nahen Osten. Der Rückgang des Ölpreises erhöht den Druck auf die Regierungen, und der Klimawandel erschwert das Leben in einer Region, die ohnehin zu den trockensten weltweit zählt. Bürgerkriege schaffen rechtlose Zonen, in denen Milizen wüten. Externe Mächte nutzen die Chance und setzen sich in ihnen fest. Mehr Sicherheit bringen sie nicht.

Und nun auch noch die Pandemie. Die Wirtschaftsleistung sinkt, es gibt noch weniger Arbeit, noch mehr Menschen fallen unter die Armutsgrenze, mit noch härterer Repression und eiserner Faust pressen die Regime den Deckel auf den Kessel. Auf Dauer geht das nicht gut. Das Scheitern der arabischen Staaten setzt Europa unter Druck. Handeln ist längst keine Option mehr, es ist ein Gebot.

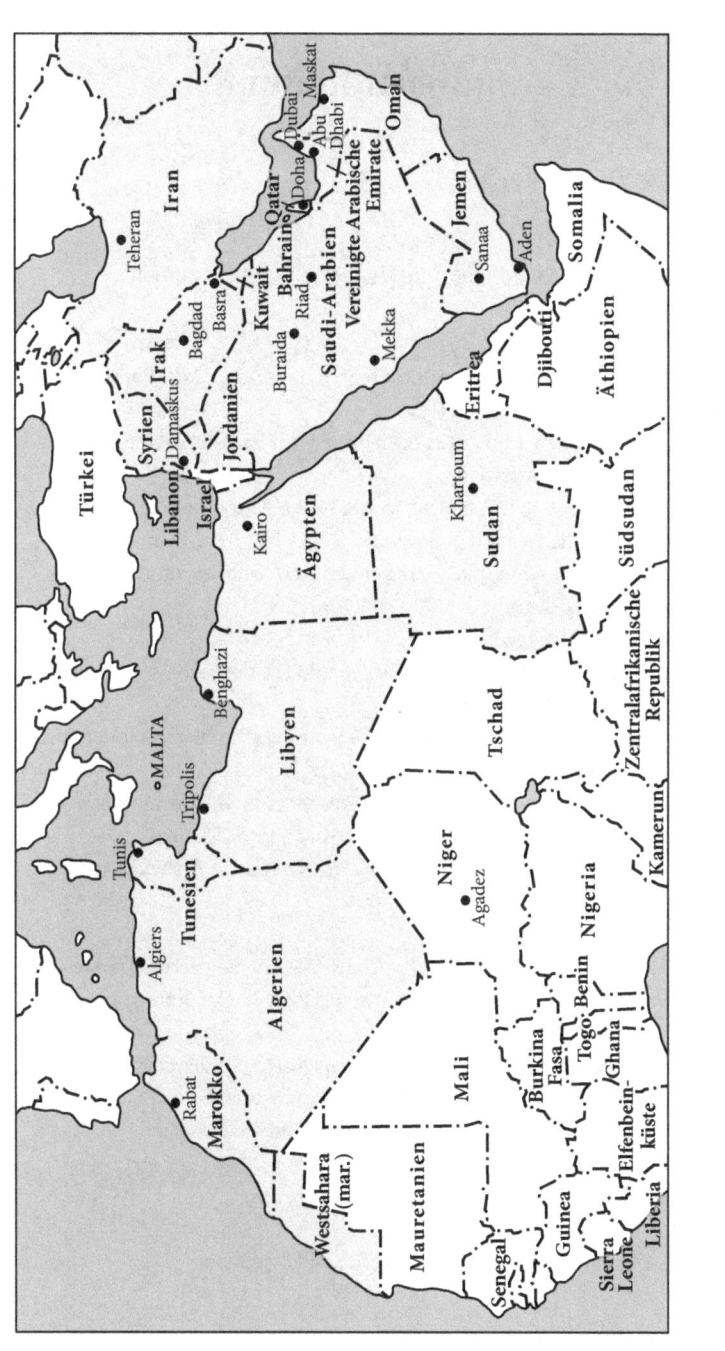

ANMERKUNGEN

Von der missglückten Revolte zur Revolution?

1 Anderson (2017).
2 https://www.undp.org/content/dam/rbas/report/Population%20
Levels,Trends.pdf, S. 31.
3 https://www.bpb.de/nachschlagen/zahlen-und-fakten/europa/
70503/altersstruktur
4 Brookings: »The Middle East and North Africa over the next decade:
Key challenges and policy options«. 3. März 2020. https://www.
brookings.edu/opinios/the-middle-east-and-north-africa-over-
the-next-decade
5 Cordesman (2020a).
6 The Economist, 17. September 2020: »The new energy order«.
7 Steinberg (2020b), S. 59.
8 Marwan Bishara: »Beware of the looming chaos in the Middle East.
The region in 2020 is in much worse shape than in 2010«. 3. August
2020. https://www.aljazeera.com/indepth/opinion/beware-
looming-chaos-middle-east-200803042230463.html
9 James Dorsey, 1. Februar 2020: »Protesters push Arab militaries off
their pedestal«.
10 Gaub (2019a), S. 83 f.
11 Aus einer mehrteiligen Gesprächsserie mit dem Fernsehsender
Sada al-Balad am 1. Januar 2015: https://www.youtube.com/
watch?v=5nAsjtZD000
12 Kirkpatrick (2018), von 2011 bis 2015 Korrespondent der New York
Times in Kairo, beschreibt anschaulich, wie in Ägypten die Revolution scheiterte und die Konterrevolution die Oberhand behielt.
13 Arendt (2019), S. 327 f.
14 Arendt (2019), S. 334.
15 Worth (2020).
16 Acemoglu/Robertson (2013), S. 3 und S. 398–401.

17 Arendt (2019), S. 59.
18 Bennabi (1992), S. 77.
19 Benlahcene (2013), S. 11.
20 Frankfurter Allgemeine Zeitung, 5. August 2020: »Eine Stadt steht unter Schock«.
21 Brookings Institute, 10. April 2020: »The Middle East and North Africa over the next decade: Key challenges and policy options«. https://www.brookings.edu/opinions/the-middle-wast-and-north-africa-over-the-next-decade
22 Dunne (2020), S. 184–189, und: New York Times, 10. April 2019: »Hopes raised during Arab Spring start to revive«.
23 James Dorsey: »Protests Challenge Gulf Counterrevolution«. In: Besa, 18. April 2019. Ferner: James Dorsey, 27. April 2019: »Arab power struggles: ›The King is dead, long live the King‹«.
24 Asdaa (2019).
25 Global Health Security Index 2019. https://www.ghsindex.org/
26 Rose (2020).
27 Arab Youth Survey 2020. https://www.arabyouthsurvey.com/findings.html
28 https://www.theguardian.com/world/2020/mar/26/egypt-forces-guardian-journalist-leave-coronavirus-story-ruth-michaelson
29 https://www.amnesty.org/en/latest/news/2020/05/egypt-end-relentless-attacks-on-journalists-and-other-media-workers/
30 New York Times, 6. Juni 2020: »Pandemic hits regions previously spared«.
31 Zum extremen Fall Syrien: https://www.aljazeera.com/features/2020/10/5/covid-19-syria-hospital
32 Oxfam, 27. August 2020: »*For a Decade of Hope Not Austerity in The Middle East and North Africa*«. https://oxfam.box.com/s/q5jr2nwuy6ztbevravyyqo48tkphs9uy
33 https://www.crisisgroup.org/global/sb4-covid-19-and-conflict-seven-trends-watch
34 James Dorsey: »Facing a Pandemic of Crises, Few Middle eastern Leaders Step Up«. In: Besa, 3. Juli 2020. https://besacenter.org/perspectives-papers/pandemic-crises-middle-east/
35 Singh/Williamson (2020) https://carnegie-mec.org/sada/81615
36 Shama (2020) https://foreignpolicy.com/2020/04/30/egypt-sisi-coronavirus-political-threat/

37 Abdo (2020) https://www.brookings.edu/opinions/egypt-covid-19-and-the-economy-a-combustible-mix/

38 Sayigh (2020) https://carnegie-mec.org/diwan/81613

39 https://www.mpg.de/10479763/klimafluechtlinge-naher-osten-nordafrika-klimawandel

40 https://www.earthday.org/climate-change-water-woes-and-conflict-concerns-in-the-middle-east-a-toxic-mix/

41 https://www.atlanticcouncil.org/blogs/menasource/how-climate-change-could-exacerbate-conflict-in-the-middle-east/

42 https://www.weforum.org/agenda/2019/04/middle-east-front-lines-climate-change-mena/

43 https://www.earthday.org/climate-change-water-woes-and-conflict-concerns-in-the-middle-east-a-toxic-mix/

44 Bandar Bin Sultan Al Saud, von 1983 bis 2005 saudischer Botschafter in Washington und danach Geheimdienstchef seines Landes, äußerte diese Frustration eindrucksvoll im Oktober 2020 in einem langen dreiteiligen Interview mit dem Nachrichtensender al-Arabiya: https://english.alarabiya.net/en/features/2020/10/05/Full-transcript-Part-one-of-Prince-Bandar-bin-Sultan-s-interview-with-Al-Arabiya

45 Zitiert nach James Dorsey, 24. August 2020: »Ignore at your peril: Palestine ranks high in Arab public opinion«.

46 https://www.washingtoninstitute.org/fikraforum/view/saudi-poll-public-foreign-policy-sunn-shia-2020. Vom 10. August 2020.

47 Asdaa (2019).

48 Gaub (2019b), S. 154.

49 Hearst (2020b).

50 Gaub (2019b), S. 156.

51 Muasher/Yahya (2020).

Ein Gangsterquartett der alten Regime

1 http://english.ahram.org.eg/News/51429.aspx, 28. August 2012. Ferner eine halbstündige Dokumentation von al-Jazeera, 20. Mai 2018: https://www.youtube.com/watch?v=-SkxTHTZPpY. Über Nachnouch ferner: https://www.bbc.com/news/world-middle-

east-19467017. Ferner: https://www.lepoint.fr/monde/l-affaire-nakhnoukh-truand-pro-moubarak-sans-remords-captive-l-egypte-27-08-2012-1499552_24.php sowie http://www.soutalomma.com/Article/879774 und der Blog vom 14. September 2012: https://www.lahamag.com/article/26352

2 https://eng.majalla.com/2012/10/article55234359/egypts-king-of-thugs-faces-trial, 3. Oktober 2012.

3 https://en.wikipedia.org/wiki/Saud_al-Qahtani

4 OHCR: A/HRC/41/CRP.1. Annex to the Report of the Special Rapporteur on extrajudicial, summary or arbitrary executions: Investigation into the unlawful death of Mr. Jamal Khashoggi, 19. Juni 2019, S. 50.

5 Washington Post, 16. Oktober 2016: »MBS's rampaging anger will not silence questions about Jamal Khashoggi«. https://twitter.com/ignatiuspost/status/1052384019906748416?lang=de

6 https://www.theguardian.com/world/2019/dec/23/saud-al-qahtani-saudi-fixer-khashoggi

7 https://www.amnesty.org/en/latest/campaigns/2019/01/this-is-why-saudi-arabia-activists-fight-for-human-rights/

8 Hubbard (2020), S. 136–146.

9 https://www.bellingcat.com/news/mena/2019/06/26/lord-of-the-flies-an-open-source-investigation-into-saud-al-qahtani/

10 Neue Zürcher Zeitung, 8. Juli 2020: »Prinz Mohammed – dein grosser Bruder«.

11 https://www.middleeasteye.net/news/qahtani-comeback-song-praising-saudi-official-circulated-sign-rehabilitation, 21. Februar 2020.

12 https://www.lepoint.fr/afrique/justice-alger-sacrifie-ses-oligarques-03-05-2019-2310739_3826.php

13 https://www.lemonde.fr/afrique/article/2020/02/11/en-algerie-quinze-ans-de-prison-confirmes-en-appel-contre-said-bouteflika-et-deux-co-accuses_6029168_3212.html

14 https://www.lepoint.fr/afrique/algerie-la-justice-civile-au-dessus-de-la-tete-de-said-bouteflika-08-07-2020-2383630_3826.php

15 Daher (2019), S. 157f.

16 https://www.aljazeera.com/economy/2019/12/24/syrian-government-seizes-assets-of-businessman-rami-makhlouf/

17 Frankfurter Allgemeine Sonntagszeitung, 10. Mai 2020: »Assads zerstörtes Reich«.

18 https://en.wikipedia.org/wiki/Rami_Makhlouf

Ägypten: Wie lange hält der Kessel?

1 Human Rights Watch: »Independently Investigate Morsy's Death. Former President Died After Years of Inadequate Care«, 17. 6. 2019. https://www.hrw.org/news/2019/06/17/egypt-independently-investigate-morsys-death

2 BBC, 17. Juni 2019: »Egypt's ousted President Mohammed Morsi does during trial«. http://www.bbc.com/news/world-middle-east-48668941

3 Human Rights Watch: »Little Truth in Al-Sisis's ›60 Minutes‹ Responses«, 07. 01. 2019. https://www.hrw.org/news/2019/01/07/little-truth-in-Al-Sisis's-›60 Minutes‹-Responses

4 https://www.theguardian.com/world/2018/nov/29/giulio-regeni-murder-italy-names-egyptian-national-security-agents-suspects. The Guardian, 29. 11. 2018.

5 Demmelhuber (2014), S. 55f.

6 Neue Zürcher Zeitung, 18. April 2019: »Ägyptens Militär verewigt seine Macht«.

7 Neue Zürcher Zeitung, 16. Juli 2018: »Sisi gewährt Offizieren Immunität für Massaker«.

8 Al-Monitor, 17. Mai 2020: »Sisi grants army more powers under state of emergency«. https://www.al-monitor.com/pulse/originals/2020/05/egypt-sisi-amendments-emergency-law-army-arrest-cvilians.html

9 New York Times, 5. April 2019: »The soaps in an iron fist«.

10 Ebda.

11 Jäger/Resch (2015), S. 75.

12 Noll (2017), S. 3–6.

13 Bukhari/Lavrilleux (2020).

14 Noll (2017), S. 6.

15 Mandour (2018).

16 Frankfurter Allgemeine Zeitung, 26. Juli 2013: »Ende der Zurück-haltung«.

17 Schmitt (2015), S. 62.

18 Human Rights Watch: »IMF: Delay Vote on Loan to Egypt. Link
Approval to Robust Anti-Corruption Measures«, 24. Juni 2020.
https://www.hrw.org/news/2020/06/24/imf-delay-vote-loan-
egypt

19 Harmina/Humphreys (2020).

20 https://www.transparency.org/en/blog/the-imf-on-corruption-
and-covid-19#

21 https://www.hrw.org/news/2020/11/30/imf-demand-
transparency-egypt-militarys-firms

22 https://www.imf.org/en/Countries/EGY#countrydata

23 https://data.worldbank.org/indicator/SP.POP.GROW?
locations=EG

24 https://data.worldbank.org/country/EG

25 https://data.worldbank.org/indicator/NY.GDP.PCAP.CD?
locations=EG

26 https://www.imf.org/en/News/Articles/2018/05/05/sp-egypt-
inclusive-growth-and-job-creation-lipton

27 https://www.brookings.edu/wp-content/uploads/2016/07/
en_youth_in_egypt.pdf, S. 5.

28 Ragui Assaad (2019).

29 Mandour (2018).

30 https://www.reuters.com/article/us-egypt-economy-middle-
class/egypts-middle-class-faces-hardship-as-austerity-bites-
idUSKBN1GX290

31 https://www.middleeastmonitor.com/20190503-world-bank-
60-per-cent-of-egyptians-poor-middle-class-suffers-from-reforms/

32 https://data.worldbank.org/indicator/BX.TRF.PWKR.DT.GD.
ZS?locations=EG

33 https://www.imf.org/en/News/Articles/2018/05/05/sp-egypt-
inclusive-growth-and-job-creation-lipton

34 New York Times, 7. Oktober 2019: »Harsh Crackdown quiets
Egyptian protests«.

35 Deutsche Welle, 19. Juli 2020: »Ägyptens Geheimdienst: Ein langer
Schatten«. https://www.dw.com/de/ägyptens-geheimdienst-
ein-langer-schatten

36 Beispiele in New York Times, 16. Mai 2020: »Egypt's critics speak out
in exile, but their families pay«.

37 Harmina/Humphreys (2020).

38 Human Rights Watch, 18. Mai 2020: »Egypt: No Pretense of Judicial Review for Hundreds«. https://www.hrw.org/news/2020/05/18/egypt-no-pretense-judicial-review-hundreds

39 Deutsche Welle, 31. Mai 2020: »Überfüllt, schmutzig, tödlich: Gefängnisse in Ägypten«. https://www.dw.com/de/überfüllt-schmutzig-tödlich-gefängnisse-in-ägypten

40 New York Times, 14. Juli 2017: »How Egypt's Activists Became ›Generation Jail‹«.

41 Frankfurter Allgemeine Zeitung vom 20. März 2012: »Sterben für Leidenschaft und Freiheit«.

42 Videos in ägyptischen Medien vom 30. Juni 2015, dem Tag der Beerdigung Barakats.

43 Azmi Bishara (2016), S. 92f.

44 Hassan Yousef: *Asrar al-qadiya 250 amn al-daula* (Die Geheimnisse des Verfahrens 250 der Staatssicherheit), zitiert nach Azmi Bishara (2016), S. 93.

45 CNN Arabisch, 8. April 2014: https://arabic.cnn.com/middle east/2014/04/08/egypt-sovereign-malta. Und: al-Jazeera, 23. März 2019: http://mubasher.aljazeera.net/blog-post/ لماذا ذكرهم "فرسان المعبد" "سفاح نيوزيلندا"؟ وما علاقتهم بالسيسي؟

46 al-Ahram, 22. Dezember 2014: http://gate.ahram.org.eg/News/575843.aspx

47 Schielke (2015), S. 48.

48 Human Rights Watch, 12. August 2014: »All according plan. The Rab'a Massacre and Mass Killings of Protesters in Egypt«. https://www.hrw.org/all-according-plan/rab'a-massacre-and-mass-killings-of-protesters-in-Egypt

49 Human Rights Watch, 4. Juni 2020: »US: Egypt's Ex-Prime Minister Sued for Alleged Torture«. https://www.hrw.org/news/2020/06/04/us-egypts-prime-minister-sued-alleged torture

50 Der Autor sprach mit ihnen am 29. Februar 2020 in Frankfurt/Main.

51 Frankfurter Allgemeine Zeitung, 26. Juni 2020: »Wer ist Herr über die Wassermassen des Nils?«

52 Schreiben des äthiopischen Außenministers Gedu Andargachew am 14. Mai 2020 an den UN-Sicherheitsrat.

53 Schreiben des äthiopischen Außenministers Gedu Andargachew am 14. Mai 2020 an den UN-Sicherheitsrat.

54 International Crisis Group (2020a) 17. Juni 2020: »Nile Dam Talks: A Short Window to Embrace Compromise«.

55 Benaim/Hanna (2018).

56 Gallopin (2020), S. 4.

57 Gallopin (2020), S. 15.

58 Weber (2019), S. 3.

59 New York Times, 13. April 2019: »An urgent transition in Sudan«.

60 Weber (2019), S. 2.

61 Weber (2019), S. 2–4, Gallopin (2020), S. 16.

62 Steinberg (2020b), S. 54.

63 Frankfurter Allgemeine Zeitung, 21. Dezember 2019: »Vor der Entscheidung in der Schlacht um Tripolis«.

64 Financial Times, 28. Mai 2020: »Russian jets backing Libyan rebels, US claims« und: Le Monde, 28. Juni 2020: »En Libye, le réveil américain«.

65 Financial Times, 22. Juli 2020: »Egypt backs deployment of troops in Libya«.

66 Lacher (2020), S. 2.

67 Steinberg (2020b), S. 61.

68 https://data.worldbank.org/country/EG

69 https://openknowledge.worldbank.org/bitstream/handle/10986/32436/9781464814402.pdf, S. 4.

70 http://hdr.undp.org/en/content/2019-human-development-index-ranking

71 Miehe/Roll (2020).

72 Reuters, 22. Juli 2018: »Egypt's Sisi says false rumors main threat to Arab countries«.

73 Adly (2016), S. 11 f.

74 Adly (2016), S. 3.

75 Roll (2016), S. 16.

76 Frankfurter Allgemeine Zeitung: https://www.faz.net blog, 20. Februar 2015.

77 Mandour (2016).

78 New York Times, 10. Februar 2020: »The battle over the Nile«.

79 Al-Quds al-arabi, 21. Juli 2020: »Die einzige verfügbare militärische Option für Ägypten, um Äthiopien zu zwingen«.

80 Frankfurter Allgemeine Zeitung, 29. Juni 2020: »Wer ist Herr über die Wassermassen des Nils?«

81 Süddeutsche Zeitung, 4. Januar 2019: »Ein Kampfschiff nach Kairo«.

82 New York Times, 5. März 2018: »Missiles sent from Pyongyang, sold in Cairo«.

83 Ruprecht Polenz: »Deutschlands Glaubwürdigkeit«. In: Zenith, Herbst 2015, Dossier Ägypten, S. 44.

Saudi-Arabien: Königreich der Widersprüche

1 Zu den gesellschaftlichen Veränderungen und Reformen siehe Artikel des Autors in der Frankfurter Allgemeinen Zeitung: »Ein neues Lied«, 6. Januar 2017. »Menschen werden Bürger. Saudi-Arabien wandelt sich – für manche zu schnell, für viele zu langsam«, 5. Mai 2017. »Aus dem Nichts. Im März eröffnen in Saudi-Arabien die ersten Kinos. Und schon herrscht Hochspannung«, 16. Januar 2018. »Reisefreiheit für Frauen. Saudi-Arabien hebt Beschränkungen auf«, 3. August 2019.

2 Zur »Vision 2030«: Grand/Wolff (2020).

3 Hubbard (2020), S. 127–130. Ebenso: New York Times, 18. Juli 2017: »Saudi King's Son Plotted Effort to Oust His Rival«.

4 Frankfurter Allgemeine Zeitung, 27. November 2017: »Der Nähr-boden des Terrors«.

5 Werner Ende (1982), S. 382.

6 Interview mit The Guardian, 24. Oktober 2017: »I will return Saudi Arabia to moderate Islam, says crown prince. Mohammed bin Salman tells the Guardian that ultra-conservative state has been ›not normal‹ for past 30 years«.

7 Interview mit der Frankfurter Allgemeinen Zeitung, 10. Mai 2017: »Nur Extremisten nutzen den Islam für politische Ziele«.

8 Kayaoglu (2020).

9 Umbach (2020).

10 Umbach (2020).

11 Steinberg (2020a).

12 Frankfurter Allgemeine Sonntagszeitung, 8. Dezember 2019: »Der Ölprinz mit der Billion«.

13 The Economist, 17. September 2020: »Energy's new world order. Petrostate v electrostate«.

14 Steinberg (2020a).

15 Frankfurter Allgemeine Zeitung, 25. Mai 2020: »Ein Doppelschlag gegen Saudi-Arabien«.

16 Hubbard (2020), S. 190–196.

17 Frankfurter Allgemeine Zeitung, 11. November 2017: »Der Spagat. Kronprinz Muhammad Bin Salman sucht nach einem neuen Fundament für Saudi-Arabien«.

18 Human Rights Watch, 17. März 2017: »Saudi Arabia: New Mass Corruption Arrests«. https://www.hrw.org/news/2020/03/17/saudi-arabia-new-mass-corruption-arrests

19 New York Times, 21. Oktober 2018: »One Killing, Two Accounts: What We know About Jamal Khashoggi's Death«.

20 Frankfurter Allgemeine Zeitung, 13. Oktober 2018: »Die grausigen Tonaufnahmen aus dem saudischen Generalkonsulat«.

21 New York Times, 18. Oktober 2018: »Saudi Arabia Says Jamal Khashoggi Was Killed in Consulate Fight«.

22 The Guardian, 19. Oktober 2019: »Saudi Arabia admits Khashoggi killed but claims he died in ›fistfight‹«.

23 United Human Rights Office of the High Commissioner, 19. Juni 2019: »Khashoggi killing: UN human rights expert says Saudi Arabia is responsible for ›premeditated execution‹«.

24 Mustafa Akyol: »How Saudi ›blood money‹ legalizes murder«. In: New York Times, 1. Juli 2020.

25 New York Times, 17. März 2019: »It Wasn't Just Khashoggi. A Saudi Prince's Brutal Drive to Crush Dissent«. https://www.nytimes.com/2019/03/17/world/middleeast/khashoggi-crown-prince-saudi.html

26 Financial Times, 11. Juni 2020: »US urged to help free children of former Saudi spy«.

27 Frankfurter Allgemeine Zeitung, 18. Oktober 2018: »Die Saudis fürchteten Jamal Khashoggi«.

28 Hermann (2011).

29 Pollack (2020).

30 Dow Jones, 7. Oktober 2020: »International Golden Group key Emirati Supporter of Haftar«.

31 The Economist, 3. Oktober 2020: »Yemen, Unsafe Safer«.

32 International Crisis Group (2020c), S. 1–18.

33 New York Times, 19. Mai 2020: ›Why bombs made in U.S. kill civilians in Yemen«.

34 Crisis Group (2020), S. 19–26.

35 Hearst (2020a).

36 Frankfurter Allgemeine Zeitung, 17. September 2019: »Der Krieg, in den Trump nicht ziehen will«.

37 Cordesman (2020a).

Algerien: Hält das Bollwerk?

1 Schulze (1994), S. 160.

2 https://population.un.org/wpp/Graphs/DemographicProfiles/Line/12

3 Rogan (2009), S. 113.

4 Sa'dallah (1982), S. 26.

5 Arabi al-Zubairi al- (1999), S. 20.

6 Sa'dallah (1982), S. 50–57.

7 Rogan (2009), S. 233.

8 Arabi al-Zubairi al- (1999), S. 21–22.

9 Steinbach (2015), S. 213.

10 Arabi al-Zubairi al- (1999), S. 21, 26 f.

11 Rogan (2009), S. 233–235.

12 Sa'dallah (1982), S. 85, Rogan (2009), S. 116 f.

13 Schulze (1994), S. 157.

14 Arabi al-Zubairi al- (1999), S. 46–47.

15 Rogan (2009), S. 235–237, Schulze (1994), S. 157, Steinbach (2015), S. 214.

16 Rogan (2009), S. 237, Schulze (1994), S. 114 und 137, Steinbach (2015), S. 215.

17 Sa'dallah (1982), S. 67.

18 Arabi al-Zubairi al- (1999), S. 54–55 und 226–231.

19 Arabi al-Zubairi al- (1999), S. 64–66.

20 Schulze (1994), S. 158.

21 Arabi al-Zubairi al- (1999), S. 80–81, Schulze (1994), S. 158.

22 Sultani (1999), S. 41–42, Abu Zakariya (2000), S. 22.

23 Sultani (1999), S. 55.

24 Sultani (1999), S. 236.

25 Sultani (1999), S. 65, 225 f.

26 Sultani (1999), S. 72.

27 Schulze (1994), S. 337 f.

28 Sultani (1999), S. 165.

29 Sultani (1999), S. 156.

30 Sultani (1999), S. 161, 166.

31 Abu Zakariya (2000), S. 39–41.

32 Abu Zakariya (2000), S. 57 f.

33 Steinbach (2015), S. 223.

34 New York Times, 26. März 2019: »It's time to break the chains.«

35 https://ar.m.wikipedia.org/wiki/في_بلادي_ظلموني

36 New York Times, 26. März 2019: »It's time to break the chains«.

37 New York Times, 31. Juli 2019: »Standoff over who's in charge in Algeria«.

38 New York Times, 31. Juli 2019: »Standoff over who's in charge in Algeria«.

39 Werenfels/Miehe (2020).

40 Zoubir/Jacobs (2020).

41 Werenfels/Miehe (2020).

42 Siehe die Reportage zur Migrationsroute von Agadez nach Libyen, in: Frankfurter Allgemeine Zeitung, 29. Mai 2015: »Fernschmerz. Eine Spurensuche in Niger«.

43 Frankfurter Allgemeine Sonntagszeitung, 20. November 2016: »Die Katastrophe im Mittelmeer«.

44 Süddeutsche Zeitung, 20. Juli 2019: »Die Schmuggler und der Tod«.

45 Frankfurter Allgemeine Zeitung, 3. Juli 2019: »In den Fängen der Schleuser«.

46 Frankfurter Allgemeine Zeitung, 29. Oktober 2020: »In der Wüste ausgesetzt«.

47 https://ourworldindata.org/region-population-2100

48 Samir Abi: »Globale Herausforderung«. In: E + Z Entwicklung und Zusammenarbeit (2020), Nr. 5/6, S. 18–19.

49 Frankfurter Allgemeine Zeitung, 8. Juni 2020: »Das plötzliche Ende des Abdelmalek Droukdal«.

50 Le Monde, 11. Oktober 2020: »Afrique. Théatre d'un nouveau djihad«.

51 Le Monde, 31. Mai 2020: »Au Burkina Faso, des villages aux mains des djihadistes«.

52 Frankfurter Allgemeine Zeitung, 7. April 2020: »Der Terror-Gürtel in der Sahel-Zone wird breiter«.

53 The Guardian, 29. Februar 2020: »The west ignores the growth of Islamist insurgents in Africa at its peril«.

54 Brésillon/Meddeb (2020), S. 9.

55 Maget (2020), S. 49–54 und 64–80.

56 Brésillon/Meddeb (2020), S. 7.

57 https://www.mei.edu/publications/intra-party-democracy-tunisias-ennahda-ghannouchi-and-pitfalls-charismatic-leadership

58 Zoubir/Jacobs (2020).

59 https://www.doingbusiness.org/content/dam/doingBusiness/pdf/db2020/Doing-Business-2020_rankings.pdf

60 International Crisis Group (2020b), S. 2–4.

61 International Crisis Group (2020b), S. 20.

Die Levante: Staatszerfall im schiitischen Halbmond

1 Sam Dagher (2019), S. 322f. und: Frankfurter Allgemeine Sonntagszeitung, 4. März 2018: »Jetzt hat Russland das Sagen im Nahen Osten«.

2 Sam Dagher (2019), S. 335–337.

3 Sam Dagher (2019), S. 449.

4 https://epc.ae/topic/russian-measures-to-expand-its-political-and-economic-influence-in-syria-reasons-and-impact

5 Neue Zürcher Zeitung, 24. Juni 2020: »Streit um die Vorherrschaft in Damaskus«.

6 Frankfurter Allgemeine Zeitung, 19. Oktober 2019: »Bekommt die Türkei, was sie wollte?«

7 Frankfurter Allgemeine Zeitung, 4. März 2020: »Die Tragödie des 21. Jahrhunderts«.

8 Daher (2019).

9 Munqith Dagher (2020).

10 https://iraqhouseinstitute.com/

11 Frankfurter Allgemeine Zeitung, 6. August 2020: »Ein unaufhaltsamer Niedergang«.

12 Reinhard Schulze: »Libanon – der Weg in die Katastrophe«. Vorlesung am 19. August 2020. https://www.youtube.com/channel/UCncoALH3SvdNyfoIgUauXwg

13 Zur Ideologie: Hermann (2015), S. 69–83.

14 Guido Steinberg: https://www.zeit.de/politik/ausland/2020–06/
islamischer-staat-irak-syrien-teilrueckzug-us-truppen-corona
virus?utm_referrer=https%3A%2F%2Fwww.google.com%2F

15 Mohammed Hassan: »How ISIS Is Restructuring and Repositio-
ning«, Februar 2020. https://syria.chathamhouse.org/research/
how-isis-is-restructuring-and-repositioning

16 Cordesman u.a. (2019).

17 Steinberg (2020c) und https://www.zdf.de/nachrichten/
panorama/coronavirus-islamischer-staat-100.html

18 https://www.deutschlandfunk.de/irak-syrien-afghanistan-wo-der-
islamische-staat-wieder-an.724.de.html?dram:article_id=489115

Die Begierden externer Akteure

1 Mackinder (2019).

2 Cordesman (2020b), S. 7.

3 Cordesman (2020c).

4 Cordesman (2020b), S. 9.

5 Rumer/Weiss (2019).

6 Wasser (2019), S. 16.

7 Doran/Rough (2020), S. 5.

8 Doran/Rough (2020), S. 15.

9 Doran/Rough (2020), S. 17.

10 James Dorsey: »Syria lures but will China bite?« https://www.gcsp.
ch/publications/syria-lures-will-china-bite, 8. Juni 2020.

11 https://www.nytimes.com/2021/03/27/world/middleeast/
china-iran-deal.html

12 New York Times, 11. Juli 2020: »Defying U.S., China and Iran Near
Trade and Military Partnership«.

13 Doran/Rough (2020), S. 16.

14 Fuller (2020).

15 Kardaş (2020).

16 Adar/Toygür (2020).

Eine Dekadenaufgabe für Europa

1 Gaub (2019b), S. 155.

2 Steinberg (2021), S. 2.

3 Khashoggi (2018).

4 Belhaj (2021).

5 Lukas (2020), S. 4.

6 Osman (2017).

7 https://ec.europa.eu/commission/presscorner/detail/en/IP_11_643

8 Konrad-Adenauer-Stiftung (2021), S. 19–22.

9 https://www.worldbank.org/en/news/press-release/2020/09/16/mena-countries-urged-to-do-more-in-investing-in-their-human-capital

10 https://www.sipri.org/media/press-release/2020/usa-and-france-dramatically-increase-major-arms-exports-saudi-arabia-largest-arms-importer-says

11 Neue Zürcher Zeitung, 20. Juli 2020: »Weniger Waffen aus dem Westen für den Nahen Osten«.

12 https://peacenow.org.il/en/settlements-watch/settlements-data/population

13 http://raissouni.net/2020/12/20/

14 Maget (2020), S. 58–63, 178–183.

15 https://www.bamf.de/SharedDocs/Anlagen/DE/Forschung/Migrationsberichte/migrationsbericht-2015-zentrale-ergebnisse.pdf?__blob=publicationFile

16 https://www.destatis.de/DE/Themen/Gesellschaft-Umwelt/Bevoelkerung/Migration-Integration/Tabellen/auslaendische-bevoelkerung-geschlecht.html

17 https://www.bamf.de/SharedDocs/Anlagen/DE/Forschung/Forschungsberichte/fb38-muslimisches-leben.pdf;jsessionid=4CE63D0AC80DFC86DA5BF165381AB3F5.internet552?__blob=publicationFile&v=14

18 Ranan (2018).

19 Göle (2016).

20 Rohe (2018), S. 247.

21 Rohe (2018), S. 187–190.

22 Rohe (2018), S. 252.

23 Körner (2020).
24 Christian Meier in Frankfurter Allgemeine Zeitung, 16. Januar 2021:
   »Allah und die Ordnung der Welt«.
25 https://www.im.nrw/muslimbruderschaft und
   https://www.verfassungsschutz.bayern.de/islamismus/
   situation/legalistischer_islamismus/index.html
26 Cesari (2018).
27 Rudolf Steinberg: »Islamisierung Deutschlands und Europas? Nicht
   die Muslimbruderschaft, sondern der Salafismus ist die Gefahr«. In:
   Frankfurter Allgemeine Zeitung, 10. Oktober 2019.
28 Frankfurter Allgemeine Zeitung, 16. Januar 2021.

LITERATURVERZEICHNIS

Monografien und Artikel

Abdo, Geneive (2020): »Egypt, COVID-19, and the economy: A combustible mix?« Brookings, 18. Mai 2020. https://www.brookings.edu/opinions/egypt-covid-19-and-the-economy-a-combustible-mix/

Abu Zakaria, Yahya (2003): al-Jaza'ir min Ahmad Ben Bella ila Abd al-Aziz Bouteflika. Algerien von Ahmad Ben Bella bis Abd al-Aziz Bouteflika. Algier: Verlag al-Nashiri, 2003. 121 Seiten.

Acemoglu, Daron und Robinson, James A. (2013): Why Nations Fail. The Origins of Power, Prosperity and Poverty. London: Profile Books, Paperback. 529 Seiten.

Adar, Sinem und Toygür, Ilke (2020): »Turkey, the EU and the Eastern Mediterranean Crisis«. SWP Comment No. 62, Dezember 2020. 4 Seiten.

Adly, Amr (2016): »Egypt's Regime faces an Authoritarian Catch-22«. Carnegie Middle East Center, 21. Juli 2016, 18 Seiten. https://carnegie-mec.org/2016/07/21/egypt-s-regime-faces-authoritarian-catch-22.

Anderson, Scott (2017): Zerbrochene Länder. Wie die arabische Welt aus den Fugen geriet. Berlin: Suhrkamp Verlag, 2017. 264 Seiten.

al-Arabi al-Zubairi, Muhammad (1999): Ta'rikh al-Jaza'ir al-mu'asir. al-Juz' al-awwal. Die zeitgenössische Geschichte Algeriens. Damaskus: Ittihad al-kuttab al-arab, 1999. 253 Seiten.

Arendt, Hannah (2019): Über die Revolution. München: Piper, 7. Auflage, 2019. 426 Seiten.

Asdaa (2019): »11th Annual Asda'a BCW Arab Youth Survey 2019. A Call for Reform«. https://www.arabyouthsurvey.com

Assaad, Ragui (2019): Is the Egyptian Economy Creating Good Jobs? A Review of the Evolution of the Quantity and the Quality of Employment in Egypt from 1998 to 2018. Economic Research Reform, Gizeh Kairo. Oktober 2019.

Belhaj, Ferid (2021): »The Arab world must avoid another lost decade«.

https://www.aljazeera.com/opinions/2021/1/14/the-arab-world-must-avoid-another-lost-decade

Benaim, Daniel und Hanna, Michael Wahid (2018): »Water Wars on the Nile. How Water Scarcity and Middle Eastern Influence Are Reshaping Northeast Africa«. In: Council on Foreign Relations, 9. August 2018.

Benlahcene, Badrane (2013): The Socio-Cultural Foundations of Malek Bennabi's Approach to Civilization. Herndon Virginia: International Institute of Islamic Thought, 2013. 26 Seiten.

Bennabi, Malek (1992): L'afro-asiatisme. Algier: Société d'Édition et de Communication, 1992. 198 Seiten.

Bishara, Azmi (2016): Thaurat Misr, vol. II. Min al-thaura ila al-inqilab. Die ägyptische Revolution, Teil 2. Von der Revolution bis zum Coup d'État. Beirut: Arab Center for Research and Policy Studies, 2016. 672 Seiten.

Brésillon, Thierry und Meddeb, Hamza (2020): Reform from Crisis. How Tunisia can use Covid-19 as an opportunity. European Council on Foreign Relations, Policy Brief, Juni 2020. 26 Seiten.

Bukhari, Jamal und Lavrilleux, Ariane (2020): »Ägyptens unersättliche Armee. Das Wirtschaftsimperium des Militärs erobert immer mehr Branchen«. In: Le Monde Diplomatique, 9. Juli 2020.

Cesari, Jocelyne (2018): What is Political Islam? Boulder: Lynne Rienner Publishers, 2018. 232 Seiten.

Cordesman, Anthony; Toukan, Abdullah Toukan; Molot, Max (2019): »The Return of ISIS in Iraq, Syria, and the Middle East«. https://www.csis.org/analysis/return-isis-iraq-syria-and-middle-east, 3. September 2019.

Cordesman, Anthony (2020a): »The Greater Middle East: From the ›Arab Spring‹ to the ›Axis of Failed States‹«. CSIS, 26. August 2020.

Cordesman, Anthony (2020b): »The Changing Security Dynamics of the Middle East and North Africa«. CSIS, 26. Oktober 2020.

Cordesman, Anthony (2020c): »The Biden Transition and Reshaping U.S. Strategy: Long Engagements vs. Long Wars«. CSIS, 9. Dezember 2020.

Dagher, Munqith (2020): »Iraqi Stability and Its Free-Falling Middle Class«. CSIS, 21. Oktober 2020. https://www.csis.org/analysis/iraqi-stability-and-its-free-falling-middle-class

Dagher, Sam (2019): Assad or We Burn the Country. New York: Back Bay Books, 2019. 564 Seiten.

Daher, Joseph (2019): »The Paradox of Syria's Reconstruction«. Carnegie Endowment, September 2019. https://carnegieendowment.org/files/7-17-19_Daher_Syria2.pdf

Demmelhuber, Thomas (2014): »Kann ein Putsch demokratisch sein? Normativer Etikettenschwindel in Ägypten«. In: Zeitschrift für Politik (ZfP) 61. Jg., 1/2014, S. 42–60.

Doran, Michael und Rough, Peter (2020): »China's Emerging Middle Eastern Kingdom. China's drive for supremacy is now underway in the Middle East – and it won't end there«. 3. August 2020. https://www.tabletmag.com/sections/israel-middle-east/articles/china-middle-eastern-kingdom

Dorsey, James: https://mideastsoccer.blogspot.com/. Blog zu aktuellen politischen und gesellschaftspolitischen Themen der arabischen und islamischen Welt.

Dunne, Michelle (2020): »Fear and Learning in the Arab Uprisings«. In: Journal of Democracy, Volume 31, Number 1, January 2020, S. 182–192.

Ende, Werner (1982): »Religion, Politik und Literatur in Saudi-Arabien: Der geistesgeschichtliche Hintergrund der heutigen religiösen und kulturgeschichtlichen Situation«. Teil III. In: Orient Bd. 25, 1982, S. 378–392.

Fuller, Graham E. (2020): »Is Turkey Out of Control?« 2. Dezember 2020. https://grahamefuller.com/is-turkey-out-of-control/

Gallopin, Jean-Baptiste (2020): »Bad company: How dark money threatens Sudan's transition«. ECFR, Policy Brief 9. Juni 2020. https://www.ecfr.eu/publications/summary/bad_company_how_dark_money_threatens_sudans_transition

Gaub, Florence (2019a): »Are Middle Eastern Militaries Agents of Stability or Instability?« In: Michael Rubin und Brian Katulis (Hrsg.): Seven Pillars. What Really Causes Instability in the Middle East? Washington D.C.: The AEI Press, 2017. 178 Seiten.

Gaub, Florence (2019b): »Der Nahe und Mittlere Osten und Nordafrika 2020«. In: Bundesministerium für Landesverteidigung: Sicher. Und morgen? Sicherheitspolitische Jahresvorschau 2020. Wien 2019. 305 Seiten; hier: S. 153–157.

Göle, Nilüfer (2016): Europäischer Islam. Muslime im Alltag. Berlin: Wagenbach, 2016. 299 Seiten.

Grand, Stephen und Wolff, Katherine (2020): Assessing Saudi Vision 2030. A 2020 Review. Atlantic Council, Juni 2020. 72 Seiten.

Harmina, Magdolin und Humphreys, Calum (2020): »Wie Häftlinge in Ägypten im ›Kühlschrank‹ landen«. In: Zenith, 4. Mai 2020.

Hearst, David (2020a): »Saudi purge: Why Mohammed bin Salman can never rest«. Middle East Eye, 7. September 2020. https://www.middle easteye.net/opinion/saudi-purges-why-mohammed-bin-salman-can-never-rest

Hearst, David (2020b): »Israel's Deals with the Gulf are a disaster for Egypt«. Middle East Eye, 1. Oktober 2020. http://www.middleeast eye.net/opinion/israel-gulf-deals-usher-disastrous-new-era-egypt

Hermann, Rainer (2011): Die Golfstaaten. Wohin geht das neue Arabien? München: dtv, 2011. 360 Seiten.

Hermann, Rainer (2015): Endstation Islamischer Staat? Staatsversagen und Religionskrieg in der arabischen Welt. München: dtv, 2015. 144 Seiten.

Hermann, Rainer (2018): Arabisches Beben. Die wahren Gründe der Krise im Nahen Osten. Stuttgart: Klett-Cotta, 2018. 378 Seiten.

Hubbard, Ben (2020): MBS. The Rise to Power of Mohammed Bin Salman. New York: Tim Duggan Books, 2020. 359 Seiten.

International Crisis Group (2020a): »Nile Dam Talks: A Short Window to Embrace Compromise«. Statement, 17. Juni 2020.

International Crisis Group (2020b): »Algeria: Easing the Lockdown for the Hirak?« Middle East and North Africa Report No.127, 27. Juli 2020. 24 Seiten.

International Crisis Group (2020c): »Rethinking Peace in Yemen«. Middle East and North Africa Report No. 216, 2. Juli 2020. 44 Seiten.

Jäger, Judith und Resch, Christoph (2015): »Ruhe jetzt! Die Freiheit der Presse ist in Ägyptens Verfassung festgeschrieben. Aber die Medien testen sie besser nicht aus«. In: Zenith, Herbst 2015, Dossier Ägypten, S. 70–77.

Kardaş, Şaban (2020): »Understanding Turkey's Coercive Diplomacy«. The German Marshall Fund, 13. August 2020. https://www.gmfus. org/publications/understanding-turkeys-coercive-diplomacy

Kayaoglu, Turan (2020): »It is time to reform the management of the hajj«. Brookings Doha, 23. Juli 2020.

Khashoggi, Jamal (2018): »The U.S. is wrong about the Muslim Brotherhood – and the Arab world is suffering for it«. Washington Post, 28. August 2018.

Kirkpatrick, David D. (2018): Into the Hands of the Soldiers. Freedom and

Chaos in Egypt and the Middle East. London u.a.: Bloomsbury Publishing, 2018. 370 Seiten.

Konrad-Adenauer-Stiftung und Ipsos (2020): Iraq Public Opinion Study. Report of Findings 19/11/2020.

Konrad-Adenauer-Stiftung (2021): 10 Years after the Arab Uprisings: Where does Public Opinion in the Region Stand Today? Regional Survey 2020.

Körner, Felix (2020): Politische Religion. Theologie der Weltgestaltung. Christentum und Islam. Freiburg, Basel, Wien: Verlag Herder, 2020. 336 Seiten.

Lacher, Wolfgang (2020): »Libyens internationalisierter Bürgerkrieg«. SWP Aktuell Nr. 49, Juni 2020. 4 Seiten.

Lukas, Stefan (2020): »Ein unterschätzter Brandbeschleuniger. Die sicherheitspolitischen Folgen des Klimawandels am Beispiel des Nahen und Mittleren Ostens«. Bundesakademie für Sicherheitspolitik, Berlin, Arbeitspapier Sicherheitspolitik Nr. 3/2020. 5 Seiten.

Mackinder, Halford John (2019): Der Schlüssel zur Weltherrschaft. Die Heartland-Theorie mit einem Lagebericht von Willy Wimmer. Frankfurt am Main: Verlag Westend, 2019. 80 Seiten.

Maget, Franz (2020): Zehn Jahre Arabischer Frühling. Und jetzt? München: Volk Verlag, 2020. 191 Seiten.

Mandour, Maged (2016): »Egypt's Shift from Saudi Arabia to Russia«. Carnegie Endowment, 3. November 2016. https://carnegieedowment. org/sada/?fa=65030

Mandour, Maged (2018): »Behind Egypt's New Wave of Arrests«. Carnegie Endowment, 28. Juni 2018. https://carnegieenowment.org/sada/ 76709

Miehe, Luca und Roll, Stephan (2019): »Drei Szenarien zur Entwicklung des Sisi-Regimes in Ägypten«. SWP Aktuell 17, März 2019. 4 Seiten.

Muasher, Marwan und Yahya, Maha (2020): »The Day After. A Coming Decade of Arab Decisions«. Carnegie Endowment, 9. September 2020. https://carnegieendowment.org/2020/09/09/coming-decade-of-arab-decisions-pub-82506

Noll, Jessica (2017): »Ägyptens Militär zementiert seine ökonomische Macht. Die wirtschaftliche Expansion verhindert Strukturreformen im Land«. SWP Aktuell 7, Februar 2017. 8 Seiten.

Osman, Tarek (2017): »How about a Marshall Plan?« https://en.qantara.

de/content/the-future-of-the-middle-east-how-about-a-marshall-plan, 5. Juli 2017.

Pollack, Kenneth M. (2020): Sizing Up Little Sparta. Understanding UAE Military Effectiveness. American Enterprise Institute, Oktober 2020. 57 Seiten.

Ranan, David (2018): Muslimischer Antisemitismus. Eine Gefahr für den gesellschaftlichen Frieden in Deutschland? Bonn: J.H.W. Dietz, 2018. 222 Seiten.

Rogan, Eugene (2009): The Arabs. A History. New York: Basic Books, 2009. 553 Seiten.

Rohe, Mathias (2018): Der Islam in Deutschland. Eine Bestandsaufnahme. München: C.H. Beck, 2018. 446 Seiten.

Roll, Sephan (2016): »Ägyptens Außenpolitik nach dem Putsch. Strategiewechsel zur Herrschaftssicherung«. SWP, August 2016. 25 Seiten.

Roll, Stephan und Brozus, Lars (2016): »Präsident Sisi ist verantwortlich für die Destabilisierung Ägyptens«. SWP, Kurz gesagt, 27. Mai 2016. 3 Seiten.

Rose, Christopher S. (2020): »The ›Spanish Flu‹ in Egypt«. https://christophersrose.com/2020/04/10/the-spanish-flu-in-egypt/

Rumer, Eugene und Weiss, Andrew S. (2019): »A Brief Guide to Russia's Return to the Middle East«. Carnegie Endowment, 24. Oktober 2019.

Sa'dallah, Abu al-Qasim (1982): Muhadarat fi tarikh al-Jaza'ir al-hadith. Bidayat al-ihtilal. Vorlesungen zur modernen Geschichte Algeriens. Beginn der Besetzung. Algier: al-Sharika al-wataniya lil-nashr wal-tauzi', 1982. 194 Seiten.

Sayigh, Yezid (2020): »Relinquishing the Driver's Seat«. Carnegie Endowment, 24. April 2020. https://carnegie-mec.org/diwan/81613

Schielke, Samuli (2015): »Keine Tränen für Rabea. Wie konnte es zur entgrenzten Gewalt im Sommer 2013 kommen?« In: Zenith, Herbst 2015, Dossier Ägypten, S. 48–54.

Schmitt, Christiane (2015): »Der Spirit ist gut«. In: Zenith, Herbst 2015, Dossier Ägypten, S. 60–65.

Schulze, Reinhard (1994): Geschichte der islamischen Welt im 20. Jahrhundert. München: C.H. Beck, 1994. 445 Seiten.

Shama, Nael M. (2020): »In Egypt, the Coronavirus Poses a Political Threat«. https://foreignpolicy.com/2020/04/30/egypt-sisi-coronavirus-political-threat/

Singh, Renu und Williamson, Scott (2020): »Coronavirus and Prospects for Instability in Egypt«. Carnegie Endowment, 22. April 2020. https://carnegie-mec.org/sada/81615

Sons, Sebastian (2015): »Sugardaddy wird geizig. Saudi-Arabiens neuer König Salman könnte die Politik seines Vorgängers gegenüber Ägypten nachhaltig verändern«. In: Zenith, Herbst 2015, Dossier Ägypten, S. 58–59.

Steinbach, Udo (2015): Die arabische Welt im 20. Jahrhundert. Aufbruch – Umbruch – Perspektiven. Stuttgart: Kohlhammer, 2015. 414 Seiten.

Steinberg, Guido (2020a): »Saudi-Arabien, die Pandemie und das Öl«. SWP Aktuell 64, Juli 2020. 8 Seiten.

Steinberg, Guido (2020b): »Showdown am Mittelmeer«. In: Cicero Nr. 52, 6. August 2020, S. 52–61.

Steinberg, Guido (2020c): »Der Lagerkomplex al-Haul in Syrien. Syrisch-kurdische Hafteinrichtungen als Rekrutierungspool für IS-Terroristen«. SWP Aktuell 74, September 2020. 8 Seiten.

Steinberg, Guido (2021): »Kalter Krieg im Nahen Osten. Der iranisch-saudische Konflikt dominiert die Region«. Bundesakademie für Sicherheitspolitik, Berlin, Arbeitspapier Sicherheitspolitik 2/2021. 5 Seiten.

Sultani, Abu Jarra (1999): Judhur al-sira' fi al-Jaza'ir. Die Wurzeln des Kampfes in Algerien. Algier: Sharika Dar al-Umma, 1999. 255 Seiten.

Umbach, Frank (2020): »Der saudisch-russisch-amerikanische Ölpreiskrieg und die geopolitischen Auswirkungen«. Arbeitspapier 5/20 der Bundesakademie für Sicherheitspolitik. 5 Seiten.

Wasser, Becca (2019): »The Limits of Russian Strategy in the Middle East«. In: Rand Corporation, November 2019. 16 Seiten.

Weber, Annette (2019): »Für eine friedliche Transition im Sudan«. SWP Aktuell 52, Oktober 2019. 4 Seiten.

Weber, Annette (2020): »Sudankonferenz. Eine historische Chance«. SWP, Kurz gesagt, 22. Juni 2020.

Werenfels, Isabelle und Miehe, Luca (2020): »Ein Jahr Proteste in Algerien: Wer wird sich durchsetzen?« SWP, Kurz gesagt, 14. Februar 2020.

Worth, Robert F. (2020): »Mohammed bin Zayed's Dark Vision of the Middle East's Future«. Feature. New York Times, 9. Januar 2020.

Zoubir, Yahia H. und Jacobs, Anna L. (2020): »Will Covid-19 reshape Algeria's political system?« In: Brookings, 10. Mai 2020. https://www.brookings.edu/opinions/will-covid-19-reshape-algerias-political-system?

Webseiten von Organisationen

The Begin-Sadat Center for Strategic Studies (Besa)
Brookings Institution
Carnegie Endowment for International Peace
Center for Strategic & International Studies (CSIS)
European Council on Foreign Relations (ECFR)
International Crisis Group (ICG)
Human Rights Watch (HRW)
Institute for National Security Studies (INSS)
International Monetary Fund (IMF)
Stiftung Wissenschaft und Politik (SWP)
World Bank (WB)

Zeitungen und Zeitschriften

Financial Times
Frankfurter Allgemeine Zeitung
The Guardian
al-Jazeera
Middle East Eye
Middle East Monitor
Le Monde
Neue Zürcher Zeitung
New York Times
al-Quds al-arabi
Reuters News Agency
Süddeutsche Zeitung
Washington Post
Zenith

PERSONENREGISTER